醜陋史

神話、畸形、怪胎秀，我們為何這樣定義美醜、製造異類？

Ugliness: A Cultural History

格雷琴·亨德森 Gretchen E. Henderson 著／白鴿 譯

KAI SU（你也如此）

——用來驅散邪惡之眼的銘文，

安提阿，西元二世紀

哲學家和語言學家首先應當關注詩性形而上學，
這種科學並不求證於外部世界，
而是將人在思考外部世界時的意識變化作為驗證依據。

——詹巴蒂斯塔．維柯（**Giambattista Vico**，一七五九）

身體上最醜陋的部分是哪裡？
身體上最醜陋的部分是哪裡？
有人說是鼻子，有人說是腳趾，
但我覺得是思維……

——法蘭克．扎帕（**Frank Zappa**，一九六八）

目錄

第三章　醜陋的感官：跨越感知界限

一個老婦人坐在梳妝檯的鏡子前，兩個年輕的女人正往她的頭上插羽毛頭飾。17世紀，蝕刻版畫

前言　一個文化問題

「醜娃娃」玩偶（Ugly doll）、動畫《醜陋的美國人》（*Ugly Americans*）、小說《醜人兒》（*Uglies*）、現場專輯《美妙醜陋俱樂部》（the Pretty Ugly Club）；從現代電視到玩具，再到文學和音樂，近年來人們對醜陋這個話題的興趣與日俱增。前不久，著名記者莎拉·克蕭（Sarah Kershaw）甚至還在《紐約時報》（*New York Times*）上發表了一篇名為〈我的美人，讓一讓，醜八怪來了〉（Move Over, My Pretty, Ugly Is Here.）的文章。[1]

其實「醜」這個概念由來已久，經常出現在我們的文化想像中：從中世紀時期奇形怪狀的滴水嘴獸到瑪麗·雪萊（Mary Shelley）筆下由死屍拼湊成的怪物；從漢斯·克里斯汀·安徒生（Hans Christian Anderson）童話中的土黃色醜小鴨到納粹主義的墮落藝術展覽（Exhibition of Degenerate Art）；從日本的「侘寂」（wabi-sabi）概念到粗野主義建築（Brutalist Architecture）。長久以來，醜陋挑戰著我們的審美和品味，許多哲學家被其吸引又深受其擾，有關人類現狀與生存互動的廣闊世界之問題也因此變得更加複雜。

《醜陋史：神話、畸形、怪胎秀，我們為何這樣定義美醜、製造異類？》（*Ugliness:*

A Cultural History）旨在回顧「醜陋」這一概念發生變化的歷史瞬間。與其將眾多涵義填充到一個單一且無趣的概念中，我更注重在歷史長河中發掘的「醜陋」近義詞，將這個詞的詞源啟動並充實：即「使人害怕或畏懼的」。[2] 由於許多恐懼最終都像孩子的噩夢一樣，因為未知或誤解而顯得很危險，因此這次對醜陋的回顧，將涉及其漫長的譜系歷史介紹以及最近對醜陋和美麗產生的「審美疑惑」。「我們無法將美麗視為無辜，」哲學家凱薩琳・瑪麗・希金斯（Kathleen Marie Higgins）寫道，「蘑菇雲的恢宏壯觀伴隨著道德淪喪，美麗華服和精美首飾是青少年殺人的動機。」[3]

近年來的文化挪用現象將醜陋推向一個新領域，人們不再用消極的方式對待醜陋這個話題，而是將其自然化，甚至有些平淡化。醜陋這個概念從其令人畏懼的詞源上繼續發展，如倫敦和紐約的藝術館宣傳有關「醜陋」的展覽，讓孩子們擁抱醜娃娃，義大利有一年一度的「醜陋節」（「festadeibrutti」）以慶祝醜陋，這些活動說明我們用變化的視角看待世界，其中包括看待醜陋事物的視角，讓我們更清晰地了解那些讓人感到恐懼和無須恐懼的事物之存在和偶然。

如果我們認同亞里斯多德（Aristotle）或阿伯提（Alberti）的說法，相信美麗的事物自身具有整體協調性（即一種理想的形態，自身與世界之間有清晰的界限），醜陋群體的界限相對模糊且不協調，相對誇張或處於一種毀滅的狀態。[4]畸形的、奇形怪狀的、野獸般的、墮落的、不對稱的、病態的、兇殘的、怪異的、亂七八糟的、不成比例的、殘障的、混血雜交的：這一長串術語伴隨著醜陋的演變過程，在各個時代和文化中由不同的表達方式變化而來，並發展出更多變體呈現在觀察者面前。庸俗的、粗野的、腐朽的、淒慘的、無用的、雜亂的……這樣的例子不勝枚舉。《牛津英語詞典》（*The Oxford English Dictionary*）為「醜陋」一詞繪製出一幅完整的譜系圖，其詞根來源於古諾爾斯語（Old Norse），在中世紀英語中發展出許多派生詞彙，拼寫多樣，如igly、wgly、vgely、ungly、vngly、oggly、oughlye、[5]hoggyliche等等。與這個語言學演變一樣，我個人對醜陋的定義在不斷變化，尤其在我梳理完關於這個主題的歷史脈絡之後。

「從沒聽說過醜術？」《愛麗絲夢遊仙境》（*Alice's Adventures in Wonderland*）中的獅鷲（Gryphon）驚呼道：「你大概知道美術是什麼意思吧？」[6]這個問題一向有爭議。伏爾泰（Voltaire）說過：「問一只蟾蜍美麗為何物，牠會參照母蟾蜍的樣子回答：小小的腦袋上頂著兩隻突兀的圓眼睛。」[7]量化醜陋無果後，安伯托・艾可（Umberto Eco）稱：

> 美麗有時很無聊。儘管不同時代對美麗的定義有所變化，但美麗的事物總是遵循一定的標準……醜陋卻無可預計，帶有無限可能。美麗有窮盡，醜陋則無邊，如同上帝一般。[8]

約翰．坦尼爾（John Tenniel）── 路易斯．卡洛爾（Lewis Carroll）之《愛麗絲夢遊仙境》中的「獅鷲」插圖（1872）

克里斯賓．沙特威爾（Crispin Sartwell）試圖在六種語言中尋找「美麗」的同義詞，從英語、希臘語、希伯來語、梵語（Sanskrit）、納瓦霍語（Navajo）和日語中尋找不同的概念——他將日語中的「侘寂」定義為「枯萎、滄桑、暗淡、傷痕、私密、粗糙、世俗、易逝、暫時、短暫的事物所具有的美麗」。[9]在其他文化背景中，這些定語可能會被歸為醜陋的範疇，然而在日本，它們的意義是美好的。

與其說醜陋和美麗僅僅是二元化的概念，不如說它們更像一對聯星，彼此受對方引力和軌道牽制，與其他星體處於同一星座當中。透過拉近乃至模糊醜陋與美麗之間的界限，我並非想要在醜陋宇宙中的每顆星星上找到美麗的特徵，反之亦然。如果這麼做，這兩個詞都會失去各自的意義，陷入混淆的境地。這兩個概念之間有一個廣闊的灰色地帶，受不斷變化的文化挪用（Cultural

Appropriation）影響，在被接納與被排斥的同時不斷演變。正如建築理論家馬克・卡曾斯（Mark Cousins）所言：「所有對醜陋的猜測都要經由非醜陋領域。」[10] 醜陋是美麗的對立面。除了這點互斥之外，傳統的美醜對立可能會陷入一個誤區，無限循環反覆卻無法達到「二者真正的對立」（引自藝術批評家戴夫・希基〔Dave Hickey〕的一句話），這就是人們常說的「中立的舒適感」。[11] 如果醜陋引起了超出舒適感和積鬱範疇之外的轉變，按理說它會改變一些什麼。

卡爾・羅森克蘭茨（Karl Rosenkranz）在《醜的美學》（*Aesthetics of Ugliness*，一八五三）中闡述道，醜陋並不僅是美麗的反面或是消極的整體，而是其自身所有的一種狀態。[12] 回顧西元三世紀的羅馬，普羅提諾（Plotinus）將醜陋比為在污泥中打滾的

海倫・斯特拉頓（Helen Stratton）——《安徒生童話》中老婦人與醜小鴨插圖（1896）

身體，與其他有機異物混在一起。然而，柏拉圖（Plato）的早期作品《巴曼尼得斯篇》（*Parmenides*）認為「哪怕是最低等的事物」，也不應被忽視，包括「污穢」。[13]卡曾斯後來從建築術語的角度重新審視「醜陋」，在瑪麗．道格拉斯（Mary Douglas）對污穢的人類學探索的基礎上進行延伸，將其視為「失序之物」（Matter out of place）。[14]醜陋作為「失序」的事物，中斷了我們對某事或某人的感知。它與周圍事物息息相關，且不斷改變主體和客體之間的空間，抗拒一成不變的形象，幫我們重新審視自己持續變化的感知。心理反應可能催生「醜陋的感覺」，但親身體驗之後，卻反而無法簡單地將某物定義為「醜陋」，這樣的矛盾意味著我們作為認知的主體，也許是「失序之物」。[15]

隨著「醜陋」及其相關表達在歷史進程中不斷演變，其用法千變萬化，都促使我們不僅考慮客體與主體之間的二元關係，還要思考二者間的中間地帶。在「醜陋」意義發生改變並突破重重約束的同時，也將「我們」和「他們」之間的界限打破，啟示我們再次審視文化邊界，包括那些被接納和被排擠的人，以此來探討自身在這個混合整體中的位置。

我對醜陋的興趣源於藝術史、文學和殘疾這三個領域的交叉研究。我在研究「畸形」這個概念時，偶然發現在十八世紀的英格蘭利物浦，有一個名為「醜臉俱樂部」（Ugly Face Club）且鮮為人知的兄弟會。其誇張的歷史來源於「醜八怪俱樂部」（Ugly Club）

1806 年「醜臉俱樂部」周年慶典廣告圖，印在愛德華．豪威爾（Edward Howell）所著的《利物浦醜臉俱樂部，1743～1753》（1912）的扉頁上

這個更長遠的譜系分布於英國、美國和義大利，並傳承至後世。[16]

可笑的是，這個俱樂部聲稱起源於亞里斯多德提出「女人是畸形的男人」這個著名論調的時期。[17]到了十八世紀，「畸形」和「醜陋」兩個詞可以交互使用，體現了這個時期的兩個顯著特徵：畸形人成為笑柄和公開惡作劇的主角，同時又有許多人在眾人的奚落中流落街頭表演或乞討。[18]舊時的觀念在循環往復中再次甦醒，例如「母性想像」（懷孕婦女接觸醜陋的事物會影響胎兒的形態）和外貌學（醜陋的外表反應內心的本質，也被稱為遺傳特徵）。

十九世紀，「醜陋」與「反常」混為一談，不斷引起各種各樣的社會爭議。維多利亞時期，這類表演的商業化與商品化程度日益加深，從怪

胎秀到世界博覽會上的異族表演都有，甚至還出現解剖病理學博物館及其他許多機構。[19]美國法律中有一條《醜陋法》（*Ugly Laws*）（或叫作《有礙觀瞻人員法令》〔*Unsightly Beggar Ordinances*〕，在一八八〇年代實施），該法律禁止身體畸形的人出入公共場所，使歷史上將醜陋與畸形混為一談的作法延續了一段時間。在某些城市，直到一九七〇年代，這項法律仍然在法規制度中出現，直到殘疾人權利運動（Disability Rights Movement）的興起，才對其做出反抗。[20]

縱觀歷史，醜陋的表現形式層出不窮，使這一概念複雜化且發生轉變，甚至發揮了積極作用，衝擊了既有的審美標準和社會慣例。二十世紀丹麥藝術家阿斯格．尤恩（Asger Jorn）提出：「一個時代沒有醜陋，就不存在進步。」[21] 醜陋是一種文化探索嗎？隨著時間推移，醜陋的用法混入了一些藝術人文中的相關表達和觀點之後，又向我們傳遞了怎樣的資訊？當亨利．馬諦斯（Henri Matisse）的作品於一九一三年在軍械庫展覽會（Armory Show）展出時，《紐約時報》的一位批評家指出：「首先可以說他的作品是醜陋、粗糙且狹隘的，其野蠻風格令人反感。」而《民族報》（*The Nation*）報導：「就算冒著重蹈覆轍的風險，我也要堅持醜陋的表象。」[22] 這些藝術評論與一九三七年的「頹廢藝術（Entartete Kunst）」或「墮落藝術（degenerate art）」這些納粹主義的展覽有何區別呢？「墮落藝術」展中有德國最優秀的表現主義（Expressionism）作品，這些作品被集中冠以帶有輕蔑意味的標題，如「極度瘋狂」，將其「瘋狂與空虛的醜態」與「瘋子和白痴」做類比，以此針對猶太人藝術家。[23]

由於「醜陋」及其相關詞彙已經將其觸角伸向不同的人群和習俗，使得有關自然與文化之間的對立關係變得緊張起來。中國有纏足之「美」，維多利亞時期則有破壞骨骼的塑身衣，現代舞之母伊莎朵拉．鄧肯（Isadora Duncan）曾說過芭蕾舞會把女人的身體變成一具「畸形的骨架」。[24]法國很受歡迎的概念——「美妙的醜陋」（jolielaide）可以追溯至十八世紀。但是更多時候，「美妙」與「醜陋」是站在對立面的。令人震驚的是，二十世紀中期美國南方的一項有名的研究顯示，美籍非洲兒童竟覺得黑色的娃娃是「醜陋的」，而白色的娃娃是「美麗的」；揭露了「隔離但平等」（separate but equal）的謬論，這也是最高法院在審理「布朗訴托皮卡教育局案」（Brown v. Board of Education）的關鍵點。[25]

這些「醜」娃娃與漢斯．貝爾默（Hans Bellmer）的超現實主義球狀玩偶有可比性嗎？除此之外，還有最近出現的「醜娃娃玩偶」，是由大衛．霍瓦斯（David Hovarth）和金鮮瑁（Sun-min Kim）在二〇〇一年發明的毛絨玩具，其中包括動物形狀的玩偶和書，書名叫《醜陋宇宙的醜陋指南》（*Ugly Guide to the Uglyverse*），宣稱「醜陋是新型的美麗」。[26]當電視劇《醜女貝蒂》（*Ugly Betty*）風靡之時，美國廣播公司（ABC）發起一場類似

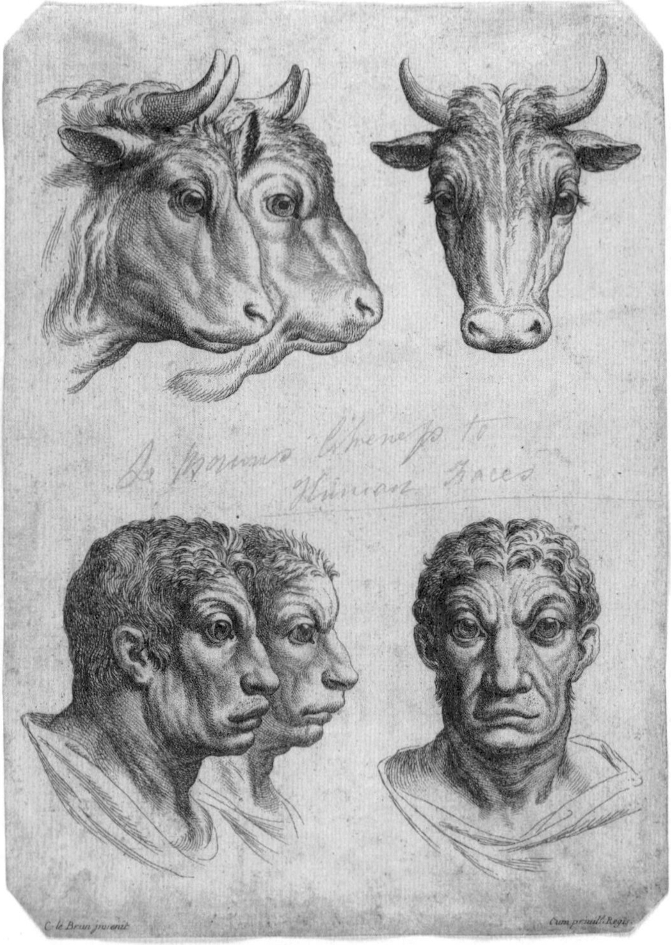

夏爾・勒・布朗（Charles Le Brun）—〈牛頭與牛頭人：各樣三幅展現其外貌特徵聯繫〉（*The Head of an Ox and the Head of an Ox-like Man: Three Figures of Each, Showing Their Physiognomical Relation*，c. 1820），蝕刻版畫

的運動，號召人們「勇於變醜」，就像《史瑞克音樂劇》（*Shrek the Musical*）的宣傳語所說：醜八怪歸來。[27]

這些流行文化現象是如何融入醜陋譜系學歷史的？發生在這段歷史中的，有人們為「一戰」期間毀容者所進行的整形外科手術，現代心理學對「醜陋幻想症」（一九八七年被正式命名為「身體畸形恐懼症」〔dysmorphic disorder〕）的診斷，以及現代行為藝術家奧蘭（ORLAN）（在根據西方名畫中的美人形象為自己進行面部整容手術後，還是被人稱為「醜陋」）。[28] 據估計，二〇〇五年，美國人在整容手術上至少花費一百二十四億美元，超過包括阿爾巴尼亞和辛巴威在內的一百多個國家的國內生產總值，總人口達十億

茱莉亞．帕斯特拉娜（Julia Pastrana）——「不可描述之人」展覽會宣傳畫，彩色木雕，攝政王畫廊（Regent Gallery）配文

人以上。[29] 在其他眾多案例中，醜陋到底該身居何處？要講述醜陋與審美和文化影響緊密聯繫的故事，這些例子只是一個開頭。

在不同的時間地點，文化中被視為「恐怖可畏」的東西也不同。「醜陋」以現實世界為基礎而存在，卻又保持著它的概念性，模糊不清、適時而變、形態各異。醜陋同時可以為任何依附於它的事物做修飾語：醜陋藝術、醜惡天氣、醜惡行為、醜女孩。它具有關聯性，本書著重從這種關聯性展開：近距離分析各個醜陋人物，並延伸至「醜陋」群體和突破自我與他人界限的「醜惡」感受。醜陋在強化這些分歧的同時，也模糊了這些分歧的界限。書中每一章都從不同視角提出關於醜陋的不同概念：從跳出觀察者的「視角」，轉移到依靠觀察者「本我」視覺難以呈現的方面。

第一章「醜八怪」討論那些處於人獸混血雜交邊緣的人物。縱觀歷史，人類的動物性傳達著一種潛在危機，讓我們看到自然和文化會使原本長相得體的人類形象發生扭曲或畸變，變成醜陋的、類人化的獸類。從中世紀時期令人厭惡的野獸美人瑞格蕾爾女士（Dame Ragnell）到維多利亞時期號稱「世界最醜女人」的體毛濃密的「怪胎」茱莉亞·帕斯特拉娜，還有從古至今許多其他案例，這一章主要探索醜陋及其相關表述，是如何在文化建構的變化過程中為各個人物貼上標籤的。隨著美學與社會習俗的融合，這些人物讓身體在藝術和社會中亮相，不僅為醜陋譜系歷史做出貢獻，同時也撼動了人們對「醜陋」的單一定義。

第二章「醜陋的群體」，討論重點從「醜陋」的個人轉移到群體。各個時期對於「醜陋」群體的歧視或迷戀總是與種族、性別、性、階級、宗教、國籍、年齡以及殘疾有關。透過案例分析和現代社會分類來介紹：醜陋的做法存在些許問題，與其聚焦於多個個人，第二章更偏向於審視在「醜陋」群體周圍形成的慣例習俗，包括讓「醜陋」背冤名，將其罪惡化、神聖化、殖民化、色情化、武裝化、合法化和商業化的做法。即便各自的特點大有不同，且難以分類，一些「醜陋」群體仍然因為文化恐懼而受到相似的待遇。到了二十一世紀，醜陋群體以令人不適的方式聯合在一起，要求摘除「醜陋」這一標籤，但同時又利用這一標籤來爭

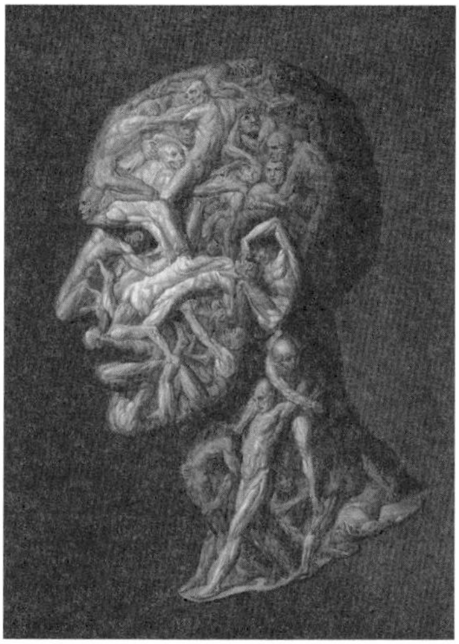

菲利波・巴爾比（Filippo Balbi）——《扭曲裸體人組成的頭像》（*The Head of a Man Composed of Writhing Nude Figures*，c.1854），木板油畫

奪更多的權力。描繪身體畸形的史前藝術品，也提出了關於殘暴和利用價值的問題，使「醜陋」的涵義不再只停留在表面的視覺解讀，進而轉向以感官為基礎且更複雜的聯繫。

第三章「醜陋的感官」對醜陋的視覺關注提出質疑，因為這種視覺關注反而使我們當中的某些人拒絕正視而選擇迴避醜陋的問題。感官的醜陋使文化邊界發生變化，歷經往復更迭。例如爵士樂和搖滾樂，曾被揶揄為折磨聽眾耳朵的難聽音樂；巴黎街頭腐敗的紈絝子弟遊手好閒，使得整個城市散發出陣陣腐臭。醜陋的觸感「玩弄」著各類時尚和身體。從「狂妄的逼視」（reckless eyeballing）到中世紀時期音樂作品裡「音樂中的魔鬼」

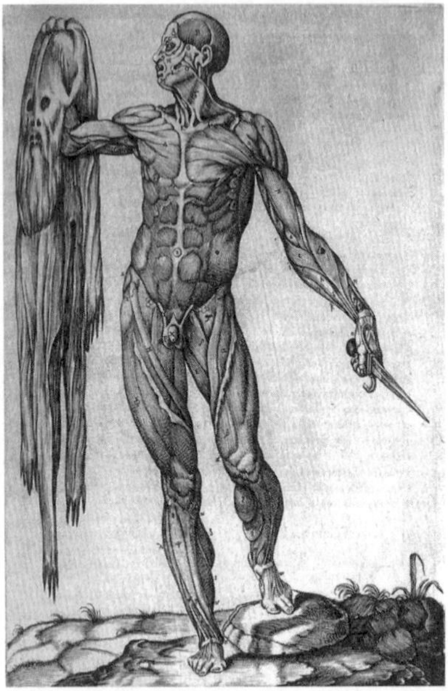

胡安·瓦爾韋德·德·阿穆斯科（Juan Valverde de Amusco）──〈肌肉部位圖〉（*Ecorche*），《人體解剖學》（*Anatomia del corpohumano*，1560）

（diabolus in musica），再到令人困擾的通感，「醜陋」的感官體驗將身體暴露在陌生的領域中，引發人們對文化價值觀的擔憂。由於醜陋與自然界的腐朽及死亡緊密交織，所以它能呈現的不僅是貶損特徵。隨著文化背景的更替，醜陋所帶來的變化會預示某種先鋒性。而醜陋周旋於我們的感官之間，它可以跨越文化邊界，這些文化邊界利用與醜陋的關聯為我們下定義，換而言之，這也讓我們有重新定義醜陋，甚至定義自己的機會。

透過所列舉的個人、群體的身體以及感官載體，我會越過知識體系，從身體和文化而非美學的角度看待醜陋。儘管存在許多重合的部分，這本書的意圖並不是用嚴格的美學術語將「醜陋」哲學化或為其重新下定義，而是根據其在歷史中的不對稱姿態，探索醜陋與文化的緊密聯繫。我對「醜陋」的思考從各種身體切入，了解人們對何人及何物會感到「害怕或恐懼」的文化反應，對「醜陋」這一詞的詞義成型和轉變的歷史瞬間進行研究。鑒於這一詞彙本身含有的歐洲語系詞根，「醜陋」中多少帶有西方的敘事模式，我希望這種敘事模式能在本書的章節中消退。就像參與一場人類學盛會，我對「醜陋」特徵的探索難免會與其他歷史二元定義（例如西方／東方）相結合，以脫離某種固定的文化背景，穿過雙方會合的過渡地帶，透過不同的背景環境，引出另一種潛在狀態以供研究。[30] 讓「醜陋」概念的譜系歷史，在變化的視角和感知中浮出水面。

西元前一世紀，《修辭學》（*Rhetorica ad herennium*）的作者西塞羅（Cicero）建議用「醜陋」修葺一座記憶宮殿，存放的圖片在人們記憶中都有一個共同點——「奇特的醜陋……如果我們能將其醜化，或為自己的畫像增添喜劇效果，就能更容易記住它們。」[31]在細數那些有關「醜陋」的碎片時，我希望將這些碎片拼成完整的圖案，正如詹巴蒂斯塔．維柯（Giambattista Vico）所提倡的那樣：「不求證於外部世界，而應將人在思考外部世界時的意識反應作為依據。」[32]我要做的並不是詆毀美麗的形象，而是在歷史中找出被視為「醜陋」的人物，讓他們在本書中一同出現，看看會有什麼效果，也間接將自己融入「醜陋」詞義所塑造的角色中。這本書的內容兼具局限性和廣泛性，時間跨度短但覆蓋面大。在實例和案例分析的過程中，「醜陋」不斷出現，但我沒有順應分類的趨勢，而是

法蘭西斯科德．哥雅（Francisco de Goya）—〈理性沉睡，野獸誕生〉（*The Sleep of Reason Produces Monsters*），1796年8月，蝕刻版畫

順著為醜陋解除分類等級的思路，越過「醜陋的」個人、群體和感官，向路易斯・卡洛爾提出的動詞「醜術」（uglifying）靠攏，在文化術語中強調其能動作而非靜止狀態。

還有許多問題牽引著我的設想。早在瑪麗・道格拉斯和馬克・卡曾斯於人類學和建築學術語中將「污穢」、「失序之物」和「醜陋」聯繫起來之前，英國作曲家查理斯・休伯特・H・帕里（Charles Hubert H. Parry）就已利用這幾點在音樂中渲染醜陋的美學價值。[33]在其他支持者中，藝術評論家羅傑・弗里（Roger Fry）於視覺藝術中對醜陋大為稱讚，二十世紀的許多藝術家也對這一觀點表示認同。[34]我們該如何協調越來越多的審美變化與更加負面的社會內涵間之衝突？文化與美學的旋渦是否會將醜陋席捲而入，利用革新的力量脫離老舊的想法？對「醜陋」的認知是否會對「中和的舒適」（Neutral comfort）這一陳腐概念造成潛在威脅，以此來支持多元化理念？當下文化中被認為是「醜陋」的元素，在未來是否會有所改觀？醜陋是像隱形的致命病毒一樣散播？還是在幫助人類適時重新調整主體和客體的位置，提醒我們在這大千世界中的獨立性？

就本質上來講，人性是由醜陋維持的嗎？我希望後續的內容，可以讓大家在思考這些問題時對醜陋形成一個廣泛的認識，同時保持一定的概念化，以跳出單一的文化和歷史限制——和我個人想像力的局限。醜陋從不歸順於單一的定義，如果有更多人能感受到透過醜陋這個不明確又受爭議的表面現象，而發現文化上也有一些共通之處，醜陋可能就會被重新構建。

〈德高望重的黑猩猩〉（*A Venerable Orang-outang*），以查爾斯．達爾文（Charles Darwin）為主角的漫畫，《大黃蜂》（*The Hornet*），1871年3月22日

1

醜八怪

令人不適的異類

一九八八年的一份小報[1]中有這樣一段文字：「愚蠢的科學家挑了一隻醜陋的動物，然後移植到人身上。」旁邊的配圖中，一隻黑猩猩的頭顱隨意地安在一個人赤裸的身軀上，並配有說明文字——「沒人想長一張猩猩的面孔」，標題為「醜陋」。在標題的映襯下，這個「黑猩人」看起來也許有些可笑，就如同頭版上的一篇報導，題目為《火星探測器拍攝到一個身高二百英呎（約六十．九六公尺）的太空怪物——它正朝地球出發！》，但這樣的故事卻有依據可循。從古至今，人類的獸性傳達著一種潛在危機，即自然和文化會令原本長相得體的人類形象發生扭曲或畸變，而變成醜陋的、類人化的獸類。

就其本身而言，獸類並不一定都是醜的，但當其具有類人化的傾向時，就會被賦予「醜陋」的涵義。回顧這起「黑猩人」案例，似乎還能窺見其他案例的縮影，例如半個世紀以前的「猴子審判」（Monkey Trial）；一個多世紀前查爾斯．達爾文提出進化論，被人們嘲笑為「德高望重的黑猩猩」；還有約兩千年前羅馬詩人恩紐斯（Ennius）提出：「猴子這奇醜無比的怪物，與吾等何其相似。」[2]這些長相特殊、難以捉摸的獸類，如果外表與人類有所相似，便會顯得更加稀奇古怪，也隨之湧現出許多將它們歸類的類別。小報中對於「黑猩人」的報導可以說是現代版的志怪故事，或是奇異文學，這些文學的源頭可以穿過中世紀一直追溯至古代。幾個世紀以來，公眾對於人獸之間的界限甚為不安，且這種不安情緒由多種形式表現出來，例如在一八〇六年的一幅漫畫中，接種過疫苗的孩子開始呈現出牛的特徵[3]，諸如此類的「醜八怪」一直挑戰著人們的想像力。儘管不是所有類似人獸雜交的物種都被公然地刻畫為「黑猩人」或者是牛形孩童，牠們卻也體現了不同歷史時期、不同的文化恐懼，且都被打上了「醜陋」的標籤。

歷史上任何一個長相怪異的個例都可以在這裡著重敘述，但與其將那些怪胎重新羅列（就像在談論「醜陋」這一話題時的慣常做法），我更想重點討論在「醜陋」這一詞的詞義成形和轉變之時，與「醜陋」進行周旋的個體。古典文學中的獨眼巨人波呂斐摩斯（Polyphemus）形象在後世流傳裡，從龐大駭人變得滑稽可笑，同時，他外表和內心的醜惡也從恐怖可懼變為可憐可悲。

中世紀時期，面目可憎的瑞格蕾爾女士脫胎換骨，變得美貌無比，讓人不禁問出一個簡單的問題：「妳到底是什麼？」昆丁．馬賽斯（Quinten Massys）的近代早期畫作〈外形怪異的老婦人〉（*A Grotesque Old Woman*），又稱為〈醜陋的公爵夫人〉（*The Ugly Duchess*），其刻畫的形象在現代醫學診斷中被重新闡釋，以期從病理學角度來理解醜陋。國會議員威廉．海伊（William Hay）在一篇叫作〈畸形〉（Deformity）的文章中，以十八世紀為背景，追溯醜陋與殘疾緊密聯繫的歷史，批判人們對畸形身體的單一解讀，這其中便包括他自己的身體。

十九世紀，茱莉亞·帕斯特拉娜在馬戲團中演出，被稱為「世界上最醜女人」，她根據維多利亞時期種族性別的標準來表演她的醜態，然而在她過世後，她的展覽變得「怪異」起來。最近，性藝術家奧蘭開始挑戰人們的視覺，她透過整形手術，將西方藝術中標準的美麗特徵結合起來，造出一個女性「科學怪人」的形象，卻被人們認為是醜陋的。

儘管這些例子只是一些令人不適的異類，但所有這些個體在各自的文化背景中被貼上了「醜陋」的標籤同時，也幫助我們加深了對這個概念的認知。其中每個個體都在已知與未知、理解與誤解、合群與離群，以及接納與排斥的夾縫中生存，當旁觀者把他們這樣的另類歸為「醜陋」這一範疇時，他們卻與這樣的分類做反抗。「醜陋」身體所折射出的問

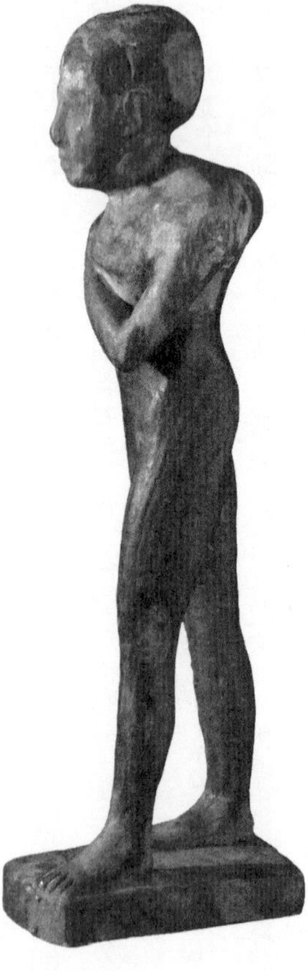

古埃及駝背人像，西元前3000～西元前2000年

題通常不是他們自身，而是對應的文化。正如文學研究者拿俄米・貝克（Naomi Baker）所言，醜陋身體是「多種文化衝突的交鋒之所，也是潛在身分模式接受質疑和確認的地方」。[4]「醜陋」的標籤會將普通的身體變為具有社會意義的非凡載體，他們所受的待遇因人而異，或遭到唾棄，或備受尊敬，或被人嘲弄，或受人推崇等等。

作為一個形式多變的修飾語，「醜陋」一詞更傾向於反映觀察者的視角，而非觀察物件的品質。根據麗蓓嘉・斯特恩（Rebecca Stern）所說，當我們將某人定義為「醜陋」時，「其實是在透過一系列的『排異』角度來觀察他人的反常。其中最明顯的就是審視觀察物件的『異己性』」。[5]在重述上面個體身上的「醜陋」標籤時，我也難免落入排斥異己的誤區。雖然表面上看是在延續那些膚淺的解讀，但是通過這樣的方式，我希望可以挑戰自己的觀察力和觀察行為，這比那些視覺信號更為重要。我希望透過研究與「醜陋」有關的詞彙（例如「怪物般的」、「令人反感的」、「奇形怪狀的」、「畸形的」、「怪異的」），以及「半機械人的」），闡釋分類者和分類物件、消費者和消費物件，以及其他對應分類之間的鴻溝。「半機械人」也許不會讓讀者馬上聯想到「醜陋」，但是如果「醜陋」和「半機械人」這兩個詞同時出現，人們就會不由自主地將這兩個標籤在同一個人身上聯繫起來。

這些醜陋的個體身上影射不同的社會意義，每一個人都帶有各自時代背景中人們「所恐懼和排斥的東西」。這些回顧可以讓我們思考客體和主體的二元性，以及二者之間存在的空間時，間接回顧我們自己的文化瞬間。在我們的文化中，「醜陋」的涵義像恐怖電影裡的怪物史萊姆一樣，慢慢深入人心，最終將我們裹入一灘隱形的泥淖中。

波呂斐摩斯：「人中怪物」

在「醜陋」一詞出現之前，醜陋為何物？這一詞來源於中古英文，由古諾爾斯語中的「uggligr」變形而來，意為「令人恐懼或害怕的」。[6]雖然這一詞語起源於中世紀，但這一概念早已存在，在多種古典語言中都有出現。古希臘語和拉丁語中有類似「teras」和「monstrum」的表達，其不僅僅是指神話中的怪物「例如戈爾貢族美杜莎（Gorgon Medusa）的頭」，還包括嚴重畸形的人和動物。[7]這些泛指的詞彙將外表特徵與內心品質聯繫起來，而不僅僅指人類的缺陷（例如「peperomenon」或「maimed」這兩個詞彙還可以指植物）。「aischos」又寫作「aislchros」，這個術語有時指身體殘障且醜惡而不夠體面的人。[8]「kakos」則包含了醜陋和邪惡兩層涵義。[9]受因紐特（Inuit）文化影響的語言學家糟糕地將許多詞彙都與「雪」歸為同一個類別；同樣地，古語中存在眾多與醜陋相關的詞彙也難免會有類似的影響。其中許多術語「僅指稱我們今天所認為的『類人化』範諱」，而對醜陋所蘊含的恐懼避而不談，或譏諷嘲笑。[10]

若從古代開始討論醜陋這一話題，要將幾千年的歷史和文化分解，分成埃及、希臘、羅馬和更廣闊的地中海地區。各種故事以碎片形式流傳，透過考古發掘、翻譯和機緣巧合得以留存。西方的理想美感發源於古希臘，在文藝復興（Renaissance）和新古典主義（neoclassical）的解讀中定型。十八世紀藝術研究專家約翰．喬基姆．溫克爾曼（Johann Joachim Winckelmann）曾經寫道：「我們中的頂尖美人與希臘最美麗的身體相比，可能還是遜色很多。」還補充說，「希臘人在避免接觸任何畸形風俗方面非常警惕」，也不了解「那些有損美貌的疾病」。[11] 與崇尚美麗相並行的是排斥醜陋。亞里斯多德曾經提出一項法案，禁止父母養育畸形的幼兒。在斯巴達（Sparta），法律允許父母遺棄畸形的嬰兒。[12]

殺死畸形胎兒的行為也許不像神話中說的那麼普遍，一些文化習俗對其態度也比較包容。古希臘歷史學家希羅多德（Herodotus）聲稱，巴比倫人（Babylonians）透過籌畫拍賣會把女兒嫁出去，出價最低的買主只能娶到相貌醜陋的新娘；拍賣貌美的新娘所賺的金錢則用來為她們其貌不揚的姐妹添置嫁妝。[13] 然而，總體來看，根據美學以及法律紀錄，長相醜陋的人在希臘往往會受到嘲笑、譏諷或驅逐，這樣的現象在羅馬也有發生，不過程度較輕。西元十二世紀的拜占庭學者約翰內斯．泰策斯（Johannes Tzetzes）詳細記錄了古希臘一種祭祀儀式（pharmakos）的情況：

如果一座城市因觸怒天神而蒙難，飽受饑荒、洪水或其他災禍之苦，城民便會選出長相最醜陋的人作為祭品（抽打並焚燒其身體），為蒙難之城獻祭贖罪。[14]

人們嘗試用有形的界限區分「令人恐懼的」與「溫和無害的」兩種事物，有時也會將畸形的人囊括在內，以其可辟邪的笑聲驅逐惡魔。

說到笑聲，在古代，相貌醜陋的人還作為藝人，在盛大宴飲的場合上表演，這時候，他們身上滑稽可笑之處便成為醜陋的饋贈。據說，羅馬帝國的皇帝艾拉伽巴路斯（Elagabalus）有個愛好，就是每當他舉辦宴會的時候，會邀請一隊八人，他們或禿頂，或獨眼，或聾啞，或是黑人，也可能是身形高大、肥胖無比或是身上有痛風腫塊，這位皇帝就這樣看著這八個人湊在一起，以此取樂。在這之後，對於「醜陋」的消遣則是透過回歸歷史以尋找靈感，帶有戲謔地繪製關於這個術語的歷史譜系，例如十八世紀的一個「醜臉俱樂部」將其創始成員視為荷馬（Homer）、伊索（Aesop）和蘇格拉底（Socrates）。[15]

新古典主義時期，英國有些習俗承襲了艾拉伽巴路斯的做法，包括舉行由有木腿假肢或雙手發顫者服務的飯局、由結巴者服務的晚宴，還有「怪胎競賽」（Freak Runs），即讓跛腳、肥胖或年老的人來賽跑。[16]由於這些貶損人格的背景，「醜陋」這一特徵並沒有將這些群體與社會完全隔絕開來；相反地，在古希臘羅馬以及之後的新古典主義時期的歐洲文化中，醜陋群體一直被利用甚至被虐待。即便到了古代帝國瀕臨滅亡之時（不妨回憶一下著名文學作品中，對受到詛咒、雙腳行動不便的伊底帕斯王〔Oedipus〕的描述），他們所受的文化待遇也是宣洩式的或憐憫式的，以此來維護一種特殊的等級制度。

從瑟賽蒂茲（Thersites）到伊索，再至蘇格拉底，這些「醜陋」人物在古代扮演著不同的角色，而波呂斐摩斯的「醜陋」則承載著特殊涵義。這只獨眼巨人游走於類人化的邊

約翰．海因德里希．威廉．蒂施拜因（Johann Heinrich Wilhelm Tischbein）又被稱為歌德．蒂施拜因（Goethe Tischbein）——〈波呂斐摩斯半身像〉（*Bust of Polyphemus*），古代塑像臨摹，1790年代，蝕刻版畫

緣，在當時可以算得上是最醜的人物之一。在荷馬的《奧德賽》（*The Odyssey*）中，他如發狂的野獸一般屠殺奧德修斯（Odysseus）的人馬。書中是這樣描寫的：「他就像山野中的獅子一樣吞噬內臟，嚼碎血肉，筋骨不留。」[17]當他在人類軍隊中大快朵頤時，發出如禽獸般的聲響，好像是在「屠殺幼崽」。[18]其他人物對他的描述僅為「醜陋」，沒有多餘的外貌描寫，除了他那只受過重傷的眼睛：「人中怪物」，但又「並不像人，只是個酒囊飯袋而已」（這裡暗示他吃人的本性），以及「怪物般的」、「怪物般驚悚」、「法外之徒」、「殘酷無情」、「無惡不作」、「原始野蠻」、「殘暴惡毒」、「邪惡多端」、「恐怖邪祟」、「粗野無禮」、「與美好絲毫不沾邊」，身形巨大，力大無邊，嗓音低沉，令人「恐懼戰慄」。[19]他可怕的本性幾乎令人望而生畏，「就像一座傲視群山、茂密蔥郁的山峰」。他居住的環境也突出了他的孤獨：他住在一座孤島上，身邊盡是其他動物及其糞便。

波呂斐摩斯不與自己的同類交往，而是把一隻綿羊和一隻山羊當作最親密的夥伴，在奧德修斯欲把山羊當作坐騎準備逃跑時，他甚至還去向山羊乞憐。當奧德修斯聲稱自己名為「無人」時，這個巨人輕信了他的謊言，以致於其他獨眼巨人對他的呼救置之不理（「無人用暴力或背叛置我於死地」）。[20]神之子，不畏眾神，波呂斐摩斯作為半神半人（Demigod），象徵著人性與獸性、自然與文化，和恐怖與病態之間的矛盾交鋒。他的身敗名裂也印證了一個預言，醜陋的外表似乎要為不幸的命運承擔罪責。

荷馬筆下的波呂斐摩斯只是這類故事的眾多版本之一。從古至今，獨眼巨人的故事不斷被複述，在歐里庇得斯（Euripides）、忒奧克里托斯（Theocritus）、維吉爾（Virgil）和奧維德（Ovid）筆下都可以見到他的身影。在這些文本中，儘管他的形象由嚇人可怕變為滑稽可笑，由食人巨妖（Ogre）變為愚蠢笨蛋或是鄉野粗人，但他在本質上仍舊是個醜

PRODIGIOUS MONSTER TAKEN IN THE MOUNTAINS OF ZARDANA, IN SPAIN, 1655.

〈令人驚駭的怪物〉（*Prodigious Monster*, c.1655），木板畫複製品

八怪。在歐里庇得斯的文本中，巨人的醜陋不再驚悚嚇人，而是荒唐可笑，「他大醉酩酊，哼著難聽的聒噪之音，四處亂撞，放聲嚎歌，完全走調。」[21]這個神話在現實中也有效力。詩人馬夏爾（Martial）曾經描寫過一個叫作波呂斐摩斯的奴隸：「他奇醜無比，甚至連巨人都覺得他令人厭惡。」[22]

波呂斐摩斯橫跨神話和現實兩個世界，因此成為「神旨或自然法則的標誌」，協調因他的「醜陋」（即指他非希臘族，身形巨大，先天情緒紊亂且半人半神）而引起的文化衝突。[23]很少有人認為眾神以及所有高人一等的天神醜陋或畸形，赫菲斯托斯（Hephaestus）（作為鍛造之神和火神，監督獨眼巨人為宙斯〔Zeus〕鍛造雷霆）和他的孩子們是其中的例外。[24]其他混血雜交物種在神話中也時常出現，如愚蠢貪婪的西勒諾斯（Silenus）、半人半羊薩提爾（Satyr）、危險且充滿誘惑的人首鳥身塞壬（Siren），或是可以預見未來的人面獅身斯芬克斯（Sphinx）。但在波呂斐摩斯面前，他們的醜陋都相形見絀，因為獨眼巨人的混血雜交特性，成為了一種更駭人的威脅。

除了神話故事，古典哲學將醜陋的身體放入一條退化鏈中討論，從人類到類人動物再至動物。亞里斯多德的《動物的繁殖》（*Generation of Animals*）描寫了物種之間的等級制度：「任何與父母親不相像的人或動物實際上就是畸形醜陋的。」[25]退化鏈的起點始於

「女性的形成而不是男性……女性實際上就是畸形的男性」。退化鏈的末端是傳說中的混血雜交幼崽，他們有人類的腦袋和動物的身體（比如人頭牛身的幼崽），或者錯誤地長得像其他動物（例如羊身牛頭）。亞里斯多德的推論反映了他所處時代的文化衝突，由區別先天畸形轉變為將「獸性」與野蠻、疾病、退化與罪惡混為一談。他的許多論調活躍了幾個世紀之久，甚至在一五一二年，西班牙人仍然引用他的觀點，以此作為侵略奴役印第安人的暴行辯解，他們認為印第安人只是「會說話的動物」。[26]

對於那些沉迷古代外貌偽科學的人來說，古典哲學家的著作仍然十分具有啟發性。例如，吉安巴蒂斯塔·德拉·波爾塔（Giovanni Battista della Porta）在一五八六年的著作中將人類與動物類比，還有夏爾·勒·布朗於一六九八年寫的關於表達激情的藝術論文。在這篇論文的基礎上，約翰·卡斯帕·拉瓦特爾（Johann Caspar Lavater）在一七七五年至一七七八年間創作了《論外貌學》（*Essays on Physiognomy*），其中他提出：「善良使人變美，罪惡使人醜陋。」[27]

儘管人形動物即為「醜陋」的說法來源很難考究，但來自古代的影響仍然在歷史長河中留下了蹤跡。在古代西方，異類看起來不僅為其物種的生存帶來威脅，也意味著神明對整個群體的懲罰。人們被恐懼蒙蔽了雙眼，好像「身體結構上的異常也是社會規則的反常」。[28] 在古希臘羅馬時期以前，古埃及和世界其他地方對畸形的看法比較積極，甚至視其為神聖的標記。人類與動物形體上的融合（如埃及神祇貝斯〔Bes〕和哈碧〔Hapi〕）體現出異形身體的社會地位提升。[29] 阿爾馬那時期（Amarna Period），阿蒙霍特普四世（Amenhotep IV）即奧克亨那坦法老（Akhenaten）以及納菲爾提蒂王后（Nefertiti）的畫像都具有「其貌不揚、醜陋的特徵」，其目的也許是表現一種「煥然一新的國王和王后形象」，其中「圖像所表現的醜陋意味著新理念背後的力量」。[30]

即便這些古老的形象與現代概念中的醜陋有所不同，但是通過它們與文化變遷之間的聯繫，我們可以看出社會身分是如何透過「醜陋」方面來經受拷問和協調的。甚至在更早的時候，根據詞源學，「醜陋」一詞和外形特點的聯繫較少，而更多的是強調情緒上的畏懼和驚恐。人類無法理解的駭人事件可能會被解釋為神明的行為，就好像「早期文明中的恐怖野獸不僅先於人類存在，甚至誕生於神之前，它們畸形的身體中含有混沌的宇宙」。[31] 流傳至今的神話惡魔圖案，只要稍做調整，它們本身就可反映特定類型的文化特質。[32]

不管醜陋的源頭在何處，在古典時期，它的涵義大多是消極的。不過其中也有一些例外，包括貌如西勒諾斯但聰慧睿智的蘇格拉底，身體畸形、講述寓言故事的奴隸伊索，以及橫跨美醜邊界的厄洛斯（Eros）。儘管有些醜陋的身體因被視為宗教預兆、娛樂消遣，甚至是情色戀物的物件而得到較好的待遇，但醜陋還是無法得到推崇。羅馬詩人賀拉斯（Horace）用下面這段著名的話來諷刺藝術作品中的混血雜交物種：

> 如果畫家在馬脖子上安人頭，四肢覆蓋各式羽毛……美麗女子委身於烏黑醜陋的大魚，那麼你，我的朋友，在獨自欣賞這幅畫時，怎能不發笑呢？[33]

古代與醜陋有關的作為既有恐懼也有嘲笑，這種模棱兩可也反映了它相對常態的特徵，即一直在不斷變身，每每令觀察者心生疑問：「你到底是什麼？」

瑞格蕾爾女士：「她簡直令人厭惡！」

十三世紀，一篇名為〈女人的祕密〉（The Secrets of Women）的醫學文章認為女人在懷孕期間如果看到任何醜陋的動物，甚至關於牠們的畫像（比如臥室牆上的客邁拉〔chimera〕畫像），就會生出奇怪的生物。[34] 這種涉及母性想像的觀念可以追溯至古代。索蘭納斯（Soranus）曾寫過一篇名為〈婦科學〉（Gynaecology）的古文，他認為婦女在受孕期間不應該看到猴子，以避免生下帶尾巴的胎兒。[35] 即使到了十九世紀，「象人」約瑟夫・梅里克（Joseph Merrick）也認為自己身體之所以畸形是因為母親懷孕時看到了一頭大象。[36]除了明顯不涉及父性想像，醜陋的歷史還包含一個為異常事件探尋自然起因的過程。幾個世紀以來，圍繞這些異類發展出許多理論，以應變對文化變遷的恐懼。

中世紀時期對於轉化和變形的沉迷持續升溫。盎格魯—撒克遜（Anglo-Saxon）、諾爾斯（Norse）以及冰島地區的傳奇故事裡隨處可見醜陋的形象，例如《貝奧武夫》（*Beowulf*）中，似波呂斐摩斯一般的食人巨妖格倫戴爾（Grendel），還有令雷神索爾（Thor）都心生忌憚的食人巨人。但這些恐怖的形象並沒有使中世紀淪落為歷史學家一直

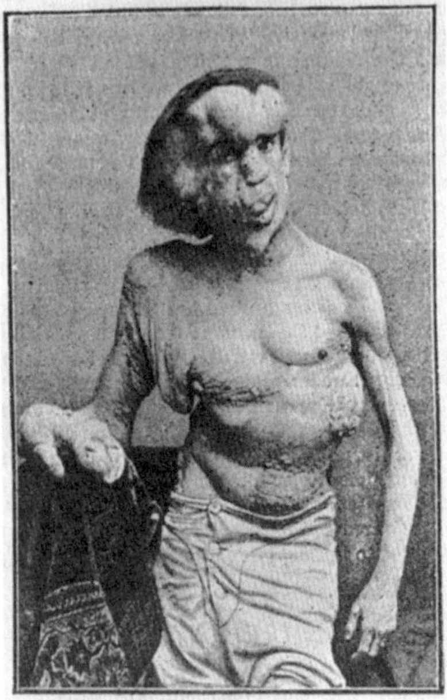

約瑟夫・梅里克，傳說中的「象人」，1889，圖片出自〈象人之死〉（Death of the「Elephant Man」），《英國醫學期刊》（*British Medical Journal*），1890

聲稱的「醜陋」和「野蠻」的「黑暗時代」（Dark Ages）。[37]奧維德的詩作《變形記》（*Metamorphoses*）重獲關注，與此同時，地中海和中東地區的童話故事在貿易路線上流傳，這條路線上的早期殖民地開拓者、地圖測繪師以及其他處於文化交流和衝突地帶的人便是傳播者。[38]

這一時期的人們對各類變身饒有興趣，從狼人到綠人、從魔鬼到巫師、從外形變化到身體嫁接、從奇蹟到魔幻。[39]甚至在「奇形怪狀」一詞正式出現之前，像滴水嘴獸一樣守衛邊界的物種已經在建築物的裝飾以及手稿的頁邊出現。這些形象為變身劃分界限，並引發了多樣解讀。克雷爾沃的聖伯納德（St. Bernard of Clairvaux）曾經指責教堂迴廊中「荒唐的怪物」在「奇醜無比中顯出美感，卻在美感中透著醜陋」，看起來像是「骯髒的猿猴」、「兇猛的獅子」、「怪獸般的馬人」、「半人類」，和其他混血雜交動物。[40]與此相反，為了領悟神意的多樣性，奧古斯丁（Augustine）曾說，「一個人無法看到事物的整體，問題出現在局部醜陋讓他感到不適」，他需要考慮「該部分的背景與整體的聯繫」。[41]批判和讚美共存，美女與野獸都陷入困境。

早期關於美女與野獸的故事，來源於十五世紀末的一個童話故事《高文爵士與瑞格蕾爾女士的婚禮》（*The Wedding of Sir Gawain and Dame Ragnell*），在故事裡，瑞格蕾爾女士集美女與野獸於一身。亞瑟王傳奇故事將她描述為「不討人歡喜的生物／有目共睹，難以形容」、「形態怪異」且「畸形」。[42]她臉色泛紅，流著鼻涕，兩眼昏花，亂蓬蓬的頭髮泛著灰白色，雙乳下垂，後背佝僂，身材如水桶一般。黃黃的牙齒好像野豬的「獠牙」，還把「貓頭鷹」一詞常常掛在嘴邊，使得人們將她和女巫聯繫起來。[43]她野獸般的外表與身上佩戴的美麗珠寶以及精心裝飾的小馬形成鮮明對比。圍觀者覺得不可思議，當時的場景被如此記述：「她相貌令人厭惡」、「人們尾隨著這個無法形容的生物」、「她簡直令人厭惡」！[44]儘管相貌醜陋，她還是說服了亞瑟王將自己許給英俊守信的騎士高

威廉．瑪律雷迪（William Mulready）、查理斯．蘭姆（Charles Lamb）——《美女與野獸》（*Beauty and the Beast*）插圖（1887）

文（Gawain），以此來拯救國王的性命。還要高文猜出一個謎語：「女人最想要什麼？」（答案是：自主權。）[45]她不怕在別人面前丟臉，驕傲地提出要在王國內招搖而過，並在婚禮宴會上狼吞虎嚥。高文忠誠地信守這一艱難的諾言，在洞房花燭夜之時，新娘突然搖身變為一位美麗的女子，令他不禁問道：「你到底是什麼？」[46]

「你到底是什麼？」這一問題經常在描寫醜陋角色的故事中出現。瑞格蕾爾女士好像在與人們的期待作對，她晚上美麗無比，白天卻變得醜陋難堪，或者與高文的意願相反。她一直維持一半是美女一半是野獸的狀態，直到高文猜出她的謎語——「自主權」，給予她自由選擇的權利，並消除她繼母在她身上所施下的詛咒。經過一系列宣誓，她的外表和行為得以轉變，成為王國秩序的維護者，也成為全英格蘭「最美麗的女士」。但是童話並沒有就此完結。根據這個故事現存的最早記載，在度過五年美滿婚姻生活後，瑞格蕾爾女士香消玉殞。有人認為，她的死是必然的，否則高文便會沉溺於溫柔鄉而疏於履行騎士的責任。[47]她的美貌就如同《聖經》中的夏娃一樣，是把雙刃劍，她的故事體現了騎士精神中所具有的行為性別模式。

口述與記載的多種版本，使得瑞格蕾爾女士和其他同類型的故事發生大大小小的轉變。「令人厭惡的女士」成為中世紀文學中受人歡迎的主題，十四世紀末，傑弗雷・喬叟（Geoffrey

Chaucer）的《坎特伯雷故事集》（*The Canterbury Tales*）中之〈巴斯夫人故事〉（The Wife of Bath's Tale），以及約翰·高爾（John Gower）的《情人的自白》（*Confessioamantis*）中的〈弗洛倫故事〉（The Tale of Florent），都出現了她們的身影。[48] 在更廣闊的時間和地理範圍內，傳統故事中令人厭惡的女士往往是一些美貌可愛的女性角色。她們外表的美貌掩蓋了內心的醜陋，就像古希臘傳說中的潘朵拉（Pandora）或是梵語史詩《羅摩衍那》（*Ramayana*）中的首里薄娜迦（Surpanakha）。[49] 其他外貌畸形的女性角色在文化和文明的交界處充當保護者的角色，例如具有誇張的生殖器官的凱爾特（Celtic）女神希拉納吉（Sheela-na-gigs）。[50]

A certaine Relation of the Hog-faced Gentlewoman called Miſtris *Tannakin Skinker*, who was borne at *Wirkham* a Neuter Towne betweene the Emperour and the Hollander, ſcituate on the river *Rhyne*. Who was bewitched in her mothers wombe in the yeare 1618. and hath lived ever ſince unknowne in this kind to any, but her Parents and a few other neighbours. And can never recover her true ſhape, tell ſhe be married, &c.
Alſo relating the cauſe, as it is ſince conceived, how her mother came ſo bewitched.

London Printed by *J.O.* and are to be ſold by *F. Grove*, at his ſhop on *Snow-hil* neare *St. Sepulchers Church*. 1640.

《一位叫作塔娜金·史金克的豬臉女士的故事》，封皮頁中世紀之後，瑞格蕾爾女士的故事衍生出不同的版本。十七世紀，塔娜金・史金克（Tannakin Skinker）的故事是其中一個版本，當中提到一個豬臉女子。根據一六四〇年出版的故事集，史金克是一位荷蘭女人，「在母親肚子裡就受到詛咒」，「將來會成為一個長著豬臉的女士」。「她不僅僅面帶污跡瑕疵，更是畸形醜陋，看起來令人厭惡，所有見到她的人都覺得她面目可憎」。[51]就像瑞格蕾爾女士一樣（該故事集中也複述了她的故事），史金克身上的詛咒只有通過婚姻才可以解除。

這些故事的改編反映出講述者的文化背景，美女與野獸將美貌與醜陋散播在不同的地理範圍和歷史時代。[52]從法國的《美女與野獸》（*Beauty and the Beast*）到土耳其的《公主與豬》（*Princess and the Pig*），從日本的《猴子女婿》（*Monkey Son-in-law*）到印第安人的《老郊狼、年輕人和兩個水獺姐妹》（*Old Man Coyote, the Young Man and Two Otter Sisters*），這類故事的各個版本在不同文化疆域、動植物種群中都有投射。童話故事這種文體一般會將醜陋與美麗相對比，以邪惡來襯托美好。像是灰姑娘辛德瑞拉（Cinderella）的美貌與她姐姐的醜陋就形成了鮮明對比。[53]

由於文學改編故事總帶有文化的弦外之音，對醜陋的定義也包含了人們的感知。正如馬克・伯內特（Mark Burnett）所寫（在此我用「醜陋的」來代替「怪物般的」，以達到

胡安·韋恩加德（Juan Wijngaard）與塞利娜·赫斯廷斯（*Selina Hastings*）作品《高文騎士與令人厭惡的女士》（*Sir Gawain and the Loathly Lady*）中「令人厭惡的女士」的形象，1987

相似的效果）：「對『醜陋』的認定似乎與醜陋本身的意義無關，而與人們對它的感知方式有關。」[54]同時，蘇珊·斯圖爾特（Susan Stewart）也寫過與「怪胎」相關的話語：「人們通常認為『怪胎天生如此』，然而必須強調的是，『怪胎由文化塑造』。」[55]和那些怪物和怪胎一樣，「醜八怪」在文化重述中也發生著變化。

在一九八七年出版的一部兒童插圖版《高文騎士與令人厭惡的女士》（*Sir Gawain and the Loathly Lady*）中，這位醜陋的老太婆在作者塞利娜·赫斯廷斯筆下仍舊令人厭惡（半豬半馬，還有其他豐富的特徵），但故事情節有些改變。[56]除了之後兩人快樂地生活在一起，這位令人厭惡的女士被描寫為「極其醜陋」、「怪胎」、「怪物」，以及「著實令人反感」，她覺察到世人看她的眼光，而為自己的醜陋感到羞愧。在婚宴上什麼都不吃，這與原型中狼吞虎嚥的行為大相逕庭。醜陋的內在化削弱了她身上的權威和力量，也就是自主權，使她因而受到限制。

在混血女詩人格洛麗亞・安紮爾度阿（Gloria Anzaldúa）的作品中，瑞格蕾爾沉默的羞愧得以發聲。這本詩集與上文所說的兒童圖書同時期出版，序言中有一段題詞：「在我內心，是誰在說我樣貌醜陋，讓我羞愧不已；在我的靈魂中，又是誰對你充滿渴望？」[57]後文中會談及，羞愧是另一種醜陋，如同玷污靈魂的情感「污穢」（即「失序之物」）。[58]

外形怪異的老婦人：醜陋的公爵夫人

根據西塞羅和老普林尼（Pliny the Elder）所說，古代藝術家宙克西斯（Zeuxis）找不到自己滿意的模特兒，便召集了五個女人，將她們身上最美的地方畫出來，以創作他心目中的理想美人。[59]他希望可以再現特洛伊中海倫的美麗，所以她的臉（傳說中可以使「千帆競發」）最難刻畫。在人類的外貌特徵中，臉部最具有識別性。親密的人相互之間可以認出對方的手、腳趾和痣，但在公共交際中，仍主要靠臉來識別對方。臉是胚胎

第一個分化的部分，也是新生兒最顯著的特徵。[60] 臉部承載著多層文化意義，理想化的畫像技法歷史悠久，可以追溯至新石器時代（Neolithic）的玻里尼西亞（Polynesia）頭蓋骨崇拜、埃及的木乃伊、古希臘和羅馬的女性胸部雕塑以及其他形象。[61] 儘管歷史潮流確實是在推崇美化（被廣為人知的是米開朗基羅〔Michelangelo〕只願意展現絕對美感，歐洲宮廷的畫廊只展示美麗女人的畫像），理想化的模特兒卻不一定總能決定作品的效果。畢竟有傳言，宙克西斯就是看著自己創作的一幅醜陋老女人的畫像而活活笑死的。

傳說中那幅讓宙克西斯笑死的畫像已不復存在，但是一幅類似的畫作卻一

法蘭西斯科・梅爾齊（Francesco Melzi）仿達文西作品〈兩個奇形怪狀的頭像〉（*Two Grotesque Heads*, c. 1510），棕色墨水鋼筆畫

直流傳在我們的文化中。〈外形怪異的老婦人〉（*A Grotesque Old Woman*）或〈老婦人〉（*An Old Woman*）這幅畫作由弗拉德（Flemish）畫家昆丁・馬賽斯在一五一三年創作而成，因為實在不討人喜歡，而獲得「醜陋的公爵夫人」的稱號。一九二〇年這幅畫在倫敦拍賣，《紐約時報》的公告宣稱，此次售賣的是「世界公認最醜的畫像」，因為主角是一位「以奇醜無比的外形特徵而聞名」的公爵夫人。[62] 早在這幅畫進入現代觀眾的視野之前，便已經吸引了諸多的目光。李奧納多・達文西（Leonardo da Vinci）和他的效仿者曾畫過一些草圖，幾個世紀以來，那些草圖都被認為是這幅畫的來源或者是遺失的原畫。

李奧納多的幾幅畫作，例如〈五個奇形怪狀的頭像〉（*Five Grotesque Heads*，約一四九〇），在北歐流傳並啟發當代畫家的創作。北歐的人對外形怪異的作品產生興趣的其中一個原因源自教堂的相關肖像學。德國藝術家阿爾布雷希特・杜勒（Albrecht Dürer）曾經提出：「只有先了解醜陋從何而來，才能知曉如何塑造美好的外表。」達文西的《繪畫論》（*Treatise on Painting*）中有一個部分叫作「千臉百變」（Variety of Faces），其中講到：「人物越矛盾，畫作就越受觀眾喜歡。也就是說，畸形反襯美麗，衰老反襯青春，強壯反襯弱小。」[63] 馬賽斯的畫作〈醜陋的公爵夫人〉也在這種背景下創作而出，儘管公爵夫人的臉龐所代表的意義至今仍有爭議。

在〈外形怪異的老婦人〉中，模特兒戴著一頂誇張的頭飾，將一枝玫瑰花蕾握在皺巴巴、過於豐滿的胸前。她試圖將年老色衰的自己塞進一件過時的、年輕人穿的裙子裡，這也許是她醜陋名聲的來源。她給人一種似人非人的感覺。她的面部看起來好像被拉長；鼻子高高拱起，就像要噴火般；臉頰和額頭寬大。現代觀眾則用關於動物的術語來描述她，說她「像野獸一樣發出哼哧聲，像隻獅子」，脖子看起來跟「火雞」差不多。[64] 幾個世紀以來，人們認為瑪格麗特・摩爾塔實（Margaret Maultasch）即是畫像的人物原型，她是十四世紀的塔羅爾（Tyrol）伯爵夫人以及克林西亞（Carinthia）的公主，被傳言稱為「史上最醜女人」。

然而最近學者們推翻了這一說法。在研究這幅畫作時發現，馬賽斯在周邊地區做過研究，且在創作過程中對畫作進行修改，這時離這位公爵夫人去世已經過去了一百五十年。同時，「摩爾塔實」可能是這位公爵夫人的別稱，她拋棄了自己的丈夫和另一個男人結婚，導致他們被開除教籍。「摩爾塔實」這個名字翻譯過來為「袋口」（pocket mouth），即陰道的俗稱，泛指蕩婦。[65] 由於這個女人可能有權有勢，甚至真的是一位公爵夫人，一些學者將她看作是一種在各個宮廷間巡迴的奇怪表演的一部分，這位公爵夫人淪為人們獵奇觀看的物品，用自己醜陋的外貌來換取錢財。[66]

儘管這幅畫有現實主義的基調，但主人公手中的玫瑰花蕾與她臃腫的身材仍然形成強烈的反差，這樣的混搭也許是嘲諷那些試圖重返青春的淫蕩老婦人。受賀拉斯的影響，伊拉斯謨（Erasmus）在他的《愚人頌》（*The Praise of Folly*，一五〇九～一五一一）中這樣寫道：

> 更有意思的是看那些面容枯槁的老婦人濃妝豔抹，袒露她們下垂乾癟的乳房，試圖激起無法重燃的欲火。[67]

跟這幅畫一樣，伊拉斯謨的描述亦接近於「誇飾藝術」（caricature）。十六世紀時期的波隆那畫家卡拉奇兄弟（Carracci brothers）是這種藝術形式的創始人，誇飾藝術利用簡化的線條和「誇飾」的特徵（義大利語中，「caricare」意為「誇大、加大」）來展現美麗的對立面。達文西的「奇形怪狀的頭像」促進了誇飾藝術的發展，後來在藝術史上被稱為「組合退化」（combinatory de-grading），意為「向進化論或本體論中的低等生物靠攏，趨近雜亂、原始或獸性的狀態」。[68]人類的獸性戲謔地判定美醜，誇飾藝術則觸及了這種獸性的不適感。

誇飾藝術利用誇大的特徵，為顛覆傳統和扭曲事實提供媒介，在這當中，藝術的門外

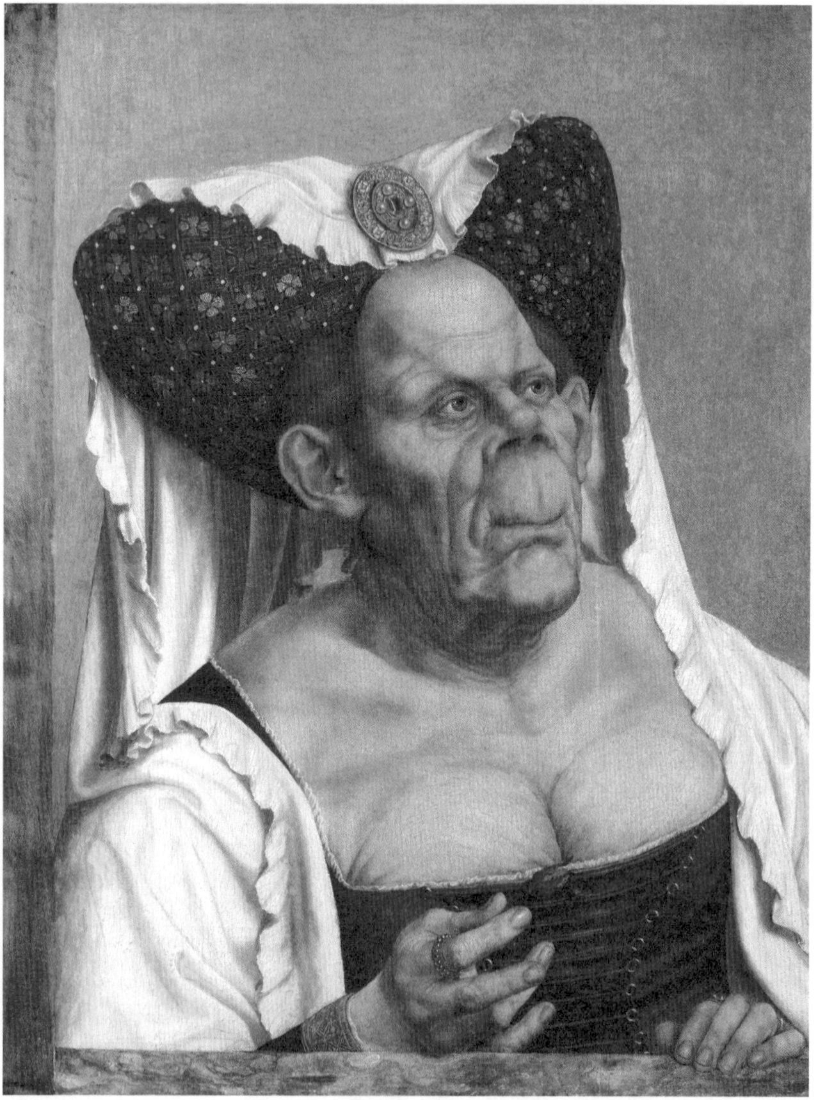

昆丁・馬賽斯 ——〈老婦人〉（*An Old Woman*）或〈外形怪異的老婦人〉（*A Grotesque Old Woman*），約1513，橡木板油畫

漢顯得愚蠢無知，人類與動物以及其他非人類的形態並行存在，同時，附屬品和其他非生命體事物的形狀與人物之間產生具象的呼應。穿著年輕人服裝的醜陋公爵夫人顯得身材臃腫，可能是這種誇張手法的產物。然而，有證據表明，那個時期的畫家不會刻意掩飾顧客身體上的畸形。[69] 而且她的畫像是雙聯畫當中的一幅，另一幅中的男性人物並沒有很醜陋，那麼，在她的畫像中使用誇飾藝術的說法只是種可能性，並不一定完全契合事實。

醜化美麗和美化醜陋的傳統植根於古希臘，聖喜多尼烏斯．阿波利納里斯（Sidonius Apollinaris）是五世紀高盧（Gaul）地區的聖人，他用一種詩化的形式對醜陋進行淋漓盡致的描寫。[70]「畸形女士」的詩歌一直延續到中世紀的歐洲，其作為諷刺作品，將現實或想像中的畸形女人（或男人）的特徵簡化，而成為一種諷刺或刻畫醜陋特徵的代名詞，這是一種強而有力的詩意炫耀。諷刺頌歌不僅侵犯更是顛覆了主流美感，以犧牲作品主人公為代價，在幽默中滲透恐慌。拿俄米．貝克提出：「這位醜陋的女人被重新定義為欲望之物，在這種體裁作品中變得沉默而被動。」因此，「在這種情況中，畸形實際上是一種穩定、已形成的可被認知的屬性」。[71] 不過其他一些習俗卻與這一說辭有所衝突。在中世紀時期的阿拉伯國家，醜化美麗和美化醜陋的做法是幫助人們重新用正確而非譴責的眼光來審視「缺憾」的男性身體。[72]

類似的事情在歐洲文藝復興時期也出現過，莎士比亞的第一百三十首十四行詩《我的愛人沒有陽光一般明亮的眼睛》（*My MistressEyes are Nothing Like the Sun*）將美麗與醜陋的誤解歸咎於文學傳統，而非自己的愛情。她「幽暗」的身姿讓作者感歎：「然而，天啊，我的愛人彌足珍貴，儘管難與那些美妙的比喻相提並論。」[73]

如果說宙克西斯在畫出心目中的理想美人時，是把不同身體上的美麗部分拼湊在一起，那麼馬賽斯在畫「世界最醜畫像」時則更加著眼於紀實。根據最新醫學診斷以及對畫家技法的深入研究，學者們推斷：「畫像主人公並不是畫家隨意拼湊畸形特徵的產物。」[74]這位老婦人「似獅子一般的臉」（faciesleontina）是佩吉特氏病（Paget's disease）的典型症狀，這種病又叫作變形性骨炎（osteitis deformans），是由詹姆斯・佩吉特醫生（Sir James Paget）在十九世紀時發現的。其他症狀還包括寬大彎曲的鎖骨以及患有關節炎的雙手。這一診斷公布後，《每日電訊報》（*Telegraph*）在二〇〇八年宣布：「藝術謎團真相大白。」[75]然而，透過醫學視角為藝術作品摘掉標籤的做法也引來很多質疑。

如果用與藝術或社會相反的醫學或科學的視角來觀察，我們對醜陋的認識會有所不同嗎？如果〈外形怪異的老婦人〉中的主人公是佩吉特氏病患者，我們對她的看法會改觀嗎？如果將波呂斐摩斯的先天情況視為「種族性獨眼」，是不是就顯得不像傳說中那般獸性？

約翰・坦尼爾——路易斯・卡洛爾之《愛麗絲夢遊仙境》中伯爵夫人的插圖（1872）

[76] 儘管後世利用醫學為公爵夫人摘掉標籤，但在她那個時代，人們並不會用這個診斷來解讀她。公爵夫人的情況在畫作完成的四個世紀以後才被鑑定，與之相似的還有梅西畫作中患唐氏綜合症（Down's syndrome）的人，這幅畫問世三個世紀以後這種病才被朗頓・唐（Langdon Down）醫生發現。[77]

十八世紀，著名分類學家（Taxonomist）卡爾・林奈烏斯（Carl Linnaeus）宣稱在智人（homo sapiens）的人類畸變中又發現了一個獨立的物種——怪物屬（homo monstrous），包括駱駝女、象孩、熊女和魚孩，區別於隱居人（homo troglodytes）中的白化病黑人、有尾人（homo caudatus）中的長尾巴人和魚類人（homo marinus）中的人魚。[78] 如果「醜陋的公爵夫人」晚一段時間才出現，她會不會變成十八世紀的一個亞物種（subspecies）？或是在十九世紀像怪胎表演中的「象人」和「猩猩女」那樣，被冠以「獅面女士」的稱號而到處展覽？

可見，人們對醜陋的分類並不那麼固定，尤其是當這個分類將被應用或撤銷時。儘管診斷方法為醫學歷史做出了貢獻，並且幫助醫學學生和醫師提高觀察能力，但是用診斷的眼光來解讀藝術作品並不能完全解開作品中的「謎團」。歷史學家史蒂芬・潘德（Stephen Pender）認為：「儘管醫學和科學文化試圖將人類的身體重新變成科學觀察的物件，但在大眾認識中，身體仍然是自然和政治世界中龐大且穩定的指示。」[79] 甚至在學者呈現出很多關於〈醜陋的公爵夫人〉的解讀之後，她的形象仍然不被世人所理解。她背後的真實故事已經無從考證，也許她會像波呂斐摩斯和瑞格蕾爾女士一樣成為傳說故事中的主角。

如果公爵夫人是真實存在的人物，不管她與畫家的關係如何，她對觀眾帶來的影響延續至今。十九世紀的英國插畫家約翰・坦尼爾為路易斯・卡洛爾的《愛麗絲夢遊仙境》創作插圖時，便以她作為公爵夫人的原型。[80] 法蘭克・柯崔爾・波伊斯（Frank Cottrell Boyce）在最近的小說《陷害》（*Framed*）中，有一個人物對馬賽斯的畫作做出這樣的評價：「看到它我感到非常難過，如果我有如此相貌，我寧願藏起來，不讓別人為我作畫，冒失地呈現在他人面前。」[81] 當代作家伊迪斯・佩爾曼（Edith Pearlman）傾向於為這位赫赫有名的人物辯護。她在這位公爵夫人身上看到了自己的姑祖母艾爾莎（Elsa）的影子，曾經說道：「第一眼看到她時，醜陋的公爵夫人……就在我腦海中揮之不去。」[82] 佩爾曼不同意愛麗絲將她描述為「非常醜陋」，還十分欣賞公爵夫人身上「讓人耳目一新的不體面」。佩爾曼詳述：「我無法忘記她的臉……也不會忘記她的稱號：醜陋。還有什麼詞能讓一個女人這麼唯恐避之不及？」

她的這個問題引出了另一個問題：如果歷史為公爵夫人賦予另外一個標籤，例如「患佩吉特氏病的女人」、「獅面女士」、「花蕾」或者簡單稱之為「公爵夫人」，我們對她的印象會不會改觀？儘管人們聲稱「藝術謎團真相大白」，但在未來觀眾的眼中，馬賽斯的畫作仍難以分類。雖然我們可以通過這位老婦人的外貌而得出診斷，但她的意義仍舊湮沒在「醜陋」的頭銜之下。

威廉・海伊：「從未曾是，也永不會是醜八怪俱樂部的一員」

威廉・賀加斯（William Hogarth）在他一七五四年創作的藝術論文《美的分析》（*The Analysis of Beauty*）中批評道：「拙劣的藝術家將自己視為自然的修理工，殊不知，即便是在他們最刻薄的作品中，自然也從不會缺乏美麗的線條。」[83] 賀加斯提倡使用自然弧形的「美麗線條」代替理想化的表現方式，將自己的作品與誇飾藝術區別開來，走到一個藝術的轉捩點，將醜陋從負面特徵中分離出來。在賀加斯發表該藝術論文的同一年，薩拉·斯科特（Sarah Scott）出版了一本叫作《宜人的醜陋：優雅的逆襲》（*Agreeable Ugliness: or, The Triumph of the Graces*）的著作，獻給「在醜陋派別中引人注目的女士們……你們粗野的天性否定了我們所敬重的事物」。[84] 在這部情感小說中，相貌醜陋、樸實無華卻品行高尚的敘述者被她母親喚作「可怕的怪物」，與美麗自負的姐姐形成對比，最後她通過婚姻成功「逆襲」，動搖了人們將外在與內心混為一談的觀念。在前幾個世紀，畫像更傾向於表現沉默的丑角。到了十七和十八世紀，形勢有了轉變，醜陋人物在形形色色的作品中找到空間來重現他們的身體，並為自己辯護。

其中一個承認自己身體畸形的重要人物便是英國人威廉·海伊（一六五九～一七五五）。海伊先天駝背，身高「不到五英呎（約一·五二公尺）」，曾經出過天花，視力微弱。他是議會成員，著作有《論畸形》（*Deformity: An Essay*）。海伊的文章與上文提到的賀加斯和薩拉的作品同年發表，其中，他講述了自己個人與職業的經歷，揭露英國社會對畸形的看法。在他生活的時期，畸形與醜陋實際上是對等的。撒母耳·詹森（Samuel Johnson）在一七五五年出版的《詹森字典》（*A Dictionary of the English Language*）中為「醜陋」所下的第一個定義便是「畸形」，同時「畸形」也被定義為「醜陋」（「醜陋」的其他涵義包括：「與美相反，卑鄙，令人厭惡，墮落。」同時，「畸形」的定義為「不受歡迎，可笑荒誕，引人嘲笑或讓人迴避的特徵」。）。[85]

根據這些負面的涵義，海伊概述了「畸形人是如何在劣勢中生存的，以及他們如何克服人類的偏見」[86]。同時引經據典，海伊批判了尤維納利斯（Juvenal）和蒙田（Montaigne）一干人，蒙田曾認為畸形比醜陋還要嚴重，並說：「不良的特徵只是外表的醜陋，是人類觀點的不確定性。然而四肢的畸形更加嚴重，影響更深。」[87]

海伊還批判了法蘭西斯．培根（Francis Bacon）《畸形論》（*On Deformity*）中的某些觀點，其中有這樣的論斷：「一個畸形的人完全是頭野獸。」[88] 海伊從學識上質疑人們對一些相似形變的身體部位的認識，還提出疑問——為什麼弓起的後背會引人嘲笑，但是因為貪吃而導致的「大腹便便」卻不會。[89] 通過質疑身體「扭曲」和道德「正直」之間的不一致關係，海伊的作品認為扭曲的身體並不是靈魂扭曲的投射。同時，他還反駁了「畸形是遺傳特徵」的假設，寫到他父親「並不畸形，身體靈活」，同時母親「是一位備受讚揚的美女」。[90] 最為重要的是，他的文章通過引用賀加斯關於美麗由「曲線」[91] 構成的結論，在結語中將政治與美學相結合。

如這章中提到的其他醜陋的人物一樣，當時海伊的身體也被定義為類人化範疇，與動物進行類比。在《論畸形》一文中，他稱自己的身形「就像一隻蜘蛛」，這讓他覺得自己「不像是人，而是一隻蠕蟲」。[92]他還戲稱自己比不上女士們的寵物「哈巴狗」，建議身體畸形的人不要穿「帶毛的衣服」或華麗的衣裳。[93]他將自己置於野獸之外，詳述了一位僅因為身體畸形而被「拋棄於野獸當中」、「殉道犧牲的」羅馬拍賣商的故事。海伊還對十八世紀在某些場所受到虐待的動物表示同情，比如倫敦臭名昭著的「公雞劇場」（Cockpit）和「熊園」（Bear garden），引誘動物，有時還讓牠們打扮成類人的樣子登臺表演（像騎馬的猴子或是戴鎖鏈的熊，它們與那些被關在熊園大門之外的觀眾沒什麼兩樣）。[94]

儘管海伊是一位高產的作家、一位父親及備受尊敬的政治家，還娶了一位「高貴的」女士為妻，他仍然將自己的嘲諷和羞恥與社會對畸形人群的虐待一同展現出來。他為一幅關於亞歷山大．蒲柏（Alexander Pope，他將自己畸形的身體稱為「我所委身的一副可悲的皮囊」）的諷刺畫悲歎，畫中這位著名詩人被刻畫成一隻駝背的猴子，還被稱作是「古老的半人馬，半人半獸」。[95]海伊看到這幅畫後，深深為之感到不平，認為這些類人化的刻畫深深傷害了蒲柏的形象，足以稱為「最惡意的中傷」。這些嘲諷將畸形和醜陋放大，海伊在發現自己被誤以為是醜八怪俱樂部的一員時，提出了激烈的抗議：

> 我從未曾是，也永遠不會是醜八怪俱樂部的一員，我也建議那些先生不要再聚會了。也許這是一個別出心裁、純屬玩鬧的社團，但會讓世人的眼光過度地集中在他們身上，而他們的視角卻脫離世人……畸形的人聚集在一起時會招致更多的嘲諷。[96]

醜八怪俱樂部在英國和美國以社團的形式出現，主題是對其社團成員所謂的「醜陋」特徵開玩笑、諷刺。根據諸如期刊《旁觀者》（*The Spectator*，一七一一～一七一二，一七一四）的描述，醜八怪俱樂部利用誇飾藝術的手法，模糊了現實與虛構的界限。醜臉俱樂部（一七四三～一七五四）利物浦分部的成員名冊就像是一本動物寓言書，其中部分成員被稱為「鯊魚」、「豬」、「老鷹」、「貓」、「駱駝」、「猴子」、「鱈魚」、「刺蝟」、「烏

〈人不可貌相〉（*Fronti Fides*）或〈致偉大蒲柏先生的書信，充分展現其身體與心靈的美麗〉（*An Epistle to the Egregious Mr Pope, in which the Beauties of his Mind and Body are amply displayed*），1728，蝕刻版畫

龜」、「獾」等動物。[97] 俱樂部的口號是「醜臉當先」（Tetrum ante omniavultum）。[98] 如同當時的藝術創作一樣，文字描述也將臉部視為象徵性部位，而非真實的反映。在描述成員動物般的外表和捏造的各種族特點中，「醜陋」的特徵有「猶太人蠟黃臉」、「面如霍屯督人」（Hottentot）、「黑人牙齒」和「日式咧嘴笑」。[99] 當時，利物浦是英國主要的販奴口岸，而俱樂部的大部分成員皆是商人。因此，這些描述可能會更加渲染那些令人不適的刻板印象。

這些俱樂部一般都有銷毀檔案的慣例，所以留下來的文字紀錄較少，對比海伊筆下勤奮節制的畸形人物，醜八怪俱樂部的行為與之有天壤之別。同時，醜八怪俱樂部對殘疾人並不是特別待見。其中一項入會要求表明，即便申請者「駝背瘸腿，具有伊索身上所有偉大不朽的特點」，但如果臉上沒有畸形，就不能算是俱樂部的一員。臉部畸形包括「肥唇、小凸眼或瞇縫眼」和「土豆般的鼻部癱」。[100]

海伊的文章也意識到文化反應中對畸形和其他種族的潛在恐懼。當寫到他最喜歡的議會經歷時，海伊提到過一個「貪心之城」，在這裡，「只要價格滿意，他們從不會拒絕任何人。然而，一位出價最高者僅僅因為是黑人就遭到回絕」。[101] 儘管海伊對邊緣群體所遭受的苦難表現出了極大的同情，卻沒有對醜陋的婦女（時常被描述為「相貌平平」）表現

保羅·桑比（Paul Sandby）——〈拙劣畫作中的美人〉（*Puggs Graces Etched from His Original Daubing*）（諷刺賀加斯的《美的分析》），1753，蝕刻版畫

出與之為伍或試圖拯救的態度：「如果長相平平，她將無法有所改觀。」[102]不管怎樣，他一直認為自己的經歷是獨一無二的，他想強調的希冀不僅是重新表明畸形的類別，分離外貌與道德正直之間的關聯，還想徹底顛覆這種二元關係，讓自己的個人價值得到賞識。

《論畸形》反映了英國十八世紀對醜陋所持的重要看法。作為一位政治參與者與社會邊緣人，海伊在他所處的文化環境中周旋。就像天生沒有胳膊和腿的藝術家湯瑪斯·英格爾菲爾德（Thomas Inglefield，一七六九～約一七九〇）那樣創作並出售自己的寫實畫像，海伊努力想要消除人們對畸形人的刻板印象（如機能失調、無法就業、懶惰狡猾），並投身於一項傳統活動，通過展現自我來重新闡釋畸形的身體。[103]這位議會議員對此事業的投入在後來發展

成希望向別人展現自己，就像他為自己的肖像畫當模特兒時所說，「我堅持希望畫作展現出我本來的樣子」，要保留「天花留下的深深的疤痕……因為我不希望被謊言覆蓋」。[104]

然而自然的展現並不是件容易的事情。這位政治家建議他的肖像畫家（肖像畫家告訴海伊自己以前從未被授予過這樣的自由）：「如果一個人想上《時尚》（*Vogue*）雜誌，就別總把這個雜誌掛在嘴邊。」在《美的分析》發表之後，賀加斯彎曲的線條被認為是「畸形的線條」和「違背美感的線條」，因而受到批評家的指責。[105]賀加斯同時也受到誇飾藝術的抨擊，保羅．桑比在他的作品〈拙劣畫作中的美人〉中描述賀加斯為了遵從自己的曲線才畫出了怪物一般的畸形女人。[106]二十年之內，人們對古代外貌偽科學的興趣復甦，於是拉瓦特爾（Lavater）提出：

> 美醜與人類的道德體系有著嚴格的聯繫。一般來講，道德高尚的人樣貌英俊，而醜陋的人道德敗壞。[107]

儘管人們做出很多努力，堅持修正美學與政治之間的界線，但是怪物表演和相關的誇張展覽，還是將醜陋推向新的風口浪尖。

茱莉亞．帕斯特拉娜：「世界上最醜的女人」

人們展示完整的人體或部分器官的歷史由來已久。早在古羅馬時期，龐培（Pompey）就蒐集人類中的怪胎並放入博物館中，其中有長著狗頭的男孩、生下大象人的雕塑、男同性戀生下的一個死嬰以及幾對連體嬰兒。[108] 動物的身體部位也會讓人們產生類似的迷戀。中世紀時期，在修道院和皇室的眾多收藏品中，法國貝里公爵（Duc de Berry）收藏了許多自然界的奇珍怪物，有鯨魚牙齒、獨角獸的角、防腐處理過的大象、九頭蛇和一隻蛇怪。[109] 歐洲探險家和旅行家在旅行過程中帶回很多自然界的標本，以充實珍奇屋或珍品陳列室。還有一些收藏家不需要透過旅行便可得到他們想要的珍寶。

十六世紀的外科醫生安布魯瓦茲．帕雷（Ambroise Paré）將患者不小心吞下的東西蒐集起來，例如指甲和針，另外還蒐集自然鈣化的產物，例如腎結石和瘻結石。波隆那（Bologna）的斐迪南．科斯皮（Ferdinando Cospi）侯爵擁有一座博物館，博物館館長是一位名叫塞巴斯蒂亞諾．比亞瓦蒂（Sebastiano Biavati）的矮人，他同時也是展覽物件。[110] 十八世紀，英國外科醫生約翰．亨特（John Hunter）賄賂一隊水手，讓他們將「愛爾蘭巨人」查理斯．伯恩（Charles Byrne）的遺骸帶回來。諷刺的是，巨人也出錢給這些水手，讓他們將自己的身體沉入大海，不要交給一位叫亨特的人。[111] 隨著越來越多的調查活動、分類方法和展覽的湧現，在這樣的背景下，那些不願服從分類的身體似乎在尋求關注。到了十九世紀，這些身體在正式的怪胎展覽中引起了人們的興趣。

我們現在對「怪胎」的理解始於一八四〇年代，同時，「正常」這一詞語也開始在日常生活中使用。[112] 一七五五年出版的《詹森字典》對「怪異」一詞的定義相對傳統：「突然且無故地更換場所，突然的愛慕、幽默感、突發奇想、出人意料的惡作劇。」[113] 怪胎秀的歷史可追溯至古代，那時，展覽會上的「怪物」可以做表演，也可以在羅馬的「怪物市場」（teratôn agora）上被買賣。[114] 除了傳統的怪物如矮人、奴隸和畸形人，還有一些令人驚奇的人類，如普魯塔克（Plutarch）所寫：「他們沒有小腿，或是缺了胳膊。有些人有三隻眼睛，還有的腦袋長得像鴕鳥。」[115] 在中世紀及之後的時間裡，傻子和宮廷矮人占據了神祕劇（mystery play）表演的半壁江山，並在巡演歌舞團中占有自己的一席之地。

在類似十七、十八世紀的倫敦巴塞洛繆節大集市（Bartholomew Fair）以及英國大集市（British Fair）這樣的季節性公共展覽當中，會有人在私人住宅和酒吧間做個人巡迴表演。隨著宮廷收藏、珍奇屋和集市的發展，到了一八三〇年代，人體展覽變得更加制度化。由於維多利亞時期的工業化發展，展覽會也開始走向商業化，並有了固定場所，人們對涉及解剖學和病理學的博物館亦格外痴迷。在這個大環境中，茱莉亞·帕斯特拉娜

（一八三四～一八六〇）走進人們的視線，被稱為「世界上最醜的女人」。

作為一位體毛茂密的「墨西哥印第安人」，帕斯特拉娜在展覽會上以多種名稱出現，如「猩猩女」、「狒狒女」、「奇特的混血人或熊女」、「混血人……她體內女人的特徵掩蓋了猩猩的獸性」、「半人類」、「神祕的動物」以及其他許多類似的標籤。[116] 她在巡迴演出時唱歌、跳舞、講多國語言、接受醫學檢查並出席一些社交場合。關於這些表演的現存記載大多比較誇張，然而可以確信的是，她來自墨西哥塞拉馬德拉（Sierra Madre）地區一個叫「掘根印第安人」（Root Digger Indian）的部落，早年在一位墨西哥官員家裡做清潔人員。後世將她凸出的下顎、覆蓋臉部和身體的濃密毛髮以及其他身體特徵鑒定為

茱莉亞．帕斯特拉娜──「不可描述之人的防腐屍體展」，1862，木板雕刻

多毛症及齒齦增生。[117] 一位珍寶商將她介紹給一個怪胎表演馬戲團，讓她以「世界奇觀」的名號和經理一起在美國和歐洲演出。之後經理希歐多爾．倫特（Theodore Lent）與她結婚，繼續帶她到歐洲各地巡演。茱莉亞在莫斯科分娩之後不久便離開人世，倫特將她和同樣多毛的兒子的屍體賣給莫斯科大學解剖研究院的教授，並在屍體上做過防腐處理後再次購回，進行屍體展覽。

一九七〇年代，在倫特去世後的很長一段時間裡，這兩具屍體仍然在博物館、馬戲團、皇宮和娛樂園之間巡迴展覽，之後作為標本保存在奧斯陸法醫學研究院底層。由於公眾和宗教人士不斷進行抗議，直到二〇一二年，挪威國家人類遺體研究評估委員會（Norwegian National Committee for the Evaluation of Research on Human Remains）才同意將她的遺體交還給墨西哥。

不管是生前還是身後，帕斯特拉娜都沒有屈從於單一的分類。儘管被稱作是半人半動物，她還是超越了這種二元化定義，她的形象被認為是「讓人好奇」、「引人矚目」、「賞心悅目」、「難以形容」、「神祕的」、「混血人」。她獨一無二的「醜陋」已反映出任何二元化定義的不可靠性。在她獲得「世界最醜女人」的稱號同時，宣傳小冊子聲稱她有半人半動物的血統，由「印第安母親撫育」，「與狒狒、熊和猴子為伍」，並且有「狒狒的面孔，女人的身體和四肢，熊的皮膚以及其他奇怪的組成部分」，體現出「人類獸性的終結，神性的開端」！[118]

公務員兼詩人亞瑟・芒比（Arthur Munby）將他在動物園看到猩猩時的感受（他寫道：「一隻野獸，出生於遙遠東方的野獸，這動物是如此怪異醜陋，……他『野蠻粗野，讓人退避三舍』，『令人畏懼且招人厭惡』，讓人想起瑞格蕾爾女士。」）與看到帕斯特拉娜的感受（「我的思緒回到……坐在這看著我的人身上，她那蓬亂頭髮下的目光，如此尖銳，如此奇怪，又如此充滿渴望。」）作對比。[119] 查爾斯・達爾文為帕斯特拉娜的身體做出一個更科學的解釋。他將她模糊地定義為「西班牙舞者」，是一位「引人注目的優雅女士」，她「濃密的男性鬍鬚」、「多毛的額頭」和「凸出的下顎」，讓她看起來「像猩猩」。[120]

除了人與動物的二元界限，她的醜陋還跨越了其他分類之間的對立關係，例如：文明與原始、正常與病態、女性與男性、自我與他人。[121] 即便展現帕斯特拉娜甜美的歌喉、美妙的舞姿、廣泛的社交以及為證明其種族的特例性質而做的醫學鑒定，她的身體特徵還是令人疑惑。她所謂「掘根族印第安人」（當時的作家編造的）的出身，被人們描述為「最骯髒、最令人憎惡的種族……就像其他食肉動物一樣漫無目的地遊蕩」，由此可以看出「在人們眼中，臺上表演的這位女性，其身上具有男性特徵且桀驁不馴，野蠻原始，充滿獸性」。[122]帕斯特拉娜在一個社會分類不固定的文化背景中進行表演，成為人們好奇、欲求、恐懼和唾棄的對象。

人們將帕斯特拉娜定義為「有情感的怪物」，她的與眾不同暴露了文化中的矛盾對立，因為人們以一種居高臨下的態度表達憐憫之心。[123]一六三九年，一首關於豬臉女人的民謠同樣向我們闡釋了外貌與內心相互獨立這個事實。民謠中的主人公醜陋無比，但「充滿愛心，禮貌謙恭，很有女人味」。[124]儘管有著纖細敏感的內心，「可憐的帕斯特拉娜還是因為醜陋而家喻戶曉」，據稱，曾經採訪過帕斯特拉娜的奧托．赫爾曼（Otto Hermann）說：

> 對於世人來說，她不過是一位異乎尋常、怪誕醜陋的人，為了金錢在他人面前公開展示，像馬戲團的動物一樣被訓練來表演各種把戲。但在那些熟悉她的人看來，她是一位溫柔體貼、心胸寬廣且能力卓越的人。他們知道她游走於社會邊緣且無法融入的痛苦。[125]

赫爾曼陳述，他記得帕斯特拉娜曾在談到她的經理兼丈夫時微笑地說：「他愛的是我這個人。」然而，這句話的真實性有待商榷。帕斯特拉娜去世後，倫特與一位名叫瑪麗．巴特爾（Marie Bartel）的女子結婚，她的情況與帕斯特拉娜類似。倫特讓她以帕斯特拉娜妹妹的身分四處展演，並叫她瑟諾拉（Zenora）。他通過婚姻分得妻子的收益。同樣的情況也發生在格蕾絲·麥克丹尼爾斯（Grace McDaniels，一八八八～一九五八）的身上，她後來也獲得了「世界最醜女人」之稱號，又被稱為「騾子臉女人」。

麥克丹尼爾斯嘴上長了逐漸惡化的腫瘤，據說她在一九二〇年代舉辦的醜人競賽中勝出，之後便加入美國的怪胎秀馬戲團。[126]在現存的紀錄中，人們形容她長相「奇形怪狀」，不僅像「騾子」，還像「河馬」，但是，記載中卻說她為人慷慨，是一個「內心美好的女人」，呈現出一種「醜陋的性感」。[127]麥克丹尼爾斯的兒子（謠傳嘉年華的一個工作人員喝醉後將她非禮）脾氣暴躁、酗酒成性，在擔任母親經紀人期間，霸占了她大部分的收入，直到他們在同一年去世。帕斯特拉娜和麥克丹尼爾斯都被稱為「世界最醜女人」。在這層面上，她們的生存故事不僅是對這個名號的質疑，也是對她們所處的觀演文化的遺風之拷問。

最近，蕭恩·普倫德加斯特（Shaun Prendergast）根據帕斯特拉娜生平改編的舞臺劇在一片黑暗中上演，觀眾置身於真實的黑暗當中，只能通過聆聽有關帕斯特拉娜的背景介紹來做出評判，而不是根據她的外表。[128]有些學者在進行有關「怪胎」的研究時，即使出發點是好的，也很有可能重蹈之前雜耍表演的覆轍。

本書的這一章節再次敘述各個人物身上的「醜陋」特質，帶著疑問，將有關案例分析蒐集起來，闡述在不同的文化背景中，人們的看法是如何改變的。一九三二年，托德·布朗寧（Tod Browning）的電影《怪胎》（*Freaks*）講述在一個巡迴嘉年華演出中，正常人看起來較像是怪物，而那些畸形人的行為反而高尚可敬，在可怕的事情發生時，畸形的外表讓他們表現得更像正常人。與許多關於醜陋的資料一樣，文化背景使得我們對人類身體的單一解讀複雜化。在辛巴威，瓦多瑪（Wadoma）部落的一些人天生手如「龍蝦鉗」或只有兩個腳趾，但他們並沒有被視為怪胎或是遭到孤立。129

回頭再看歷史上的雜耍表演，像茱莉亞·帕斯特拉娜和格蕾絲·麥克丹尼爾斯這樣的人背負著「醜陋」的標籤，這些標籤既可以是她們的遺贈，也是我們了解她們身上謎團的切入點。最近，挪威國家人類遺體研究評估委員會決定將帕斯特拉娜的遺體交還給她的故土，並說道：

> 帕斯特拉娜生前所受到的關注，以及她死後遺體所遭受的境遇，包含人們對奇異外表的各種形式的好奇，這種迷戀不僅在道德層面上不可接受，更是荒謬至極。130

回顧歷史，委員會認為荒唐的是帕斯特拉娜的訓練者和觀眾，而非帕斯特拉娜本人。

也就是說，他們才是醜陋的人。在帕斯特拉娜生前身後，旁觀者對她的身體有各種回應的形式——畏懼、取樂、為她打扮、看她跳舞、為她做檢查，以及在她的表演中重新審視自己的角色。而現在這些回應在她的醜陋中投射出我們自己，促使我們與她站在「同一陣營」（借用麗蓓嘉．斯特恩的說法），儘管這種想法姍姍來遲，在她死後才得以成形。我們可以將那些荒謬的訓練者和觀眾稱為「世界最醜的旁觀者」。然而，這種誇張的說法也站不住腳，它把責任推卸給歷史，不追究雜耍表演的弊端，或留意相似的情形。

奧蘭：故意變醜的美麗女人

一九六〇年播出的電視劇《陰陽魔界》（*The Twilight Zone*）中有一集名為〈旁觀者之眼〉（*The Eye of the Beholder*）。裡面一位叫珍妮特．泰勒（Janet Tyler）的病人頭纏紗布，等待手術後拆除。[131]她想看看在第十一次，也是最後一次手術之後，身上的「可憐之處」——「扭曲的肉塊」能否治癒。她將自己稱為「荒謬的醜女人」，並滿懷憂鬱地向護士傾訴：「在我還是個小女孩的時候，人們看到我都會避開目光。……在我最初記憶中，有個孩子看到我之後，沖著我大聲尖叫。我從來沒有真正想做個美人。」她繼續說，「我從沒想過讓自己看起來像幅畫一樣。」這一集按照《陰陽魔界》製片人羅德．塞林（Rod

Serling）的風格拍攝，拍攝視角詭異，光和影的作用使效果誇大扭曲，護士和醫生的臉一直被置於鏡頭之外，直到掀開珍妮特臉上最後一層紗布，醫生大叫著：「毫無改觀！一點變化都沒有！」隨即和同事一同退縮到後面的陰影中。接著，珍妮特的面容顯露出來：她是一位媲美好萊塢模特兒的金髮美女，而周圍的人都有著像豬一樣的面孔。

在劇集的最後，羅德．塞林發問：「曾幾何時，醜陋成為大流行，美麗反而變成離經叛道？」由此還可以引申出許多問題：為什麼一個貌美的女人要傾盡全力，通過永久性的臉部手術而非化妝或穿衣來故意讓自己變醜呢？當舉國上下都喊著「順應定俗」的口號，她怎能意識到自己的美麗，而不去相信她被大家所定義的「醜陋」認為是一種罪過？

《陰陽魔界》顛覆了觀眾對美麗和醜陋的預設，整個故事看起來荒謬至極。珍妮特甚至企圖自殘，以躋身「醜陋」之列，符合社會接受的美麗標準，以免被遣送至隔離怪胎的貧民窟。通過逆轉醜陋與美麗的處境，〈旁觀者之眼〉為觀眾開啟了一個介於兩者之間的非分類區域。借用奧蘭的話，這個虛構且模糊的空間向觀眾展現了一個觀點，即「身體不過是一種裝束」。[132]

奧蘭出生於一九四七年，這個名字由法語「charnal」演變而來，意指從事人體藝術表演的性藝術家。人們曾經稱她為「故意變醜的美麗女人」、「不僅是醜陋……整形手術已經無法修正她那張如哈巴狗般的面孔，使之獲得希臘式的完美形象」，在眾多詆毀聲中，有人叫她「醜陋的婊子」。[133]奧蘭的職業生涯持續數十年，參與了多個專案，其中兩個系列與我們對醜陋的討論息息相關，分別是《聖人奧蘭的再生》（*The Reincarnation of Saint Orlan*）以及《自主混血》（*Self-hybridization*）。

第一個系列講的是一九九〇年代初，奧蘭對自己的臉進行了一系列「美化」整形手術，根據西方名畫中美麗女子的五官來重新塑造自己的面孔，下巴仿照波提切利（Botticelli）的〈維納斯〉（*Venus*），鼻子模仿楓丹白露宮（Fontainbleau）的〈戴安娜〉（*Diana*），眼睛參考熱拉爾（Gérard）的〈靈魂〉（*Phyche*），嘴巴借鑒布雪（Boucher）的〈歐羅巴〉（*Europa*），額頭則參照李奧納多的〈蒙娜．麗莎〉（*Mona Lisa*）。她並不希望完全仿照這些人的樣子，而是審視她們背後的故事以及社會加諸她們之上的概念。由於男性整形醫生不忍心將她改造得過於醜陋（就像她說的：「還讓我看起來可愛動人。」），奧蘭找到一位支持女權主義、願意操刀幫她達成心願的女整形醫生。[134]

這場充滿戲劇性分階段的整形手術公開進行，其中一些部分通過電視報導在全世界播出。這位前藝術家僅使用局部麻醉以保持清醒，一邊引導觀眾，一邊朗讀一些文學、哲學以及精神分析方面的文章。每一場手術都有一個主題。同時，也有詳細的材料記載她艱難的術後恢復日常、纏滿繃帶的臉和一道道傷痕。為了給後續的手術蒐集資金，這位藝術家將自己殘留在繃帶上的皮肉、頭皮、細胞和血液裝入「聖物盒」中保存下來進行拍賣。奧蘭不像天主教中醜陋的守護聖人那樣展示痛苦和宗教教義，例如傑曼姐妹（Germaine Cousin）和瑟堡的德羅戈（Drogo of Sebourg），而是對其進行嘲諷，並欣然接受術後的巴洛克怪誕風格，她的做法消解並重塑了肖像學，就像是在文化差異的基礎上，「與我們自身和文化中的怪物對峙，開始瓦解因文化差異而帶來的疏離感」[135]。

儘管飽受爭議，奧蘭還是對人類身體以及關於美麗乃至醜陋的社會建構進行探討。

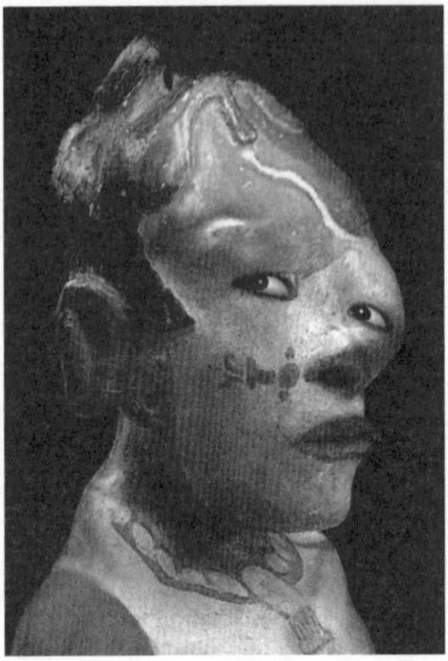

奧蘭，〈前哥倫比亞自主混血形象再現第4號作品〉（*Refiguration self-hybridization, Pre-Columbian series no. 4*），1998，西巴克羅姆印相

她創作的一系列作品既有宙克西斯的風格，也與科學怪人相像，除了對神祕的女性美進行解構之外，還探討了非西方美的概念，重新構想她的面孔。一九九〇年代後期，奧蘭在創作「自主混血」這一項目的過程中，利用電子技術，在自己的面孔中加入前哥倫比亞時期（pre-Columbian）的審美元素。利用人工模型，對墨西哥以及南美阿茲特克（Aztec）、奧爾梅克（Olmec）和馬雅（Mayan）文化進行研究，發現受歡迎的特徵有寬大的鼻子（代表優雅和權利）、鬥雞眼（父母為了教嬰孩對焦而在他們兩眼之間放些東西）以及畸形的腦袋（因長期按壓嬰兒囟門而形成）。

在研究猶加敦（Yucatán）文化時發現，西語化的馬雅語（Spanish Mayan）中並沒有

奧蘭，〈自主混血形象第9號作品〉（*Réfiguration Self-hybridization, série précolombienne no. 9*），西巴克羅姆印相

「美麗」這個詞語，說明馬雅人崇尚多元的個性與形態。儘管這些是現代化的解讀，奧蘭還是根據這些非西方化的標準來展現不同文化對身體概念多樣的建構方式。[136]後來，藝術家在「自主混血」系列中還添加了「非洲自主混血」（二〇〇〇～二〇〇三）和「美洲印第安人自主混血」（二〇〇五～二〇〇八）。[137]

奧蘭和這章中談到的其他人物一樣，在二元分類的邊緣徘徊，又拒絕這些分類。在人獸混血的創作風格中，她的臉看起來像是「哈巴狗」、「蟾蜍」，甚至是「外星人」，以至於奧蘭自己曾說：「我都認不出鏡子中的自己。」但她不順從任何單一形式的分類，並關注其社會建構過程。[138]她曾提出：「我們的文化建構在『非黑即白』之上，而我所有作品的基礎都源自『並存』這個概念，比如：好和壞，美麗和醜陋，原生和人造，公共和私人。」[139]奧蘭以實際行動跨越了各種分類。與吞噬人類的獨眼巨人波呂斐摩斯不同，奧蘭極有可能將自己拿來作為犧牲品。[140]與瑞格蕾爾女士不同，這位性藝術家的轉變並非為了滿足社會對美的期待，而是與其背道而馳。與「醜陋的公爵夫人」不同，前者以面容為人們所知，奧蘭則被認為是「無臉人」，同時也是一件可以為自身醜陋辯駁的藝術品。[141]

威廉．海伊天生畸形，以自傳的形式控訴文化對自己的不公，並因身為畸形人感到羞恥；而奧蘭不同，出於藝術和激進的目的，她特地讓身體和身分變得畸形殘缺，成為人們眼中的「醜陋」形象。茱莉亞．帕斯特拉娜被身為經紀人的丈夫裝扮；而奧蘭替自己做主，她的肉體就是她的裝束，將整形手術這一私密領域公之於眾。她與科技的結合使她躋身改造人的領域，正如唐娜．海勒威（Donna Haraway）所說：「這恰巧出現在人與動物的界限被逾越的地方。」[142]

奧蘭的方式之所以飽受爭議，是因為她大刀闊斧的行為不僅為立法開拓了一片空間，同時也留下一個缺口，就像批評家認為的，奧蘭忽略了「一個能顧及自身及他人感受、有血有肉有感情的女性形象」。[143]儘管有眾多批評和質疑聲，有些甚至來自於那些做過整形手術和從事身體塑形的人，但奧蘭的行為仍然影響著那些認同他的人。「我只做過九次手術，」她補充道，「平時我還是『正常的』。」不同於《陰陽魔界》中的珍妮特．泰勒，歷經十一次面部手術，只為了能「順應定俗」，奧蘭一次次對自己正常的面孔進行改造，以此證明所謂的標準本身也是醜陋的。

醜八怪：令人不適的群體

婆羅浮屠（Borobudur）佛教寺廟位於爪哇島，在其底座的浮雕上有這樣一句銘文：

婆羅浮屠寺廟底座浮雕銘文：「畸形醜陋的人。」
爪哇島中部，印尼，8世紀～9世紀

「畸形醜陋的人。」[144]這座佛塔如一座小山一樣拔地而起，在威嚴聳立的主佛塔周圍環繞著許多小佛塔，直指天空。據估計，婆羅浮屠是在八世紀至九世紀之間（柬埔寨的吳哥窟出現於三百年前；在歐洲，許多大教堂建造於四百年前），在印度教的廢墟上興建起來的。寺廟依傍默拉皮火山（Mount Merapi）邊緣，火山噴發後的火山灰將這座宏偉的建築覆蓋千年，直至十九世紀才被人們重新發現並挖掘出來。在這裡，信徒可以繞著狀如山丘的佛壇依勢而上。在婆羅浮屠著名的敘事浮雕上，刻有佛經中描述的天堂和地獄、魔鬼和守護獸，還有許多神話中的事物。信徒在攀登獲得覺悟的過程中，可以從這些浮雕中得著啟發。因為沒有任何現存記載可以解釋寺廟的結構，所以對「畸形醜陋的人」這句銘文也可以有多種解讀。

在這種文化背景中，「醜陋」一詞有不同的解釋。當它與「畸形」一起出現時，幾乎等同於古爪哇語中

查里斯・S（Charles S.）和 M・伊莉莎白・蒂德博爾博士（M. Elizabeth Tidball）設計，由約翰・瓜倫特（John Guarente）雕刻，「美國響尾蛇」造型滴水嘴，華盛頓國家教堂，華盛頓哥倫比亞特區，1966

的「毗盧婆」（virupa）。在這些浮雕中，據說「醜陋的外表、畸形、愚蠢、懶惰、呆滯和遲鈍是不良行為的惡果」，其背景是「一個對畸形和醜陋極為排斥，甚至滿懷畏懼的帶有偏見的社會」。[145]浮雕上的人物，諸如獵人、漁夫、農民、街頭藝人、小販和乞丐，還有外貌和行為更為醜陋的人，他們都承受著因果報應。一些學者為這句銘文提供了更具實用意義的解釋：因為所有的雕刻畫在一開始都標有類似「天堂」、「國王」、「鐘」、「貪欲」和「罪惡言論」的銘文，這句也許是用來為雕刻師做標識的。[146]不論其涵義如何，銘文中的「畸形醜陋的人」均傳達出一種傲慢無禮。這個「醜陋的人」遠離佛塔高層，被置於基座部位，與來訪的人們面面相覷。

在某種程度上，本章中所有「醜陋的人物」在他們的文化中都處於邊緣地位。獨眼巨人波呂斐摩斯獨居在古代小島的洞穴裡。瑞格蕾爾女士來自森林，在中世紀王國中備受冷遇。「醜陋的公爵夫人」儀態優雅，卻因為強扮年輕而被迫淪為一個怪異的參照。威廉．海伊身居議會要職，卻因身體畸形而淪落至文化誤解的邊緣。茱莉亞．帕斯特拉娜的大半生都在各種馬戲雜耍中度過。奧蘭已經站到舞臺中央，從發表對醜的評論轉向幫助協調審美和文化方面的衝突，再倒回去，將這些對立衝突投射到她身上。

對於那些生前身後都在「醜陋」標籤下度過的人來說，本章的總結不過是冰山一角。

將他們放在一起並不是要將這些實例孤立，或是回顧那些滑稽的場面，而是向人們展示「醜陋」一詞在文化中如何表現出不同的特性，並和其他概念相互靠近，與社會價值和審美價值密不可分。在這裡可以重點敘述無數個案例，但與其創建怪胎分類榜（就像人們在談論「醜陋」時的做法），我更願意著重講述那些在「醜陋」一詞詞義成型和轉變之過程中，與「醜陋」周旋的人。這些「醜陋的人」被視為令人不適的異類，接受並反映出更大範圍的社會焦慮和習俗，涉及種族、性別、年齡、階級、殘疾、國籍以及其他政治類別，為「醜陋」描繪出一段譜系歷史。這六個個例（三個為虛構，三個為事實）無一不反映出各自文化背景中不同的問題。正如婆羅浮屠塔底雕刻的「畸形醜陋的人」，他們身上共有的標籤反映出在定義「醜陋」一詞的涵義時文化所扮演的角色，同時也體現出事物被簡化為這個標籤時所丟失的意義。

下一章中，我們將從探索「醜陋」個體的文化身分轉向概括代表「醜陋」的整個群體特性，這個群體也會帶來一些有「醜陋」後果的社會活動。

2

醜陋的群體

不服從分類

法國韋茲萊（Vézelay）的韋茲萊教堂（Sainte-Marie-Madeleine，約一一二四年）入口的上方，羅馬式的弧形牆飾上刻著一系列的人物雕像。這些定格在石頭表面的人物，有獵人、農夫、漁民、戰士和神父，他們簇擁著身形巨大的耶穌和他的門徒。身形稍小的人物似乎在交談、傾聽、耕種，進行著中世紀十字軍東征（Crusade）早期典型的日常活動。除朝聖者之外，異教徒的形象也密集出現在大門的邊框處，看起來就像一面頁邊裝飾繁複的書頁。這幅體現階級的雕塑在邊角處繪滿精妙的生物，看起來與人別無二致，卻充滿獸性：由雜交而成，身體有缺陷或增生，長著如翅膀大小的耳朵，像狗一樣的鼻子或沒有鼻子，小如矮人，大如巨人。[1] 這些在邊緣出現的生物代表著「怪物種族」。

凝視韋茲萊的這扇大門，我們對醜陋有了新的視角：從個人到群體。法國教堂中的奇怪生物並不是頭一次出現，它們起源於更早期的作品，時常在信徒和十字軍手冊裡出現，例如聖依西多祿（Isidore ofSeville）的《詞源》（*Etymologies*，約六一五～六三〇年）以及大普林尼的《自然史》（*Natural History*，西元前七七年），其中作者列出五十多種野獸類種族。[2] 與現代對「種族」的理解不同，這些獸類當中包括沒有頭和脖子、臉長在胸口的無頭人（Blemmyae）、長著狗臉的犬頭人（Cynocephali）、耳朵與身體等長的大耳人（Panotii），以及沒有鼻子、面部扁平的斯里提人（Sciritae）。[3]

許多文獻中都有對各個種群的生活習俗以及文化的記載。[4] 即便並非生來醜陋，這些生物形象經過各種媒介傳播，都已經不再是令人驚歎好奇的比喻，而是與那些代表恐怖的概念融為一體。動物寓言書和畸形名錄將這些內容保存並廣為傳播，有些紀錄準確，有些卻在誇張、誤寫和張冠李戴中走樣變形。這些記述將已知和未知混為一談，人們對這些群體的認識也從最初的驚歎變為畏懼，並將其視為凶兆。他們的外觀和行為也與最初觀察者的敘述有所不同，在文化碰撞中，「醜陋」的涵義就像是他們的詛咒。[5]

本章研究了這些群體身上共有但又不斷發生變化的「醜陋」特點。上一章重點講述了那些在「醜陋」詞義成型和轉變時與之周旋的人物，在這裡，我會在「醜陋」轉化為群體特點的過程中繼續追溯這一現象。許多有關「醜陋」的表達給社會分類帶來困擾。除了怪物種族，中世紀伊斯蘭教與基督教的畫作和詩歌中都充斥著「形容枯槁」的人類和「受遺棄的生物」，教令草案中也明確提到那些與醜陋緊密相關或互相排斥的群體。隨著全球化的逐步展開，宗教語言從關注墮落和詛咒的狀態發生轉變，將矛頭指向「未開化的群體」，用與「醜陋」相關的詞彙來嘲弄它們，或使其格格不入或被異域化，以此對審美範疇和文明品味進行規範。如今醫學的發達已改變了人們對畸形身體的看法，其中不僅包括先天缺陷，還包括因戰爭而毀容的人，出於社交壓力而接受美容手術，否則他們有可能會被視為「殘敗」的個體。

法國韋茲萊教堂弧形牆飾中央「怪物種族」雕刻細節圖，約1120～1132年

另一方面，隨著文化的演變，醜陋在法律中也不時出現，某些群體因為殘疾、階級、種族、性別和其他社會分類的問題，而被冠上「醜陋」的標記，受人排擠或保護。近年來，流行文化和商業對「醜陋」概念的挪用，顛覆了其中的負面涵義，轉而向愛美之心提出質疑。在現代政治類別形成的同時，一系列審美和社會手段將「醜陋」群體置於法律環境當中，或是對其進行誹謗中傷，同時也將許多不同的價值觀安在醜陋身上。

不過，將歷史上有名的醜陋人物分門別類，極有可能再次受到膚淺的標籤和不可靠邏輯的誤導，那麼這麼做的好處何在？文學學者托賓・西貝斯（Tobin Siebers）寫道：「『分類』一詞來源於希臘語『katēgorēma』，分類的意思為公開譴責或指控，其中便帶有指責的邏輯。」[6]然而，將這些群體歸類在舊有的類別之下，意圖並不在於縮小研究範圍或窮盡研究範圍，抑或是指控那些過去的加害者。引用歷

史學家羅伯特・加蘭（Robert Garland）的話：「在做判斷的時候，我對自身和社會的覺悟程度並沒有什麼把握。」[7] 因此，我的目的在於重新蒐集相關術語表達，追溯圍繞著「醜陋」群體產生的文化習俗，這些習俗改變、塑造並破壞了「醜陋」的特徵。

「醜陋」的意義不但一直在發生變化，還周旋於文化和審美的緊張局勢之間，進而構成了一部醜陋的演變史，有助於我們在當代對這個專有名詞進行理解。分類的過程基於意義的差異，不同的表達形式將使任何對醜陋的單一解讀模糊化。「醜陋」群體聚集在一起，可以展現文化中的張力，甚至可以預見即將發生改變的社會環境。

當「醜陋」特徵無法歸類到任何群體，分類的斷層便出現了。通過案例分析來表現「醜陋是存在問題」的，相較於聚焦個人，第二章將重點放在審視「醜陋」群體四周形成的慣例習俗上，包括讓「醜陋」背冤名，將其神聖化、殖民化、色情化、武裝化、法律化和商業化。不同時期對醜陋的排斥或崇拜，總是與種族、性別、性、階級、國籍、宗教、年齡、殘疾和其他社會分類息息相關。即便各自的特點大有不同，且難以分類，一些「醜陋」群體仍然因為文化中的恐懼而受到相似的待遇。雖然不同文化及其分類標準有所不同，我還是傾向於往這一誤區靠近，並證明將不同的醜陋形式聯繫起來的研究方式是有效的。史前藝術品在表現身體畸形的同時，也提出了關於殘暴和利用價值的問題，使得「醜陋」的涵義不僅停留在表面的視覺解讀，而且轉向以感官為基礎、更為複雜的聯繫。在二十一世紀中，醜陋的人們聯合起來，要求摘除「醜陋」這一標籤，同時又利用這一標籤來爭奪更多的權力。

建築中醜陋的部分，例如韋茲萊教堂門上的怪物種族，或是婆羅浮屠廟裡「畸形醜陋的人」的浮雕，都以令人不快但又極富成效的方式，帶來了重新定義文化界限的機會。米哈伊爾·巴赫京（Mikhail Bakhtin）在他的作品中曾經敘述過「密集且豐富的文化生活是如何發生在邊界地帶的」。[8]在這個前提之下，奇形怪狀的身體仍處於邊緣地帶的事實，不僅反映出這個詞的建築學起源（來源於「grotto」，意為「人工洞室」）和外觀上的涵

哈特曼·舍德爾（Hartmann Schedel）、安東·克伯格（Anton Koberger）、麥克爾·沃爾默特（Michael Wohlgemuth）和威廉·普艾登夫（Wilhelm Pleydenwurff）創作的《紐倫堡編年史》（*Liber Chronicarum*），當中對怪物種族的描述

義（例如夜行神龍式滴水嘴），也體現出長相怪異的身體背後蘊含的廣闊空間。

根據巴赫京的觀點，奇形怪狀的身體並不是一個封閉的系統，而是處於不斷開放且混淆分類的狀態，因此，對「醜陋」以及相關表達的定義並不能承襲現存的刻板印象。歷史上被限制在邊緣地帶的文化群體，因為人們的恐懼而被扣上「醜陋」的帽子，這引發了不同文化背景裡對「醜陋」涵義的反思。當我們將目光從「醜陋」的個人轉向「醜陋」的群體時，一些文化模式就如同歷史般不斷地重演，但在這之後又再次消散和改變。如中國商朝時期的饕餮面具便是將多種動物的形象融合，形成虛構的怪獸。乍看之下，這種面具是一件靜止的醜陋物體，但仔細觀察便會發現，它其實融合了多種鳥類和山羊的變體。[9]本章中，這些群體能聚集在「醜陋」名下，某種程度上是出於它們對單一解讀的抗拒，以及人們無止境的恐懼。

怪物與怪異性：醜陋邊緣化

回顧韋茲萊的中世紀雕塑就像與一個既實在又虛構的世界邂逅。這些「怪物般」或「陌生」的種族棲身於已知與未知、現實與幻想、塵世與聖域的臨界處。韋茲萊是法國朝聖之路上重要的一站，是通往耶路撒冷（Jerusalem）或孔波斯特拉（Compostela）的十字路口。這一時期的大教堂大多選取以啟示錄（Apocalypse）為主題的場景和魔鬼作為裝飾，與之不同的是，韋茲萊的教堂是以十字軍東征為主題。修道院的弧形牆飾上描繪了基督門徒的神聖使命，一圈蜿蜒起伏的邊線將其圍繞其中，就像是赫里福德地圖（Mappae mundi）中怪物種族遊蕩的海洋圈。根據文化歷史學家約翰·布洛克·傅利曼（John Block Friedman）的觀點，韋茲萊的怪物種族表達了地理學和神學方面的雙重涵義，它反映出「對宇宙萬象所持有的包容態度」，這些種族「棲息於世界邊緣，它們甚至與幼崽、刀劍和馬匹一起出現，靜候神旨」。[10]由於當時的建築像書本一樣，要讓那些只識圖不識字的民眾也能讀懂其中涵義，因此建築中對這些「種族」的「文化定位」，得以向十字軍、朝聖者和其他參觀者傳達其明確資訊——他們會將這些低下種族置於聖域的邊緣位置。[11]

這些怪物種族所傳達的主要涵義並不是醜陋，然而幾個世紀以來，它們在一些文化環境中仍然形成了令人恐懼的聯想。「怪物」（monster）一詞來源於「展現」（monstrare）和「警告」（monere）這兩個拉丁詞。[12]在古代，怪物的形態很少以文化群體的形式被解讀，更多時候是其著重於奇異的個體和怪物的新生。怪物的形態與醜陋在差異性方面的重合之處，涉及畸形和扭曲。[13]醫學論文、外貌學著作，在文學和哲學文章中也都可以找到相關資料。正如上一章所說，針對不同類型的醜陋，有大量詞彙對其進行描述，其中包括殘疾或畸形，如駝背和侏儒；身形過大或過小，如過度肥胖和骨瘦如柴；還有不符合性別分類的，如雙性人和太監。古希臘語和拉丁語並沒有明確區分「醜陋」、「畸形」和「殘疾」這三個詞（對它們的理解也與現代有所不同），因此，不僅僅是在專有名詞方面，身體所處的環境也能體現文化態度以及對待它們的方式。[14]

怪異性可具備教育功能、衍生功能、喜劇功能或商業價值。尤其在古羅馬，怪物群體與商業貿易和身分地位息息相關，對畸形奴隸的需求催生了「怪物市場」。[15]這種需求後來導致故意摧殘身體的情況出現。朗基努斯（Longinus）曾描述道，為了審美需求，有人把奴隸關在籠子裡，限制其生長。有些相貌醜陋的帝王偏愛畸形的奴隸，讓他們成為自己的間諜、親信或情人，有時甚至會出於懲罰、娛樂或標記的目的而故意損毀奴隸的外貌，這充分暴露了統治者的道德淪喪。「除了可以創造怪物，昏庸的帝王還可以親自挑選怪物，」古典學者莉薩·特倫廷（Lisa Trentin）寫道，其實醜陋的奴隸只不過是替罪羊，因為主人和奴隸同時都是「社會的異類，他們游走於『正常』的社會建構體系之外」。[16]

不同的社會特徵將一些特點突出的「醜陋」怪物置於範圍更廣的群體當中。這種從奇異的個體跨越到怪異的群體之現象，可追溯至聖依西多祿時期（約五六〇～六三六年），他曾寫道：

瓦爾泰瑪（Varthema）《遊記》（*Itinerario*）中出現的「卡里卡特神像」（Idol of Calicut），1515

在一個種族裡，個別成員被視為怪物。同理，放眼整個人類，個別種族也會被視為怪物，例如巨人族、犬頭人、獨眼巨人等等。[17]

在古代，獨眼巨人波呂斐摩斯因為醜陋而被孤立，成為族群中樣貌最不佳的異類。然而，他並非獨一無二，而是屬於一個叫作獨眼巨人的種族，他們最突出的特徵就是有一隻大而圓的獨眼。獨眼巨人族因其外貌和文化特徵，一直被列入怪物種族的行列，據說他們居住在西西里島，同時也在當時被統稱為印度的地方出現。在早期的自然歷史、旅行遊記、信件、地圖、百科全書以及其他記載中，歐洲之外的地域被模糊地分為幾大部分（被籠統地稱為印度、衣索比亞、阿爾巴尼亞和中國），居住於此的眾多種族在地理位置上便被視為異己（其中甚至還有混淆種族的情況，例如衣索比亞人之前被稱為「燒傷的印度人」）。[18]

對他們的描述隨著時間推移也發生了改變，隨著大量圖像資料在文化中普及，對他們的聯想也變得更為醜惡兇險。為了在教堂之外乃至異域追求種族純正，教宗烏爾巴諾二世（Pope Urban II）視異教徒為「不潔的種族」，「四處散播污穢」，鼓動基督徒士兵將他們「斬殺殆盡」。[19]由於「怪物」和「種族」總是與「邪惡」和「不潔」聯繫在一起，因此人們會將「醜陋」群體視為道德敗壞的象徵，認為理應受到惡劣的對待。

隨著古典資料和中世紀的遊記不斷融合，人們對未知事物更深層的恐懼與怪物種族混合在一起，加深對醜陋的文化認知。遠行東方的歐洲旅行家看到印度的宗教藝術品後，用「醜陋」的相關表達來對其進行描述。藝術歷史學家帕莎・米特（ParthaMitter）曾指出，十三世紀中期到十七世紀流行一種「混搭的表現形式，以歐洲服飾裝扮印度角色」，將原本古典神奇、溫馴無害的印度怪物變得惡毒兇狠，且與西方魔鬼學以及啟示文學聯繫起來。[20]

透過旅行遊記和相關文學作品，刻板印象不斷得到加強，例如在瓦爾泰瑪的《遊記》（一五一〇年第一次出版，之後多次再版，翻譯成多個歐洲主要語言）中，一個歐洲魔鬼的角色被印度神明代替。[21]許多記載一直將印度的「怪物」和「神明」描繪為「醜陋」，使它們與邪惡、畸形、醜惡、可怕以及負面的形象為伍。J・H・范林斯霍滕（J. H. van

Linschoten）在一五九六年的《遊記》中描寫過一些廟宇（這些廟宇在十八世紀晚期被稱為壯觀雄偉、栩栩如生的典範），其中有許多「令人恐懼、恐怖難看且狀似惡魔的形象」，他們「充滿邪惡，奇醜無比，走進這座廟宇便讓人毛骨悚然」。[22]

威廉．芬奇（William Finch）在一六〇八～一六一一年間遠渡重洋來到印度，在那裡的展覽館中看到「許多惡魔般的展品，外形極其醜陋，長著長長的角，怒目圓睜，毛髮蓬亂，滿口獠牙，爪子猙獰，尾巴極長，還有……可怕的畸形」。[23]十七世紀下半葉，尚-巴蒂斯特．塔韋尼耶（Jean-Baptiste Tavernier）曾六次遠行東方，他將那裡的千手佛像稱為「邪惡的怪物」，「如此畸形的樣貌簡直不堪入目」。[24]歐洲人見到印度藝術品時，經常用「醜陋」作為形容詞，無意中將基督徒的價值觀安在這些藝術品身上。

讓我們將目光再次轉回到馬可．波羅（Marco Polo）身上。在文學和藝術表現裡，千手怪物是文化緊張局勢的探路石。在外國人眼中，印度神明濕婆完全是不同的形象，他身上許多代表神力的特徵消失不見，變為天降的凶兆或類人化的生物。當造訪印度的西方旅行者開始透過表面現象研究印度的傳統形象與多種宗教時，其文化態度也隨之改變。通過科學以及更加全面的觀察，「狀似怪物」的涵義不再與「醜陋」特徵掛鉤，而是指這些雕塑非同尋常的巨大尺寸，人們甚至將「賞心悅目與狀似怪物」聯繫起來。[25]受到注重象徵的哲學思維影響，人們認為在「醜陋」特徵之下掩藏著神祕真相，需要透過它們「怪物般的」外表和「可怕的行徑」來進行解讀。[26]隨著不同文化的碰撞帶來自然與超自然特徵的混淆，類似這樣的解讀移位以多種形式發生。當人們探索的欲望橫跨大西洋來到美洲時，初次見到的美洲人便代替印度人成為歐洲人心目中的怪物種族，認為這些人不僅要接受「『印第安人』這個名字，同時還要用對待『怪物』的一貫態度來對待他們」。[27]這種跨文化脈絡的「醜陋」特徵轉移，所帶來的是歷時彌久的殖民侵略，其惡果延續至今。

怪物種族只是歷來眾多醜八怪當中的一個群體。這些群體身上的醜陋特徵並非與生俱來，大多是在不同的文化和意識形態的碰撞下，由人們想像並強加給它們的。當環境發生改變，一些奇妙神祕的現象便會令人生畏。幾個世紀以來，這些怪物身上體現了已知與未

〈黑暗王子：達格爾〉（*The Prince of Darkness: Dagol*），魔幻藝術作品選，約 1775，水彩畫

知之間的分界，顯示出多樣混合的特點，無法輕易為其分類，但不論作為奇蹟、符號、凶兆還是笑話，怪物般的身體已成為「建構與投射」的雙重對象。[28]在怪物形態的家族裡，還有除了怪物種族外的其他群體，例如，安布魯瓦茲・帕雷在十六世紀所著的《怪物與奇蹟》（*On Monstersand Marvels*）以及其他文章中，探討有關怪物新生兒的問題；又比如十八世紀林奈（Linnaean）分類法中的亞種：怪物屬。[29]

一八八九年，約里斯-卡爾・海斯曼（Joris-Karl Huysmans）詳細描述了起源於怪物的一個新領域。[30]在二十世紀，對於怪物的嚴肅科學研究逐漸減少，而非專業性的研究與起，現代化的怪物在各類媒體中頻繁出現，包括將瑪麗・雪萊的作品《科學怪人：現代普羅米修斯》（*Frankenstein; or, The Modern Prometheus*，一八一八）改編為電影，而雪萊・傑克森（Shelley Jackson）在一九九五年又將其改編成小說《拼綴女孩》（*Patchwork Girl*）。除了新哥德式以及恐怖駭人的表現形式，另外也有可愛親切的形象，如芝麻街系列（Sesame Street）的《本書結尾處的怪獸》（*The Monster at the End of This Book*），或迪士尼《怪獸大學》（*Monsters University*）當中出現的毛茸茸角色。絲安妮・恩蓋（Sianne Ngai）認為，這些既可愛又滑稽的改編讓怪物看起來「弱小無助，同時又具有攻擊性」，他們性格特點突出，且知道控制自己身上令人畏懼的一面。[31]

即使歷史上著名的怪物已轉向一個可控的狀態，卻仍有其他怪異的事物超出我們的想像：恐怖的技術、可怕的人性、黑暗的隱私等等。[32] 怪物一度在教堂和地圖、宇宙哲學和地理學等領域占有一席之地，他們將繼續在人們的生活和夢境邊緣徘徊——除了教堂的怪獸狀滴水嘴，還有躲在床下的怪物、嘉年華鏡廊中遊蕩的生物，以及侵蝕硬碟和人體的病毒。

放逐者和外表標記：識別醜陋

正如「怪物」一詞詞義源於「展現」和「警告」兩詞，另外一個與醜陋有關的詞語，在中世紀的阿拉伯國家亦具有雙重歷史涵義，即「殘敗」。「殘敗」（在阿拉伯語中）指一系列畸形和殘疾的情況，同時還包括一些疾病，例如痲瘋病、藥物造成的皮膚燒傷和其他與眾不同的標誌，如金髮藍眼、黑皮膚、駝背、鬍子稀疏、禿頭或左撇子。[33] 由此可見，「殘敗」的範圍包括許多外表和思維有「損傷」的身體情況，也可用來描述動物界和非動物界，例如牲口和莊稼。由於人們經常用「醜陋」的特徵來形容殘敗的群體，許多試圖挑戰人們傳統概念的文學形象隨之產生，為解讀殘敗的身體提供不同的審美方式。這些方式為形容醜陋帶來新的可能。

一百五十多年來，遜尼派（Sunni）學者以朋友和導師的身分進行交流，他們活躍在開羅（Cairo）、大馬士革（Damascus）和麥加（Mecca），堅定延續了「殘敗」的主旨，借用醜陋的概念，不斷挑戰社群界限以及社會對「殘敗人群」（ahl al-ʿāhāt）的[34]認知。這些文學創作躋身於眾多文字敘述當中，其中包含聖訓（Hadith）和宗教文本、文學和歷史散文、友人書信、安慰信件和傳記。殘敗文學中最值得一提的兩種範例都出自詩歌文體，其中有醜化美麗和美化醜陋的詩歌技巧。

通過詩歌文集這一形式，大馬士革的塔居丁・巴德里（Taqī al-Dīn al-Badrī，逝於一四八九年）大費周折地繼承了宙克西斯的做法：將殘敗的身體部位重新組合成一個理想的整體。[35]巴德里不僅將有關殘敗的詩歌蒐集成冊，還把染病的身體部位組合成一具殘破卻完整的男性身體。書中十七個主題章節跨越多個領域，從「政治精英」到「商人和珠寶商」都有涉獵，其中專門有一章叫作「飽受折磨的四肢和軀體」，收錄了大約一百六十首詩歌，作者來自阿拉伯語世界的各個國家，每一首詩的標題都以美學的方式重新構建殘敗的身體部位，並附警句來將這些部位重新定義為美。正如其中一首所說：

> 我關心他的手，想知道痛苦從何而來。
> 他說：「我的手已斷裂。」

這讓我心如刀絞。[36]

這些殘敗詩歌並不僅僅是用來強調身體美學和顛覆愛情詩寫作標準的，而是從社會和歷史的角度轉向個人角度，重新描述這些遭遇，引發讀者的同情。歷史學家克莉絲蒂娜・L・理查森（Kristina L. Richardson）認為，借助詩歌集這一文學形式，有關殘敗身體的詩歌得以擺脫默默無聞的命運，與其他同類詩歌一起，改變詩歌傳統，以催生「集體記憶的新場所」，對現存的文本進行字面上和象徵意義上的「再記憶」。[37]

阿拉伯語世界的另一文學傳統是透過讚揚醜陋和貶低美麗的形式顛覆文學創作手法。十世紀早期的一篇匿名手稿中寫道：「最好的詩人……可將美豔絕倫的事物醜化，也可將醜陋無比的事物美化。」[38]塔拉比（al-Tha'ālibī，逝於一〇三八年）在自己的一部作品中對「美化醜陋和醜化美麗」進行了詳細的探索。[39]正如上一章所說，美化醜陋的作法自古有之，經過演變，在中世紀的阿拉伯世界已經超越了嘲諷的範疇。技巧高超的詩人顛覆人們的聯想，創造出其不意或輕佻嘲諷的效果，但在更多的情況下，道德家利用這一手段來維護一種公共信仰。詩歌往往通過「變革」（taghayyur）這一創作手法，圍繞男性關係以及宗教、智慧、道德和欲望幾大主題並展開創作。[40]

隨著創作者對意義的不斷調整，他們開始質問有關人體殘敗的文化慣習，並將黑奴和畸形人納入這一範圍之內。賈希茲（al-Jāḥiẓ）是這一領域的傑出代表之一（他的別名字面涵義為「燈泡眼」），他曾說道，「真實或歪曲並不重要，重要的是那些合適、有用且可獲益的東西」，因為「有許多扭曲虛假的東西，一旦變得真實，便會帶來傷害或產生不足」。[41]他的言論中有許多例子涉及了肋骨、篩子、項鍊、鉤子、新月、鳥喙、獠牙和爪子。詩歌技巧具有政治方面的優勢。理查森曾經研究過謝哈布·赫加齊（Shihāb al-Dīn al-Hijāzī，巴德里在開羅的老師，逝於一四七一年）的作詩天賦，並如此形容他對「醜陋」形態和內容所做的顛覆性調整：「作為擅長『變革』創作手法的詩人，他更善於為正常人對殘敗人群的打量目光洗白，並指出身帶標記者身上的性欲和欲望。」[42]於是，看起來相同的標記有了不同的涵義，「醜陋」是與生俱來的這一觀點遭到駁斥，並迎來新的解讀。

在中世紀時期的伊斯蘭國家，對殘敗身體的態度從唾棄到同情，發生了極大的轉變。人們因為恐懼和疑惑，而可能對殘敗外表做出惡劣的反應，正如記載中提到的：「提防那些身體殘敗之人……這些人極有可能帶來爭端，一舉一動都令人沮喪。」[43]法律規定，要對形貌不雅的身體部位進行摘除，以作為懲罰。將身體殘敗之人的隱藏身分公諸於眾（例如辨認出用頭巾掩蓋的禿頭）可能要承擔法律後果，麥加歷史學家伊本·法赫德（Ibn Fahd，逝於一五四七年）便是一個典型的例子。他在書中洩露了殘疾人物的身分，導致著

〈殺死白魔的羅斯坦〉（*Rustam Kills the White Div*），1562， 墨水、不透明水彩和金粉畫

作被撕毀一空，連墨跡都被洗滌乾淨。

這樁案子引發了人們對醜陋的辯論，內容涉及法赫德「拙劣創作」中的「醜惡風格」，「書中描寫的醜陋行徑」以及「他的出發點是否並非醜惡」。[44]關於何為「醜陋」的討論反映出社會的種種矛盾，這些矛盾產生的部分原因便是醫學與宗教的對峙，因為按照宗教觀念，「畸形人」在生前和身後都得服從多種規則。然而例外時時存在：有個男人娶了一位聰明卻獨眼的夫人，同時拒絕了她美麗的姐妹。穆罕默德（Muhammad）肩膀之間的一塊小標記被視為神蹟，而非身體上的殘敗。[45]文學手法使殘敗的表現變得更為複雜，讓其避免淪為膚淺的刻板印象。

除了對人的刻畫，在表現超自然物種時，若能將外表的「醜陋」與內在的品格聯繫起來，便可以更加徹底地注入文化價值觀。某些如魔鬼般的醜陋形象外在特徵，則代表其內心的醜惡。波斯詩人菲爾多西（Abu'l-Qasim Firdausi）創作的史詩《列王紀》（*Shahnama*，一〇一〇）講述了許多關於惡魔（divs）的故事，它們的形象後來頻繁地出現在繪畫當中，巧妙地維持著醜陋與邪惡之間的聯繫。從十世紀開始，看待人體形態的態度不再停留在展現貴族階級理想化的形象，而是認為畫作更趨向於反映現實，繪畫範圍也擴大至社會低層階級，因而逐漸出現以吟遊詩人和舞者等受人排斥的人物為主角的誇飾畫、諷刺畫以及剪影畫。[46]

隨著時間推移，《列王紀》中的惡魔形象也在繪畫中發生變化：從人獸雜交混血變成身形巨大、比例失調且性欲旺盛的人類，其誇張的外表和暴力的行為，與謙遜溫和、身材勻稱、文明有禮的英雄人物形成鮮明的對比。藝術史學家法蘭西斯卡・萊昂尼（Francesca Leoni）提出：「這些惡魔的畫像並不是隨意拼湊而成，而是反映出古代的波斯國家在何為邪惡這件事情上，所持有的根深柢固文化認識和成見。」[47]因受到阿拉伯面相學的影響，當圖像反覆重現慣常存在的關於美好和邪惡的文化觀念，文化偏見便隨之更加根深柢固。醜陋標記突出了惡魔與英雄之間的對立關係，儘管惡魔的視覺形象在十四至十六世紀中有所改變，但它們仍舊作為道德警示或人類的代罪羔羊而存在。圖蘭人（Turanian）的情況更是反差巨大，作為伊朗的頭號公敵，圖蘭人在血緣上實際與伊朗人更為接近。[48]來自虛構世界的惡魔，便是人們用美學術語進行道德說教和維護道德制高點，以及培養文化接受度與文化習俗的最佳範例。不論是外在還是內在，醜陋都吸引著人們的目光，正如波斯詩人薩迪（Sa'dī）在一篇寓言中所說：

究竟為何，你會變成以醜為名的睡前故事？
國王畫廊中的藝術家，

又是為何將你描繪成陰鬱醜陋、腐敗難堪的模樣？[49]

正如惡魔是古代的波斯人對《列王紀》看法的寫照，中世紀時期基督教藝術中的醜陋形象，同樣也反映了信徒的態度轉變。如路西法（Lucifer）、耶穌的迫害者，其他雜交物種及惡魔般的墮落形象遊蕩於被貶低或虛構的領域，為美好與邪惡、救贖與罪孽之間劃開一條清晰的界線，如但丁·阿利吉耶里（Dante Alighieri）和耶羅尼米斯·博斯（Hieronymus Bosch）在各自作品中描述的那樣，這些表現也經常帶有墮落的意味。有位畫家在描繪〈最後審判日〉（*The Last Judgement*）時「絞盡腦汁」，使得那些魔鬼「看起來極醜無比，從沒有任何畫像或雕塑可與之相提並論」。[50]同時，醜陋也以亦真亦假、外形變化，甚至神聖莊嚴的形式出現。

中世紀時期，人們為了更崇高的目的而故意將許多基督教形象醜化，諸如基督受難像（Crucifix）和〈聖母憐子像〉（*Roettgen Pietà*）等具有代表性的作品，被許多藝術史學家稱為「醜陋」且「畸形」，將苦難、羞恥、卑微、衰老和墮落轉變為救贖的象徵，而非罪孽。[51]聖奧古斯丁（St. Augustine）曾經寫道：「他被釘在十字架上，形貌受損，但在我們心中卻具有美感。」[52]醜陋同時也影響著物質生活的各方面，例如比起光潔亮麗的照片，人們更喜歡煙燻微黃的效果，例如佛羅倫斯人喬瓦尼·多米尼西（Giovanni Dominici）

就認為，比起發亮的新奇感，古舊的質感更能激發虔誠，可以在美學上為信徒營造出一種宗教氛圍。聖伯爾納鐸（St. Bernard de Clairvaux）曾描述過「觀察者的神聖眼光」是怎樣將耶穌的美好形象變得「畸形而黑暗」，使其變為「圖謀不軌之人眼中的笑柄」。[53]用於祈禱的事物總能吸引虔誠的人們在醜陋的外表和情境中找尋奮鬥和救贖。「從墮落到笑柄，」藝術史學家傑佛瑞．赫伯格（Jeffrey Hamburger）說，「耶穌從神聖到醜陋再到神聖的轉變，展現的是根據上帝形象所製造的虔誠基督教徒從墮落到重生的過程。」[54]

由於藝術品已經在博物館和文化分類中得到重新梳理，觀看者總是在配有說明文字的情況下欣賞這些作品，這使得我們遠離了它們的最初情境。在中世紀，宗教作品之外的藝術作品同樣帶有視覺暗示，其中攜帶的標記也許很容易被現代人忽視。在北歐，藝術家利

〈聖母憐子像〉，約 1350，萊茵河中部，椴木，多色法著色，部分修復

用圖像標識來標記和詆毀「醜陋」群體。[55]這些群體包括基督教的敵人，如異教徒、穆斯林或猶太人，還有地位低下的群體，如劊子手、妓女、愚人和農民。人們利用衣服的顏色、花紋，以及制服和頭飾來為這些人做標記。同時，其他標記形式還有用希伯來文或其他語言在身上刻字，以及身體本身的畸形，如帶疤的皮膚、斜眼、鉤狀的鼻子、禿頭和紅髮等，而地點、姿勢和動作也很重要。從側面來看，邪惡的眼睛無法玷污觀看者的目光。藝術史學家露絲・麥林科夫（Ruth Melinkoff）提出：「通過誇大某一種族身上最鮮明的特徵，藝術家可以將整個群體置於被攻擊的範圍內，所以藝術家十分狡猾地利用這些標識來詆毀那些受社會排斥及輕視的人群。」[56]例如，在現代人眼中條紋也許並不難看，但在以前，這種紋飾代表著某種特定的涵義。

還有一些差別特徵並沒有如此明確的標記，這是對社會整合的某種體現。在荷蘭畫作〈讚頌聖子〉（*The Adoration of the Christ Child*，約一五一五）的耶穌誕生畫面裡，眾多天使中有兩位的臉部特徵稍顯不同，現代人可能會看出他們患有唐氏綜合症。[57]這幅畫的創作時間距朗頓・唐醫生發現這類病症還有三個多世紀，當時的畫家經常會用當地患者做模特兒，這種藝術上的包容，體現的是社會的接納。之後的幾個世紀，藝術作品中的「醜陋」特徵獲得關注，目的則十分虛偽。一九七〇年代，一張賀卡上印有貝里公爵的〈豪華祈禱書〉（*Très Riches Heures*），其中有一幕農民圍坐火爐取暖的景象被人們認為有傷風化，因此在他們暴露的生殖器上畫上尿布。[58]

無論醜陋的標記是顯著的還是細微的，其所表現的並非標記物件本身，而是那些刻畫他們的藝術家和觀眾，這使得我們在多次嘗試之後，仍然無法將哪些些具體特徵歸為「醜陋」範疇。歷史上，視覺的暗示強化或顛覆了某些詞彙的詞義，帶來文化排擠。中世紀的歐洲繪畫用黃色條紋來標記猶太人，這種用心險惡的做法一直被西班牙宗教法庭（Spanish Inquisition）沿用，一直到二十世紀，納粹還選擇這個標記來代表他們所定義的醜陋。[59]與之相反，巴德里在殘敗之人身上發現了「美麗」的存在，並指責塞勒姆審巫案（Salem Witch Trail），將痣和疤痕作為巫術的證據。托賓．西貝斯指出，在動盪年代，「人群中稍有異類，人們便不會放過，希望以此識破邪惡的力量」，因此，普通的疤痕可能會成為帶來罪名的禍根。[60]時間的推移也許會使人們改變對同樣標記的理解。然而，如果在同一時代裡，相同的標記會有不同的解讀，那麼「醜陋」的事物將捲入文化拉鋸戰的較量當中。

粗野原始和維納斯：侵略醜陋

戈特霍爾德．埃弗拉伊姆．萊辛（Gotthold Ephraim Lessing）在十八世紀寫過一篇名為〈拉奧孔〉（*Laocoön*）的文章，他用大段篇幅來討論美麗與醜陋的問題，同時探索「繪畫與詩歌的極限」。在萊辛看來，這尊偉大的古典雕塑中蘊含二元之間的對峙，正如這位古時的祭司在發出對特洛伊木馬的警示之後，被海蛇纏繞徒勞反抗的景象。面對多種審美選擇，萊辛如此寫道：

殘酷暴力所帶來的痛苦不應掩蓋對美的追求……痛苦的叫喊必須柔化為一聲歎息……不然面部表情便會遭到破壞，令人作嘔。簡單地想像一下，如果拉奧孔的嘴巴被迫大張，那會怎麼樣？它會變成一副醜陋無比、令人厭惡的樣子，我們看到會

〈拉奧孔和他的兒子們〉（*Laocoön and His Sons*），約西元前40～前30年

將視線挪開。[61]

萊辛將痛苦扭曲的古典形象比作藝術之間的對峙。他對完美形態的各種衍生物並無好感，而是從語言和視覺兩方面探索醜與美。新古典主義從古代找尋審美方面的指導，希望能在醜陋的反面找到美麗的定義，卻在同時破壞了愉悅的理想體驗，催生一種令人不適且是非難辨的感受：噁心、恐怖、荒唐乃至野獸般的淫欲。萊辛追求「個人的理想形象，而非全體人類」，譴責那些沉迷於誇飾畫和怪誕畫風的古典主義藝術家，例如在繪畫中展現「人體缺陷和醜陋」的堡森（Pauson）以及刻畫骯髒的畫家皮雷裘斯（Pyreicus），他因展現骯髒的理髮店和市井流氓相貌而聞名。[62] 萊辛認為，畫家的過失可導致整個具體形象崩塌或失去存在感。這一主題持續受到二十世紀理論家的關注，正如克萊門特・格林伯格（Clement Greenberg）在一九四〇年創作的〈走向更新的拉奧孔〉（*Towards a Newer Laocoön*）中說道：「繪畫與雕塑在欠缺天賦的人手中……淪為遊魂或文學中所說的配角。」[63] 萊辛的文章基於古典主義素材，不僅表現出他對身處時代的嚴肅擔憂，還表現了對時代的文化現狀的關懷。在這個過程中，〈拉奧孔〉使得被侵略的群體和帶有侵略性的觀眾之間的區別更加明顯，以便醜陋的「異類」對既定價值觀進行反擊。

書中，萊辛用共有性質的「我們」來與他十八世紀的讀者（包括當時一些知名的理論家如溫克爾曼先生〔Herr Winckelmann〕）交流。[64]他在塑造自己審美標準的同時，也帶領讀者理解自己對〈拉奧孔〉雕塑以及其他群體的認識，其中最著名的便是設想「我們」在面對「霍屯督人」時應當做出的反應：

> 我們都知道霍屯督人有多髒，也知道在我們看來噁心的東西對於他們來說卻是美好有趣的，神聖無比。鼻子上帶一塊扁平的軟骨，鬆弛的胸部下垂至肚臍，用羊油和煤煙擦滿全身並在陽光下晒乾，頭髮油膩膩的，腳和胳膊上纏繞著新剖出的腸子——請想像一個滿懷激情、虔誠無比且柔情的愛人，用一種真誠愛慕的高貴語言來描述這一切，請儘量不要發出嘲笑。[65]

萊辛使用荷蘭殖民地的名字「霍屯督人」（意為「說話結巴的人」）來描述這個生活在南非、與眾不同的群體，與他們身體外形相關的還有許多貶義描述：「鼻子上扁平的軟骨」、「鬆弛的胸部」、「纏繞新剖出的腸子」。[66]早期對醜陋的分類大多圍繞與墮落有關的畸形特徵，但到了文藝復興時期，這樣的特徵開始帶有侵略的意味。例如「原始」、「野蠻」、「未開化」和「異域」等雖然有不同的涵義，但在本質上是對異類的描述。皮膚作為文化差異的顯著標誌，據稱可以區分出高雅和墮落。在視覺和修辭上將異族人的身體納入醜陋的範疇，表明了文化穩定性的局限性。[67]

萊辛和同時代的許多作家通過綜合「醜陋」有關的論點，獲得修辭和審美方面的說服力，在駁斥他人的過程中維護自己的文化價值觀。例如，猶太人通常會被聯想到黑暗和獸性，一七九〇年代的一處記載中這樣寫道：「除了印度托缽僧（Indian Fakirs），世界上沒有哪種人會像波蘭猶太人那樣與猩猩如此相近……他們裸露的脖子有如黑人一般的顏色。」[68]通過類比，不同的人種被歸為單一的類別，帶有貶低意味的言辭不僅暗示這些群體充滿獸性，也表示地位低微，這兩者甚至可互畫等號。

十八世紀的種族理論時常談論黑暗與光明、醜陋與美麗之間的區別。這些理論通過對品格進行的偽科學解釋，總是將黑人與黑暗混為一談。威廉·馮·洪堡（Wilhelm von Humboldt）將白色視為適合人類的顏色，「並不是因為它更好看」，而是「白色乾淨透亮，哪怕是再細微的事物，在上面都得以顯現。同時，它還可以與其他顏色混合；黑色則會將其全部吞噬」。[69]艾德蒙·伯克（Edmund Burke）在《關於我們崇高與美觀念之起源的哲學探討》（*Philosophical Enquiry into the Sublime and Beautiful*，一七五七）中談到一位盲人男孩，他在做過白內障手術之後重獲光明。「男孩在第一次見到黑色時便覺得十分不安。在那之後，他無意中見到一位黑人婦女，頓時感到恐懼萬分。」[70]伯克從「崇高」的角度來定義「醜陋」，因為它會帶來「巨大的恐懼」。[71]

歷史上，對於殖民侵略、奴隸制度以及其他社會等級的辯護，得以被完善地記錄保存下來，同時這些辯護也受到了嚴厲的譴責，從這可以看出，人們關於種族的理性思考已經超越了生物和血緣的範疇。萊辛對霍屯督人表達愛與欣賞的方式大加諷刺，而且他還遵循公認的看法，即種族取決於與赤道之間的距離，他認為霍屯督人的膚色就比橄欖棕要淺一些。他對霍屯督人的描述反映出當時人們的想像，即著重突出他們的身體形態，這與〈拉奧孔〉的雕塑形象頗為相近。[72]這些身纏腸子的異國人與古時被蛇纏死的人物有很多相似之處。不管直接還是間接，萊辛不甚嚴謹地將這些人物歸為一類，使得他對霍屯督人的諷刺描述變為對古典個體化理想形象的擺脫或逆轉，引導讀者從美學角度將理想化群體和受排斥群體進行比較。

「霍屯督人」作為一個描述群體的詞彙，甚至將類似薩拉．巴特曼（Saartjie Baartman，一七八九～一八一六）的異族人也囊括在內。薩拉．巴特曼又被稱為「霍屯督人的維納斯」（Hottentot Venus），這個含有雙重涵義的綽號表明，她身上「醜陋」的文化特徵是與種族和性別相關的。[73]據科學家喬治．居維葉（Georges Cuvier）的說法，她生前有許多別名，例如「猩猩」、「狀如野獸」和「形似人猿」。[74]巴特曼生活時期早於「世界最醜女人」茱莉亞．帕斯特拉娜，她一生都以怪胎的身分四處展演，直至一八一五年去世，時年二十六歲。之後，她的遺體被解剖，繼續在性變異與醫學變異的標籤下展出。

薩拉・巴特曼——〈興奮的獵奇者〉（*The Curiosity Seekers in Ecstasy*），圍觀「霍屯督人的維納斯」的法國觀眾，1815，版畫

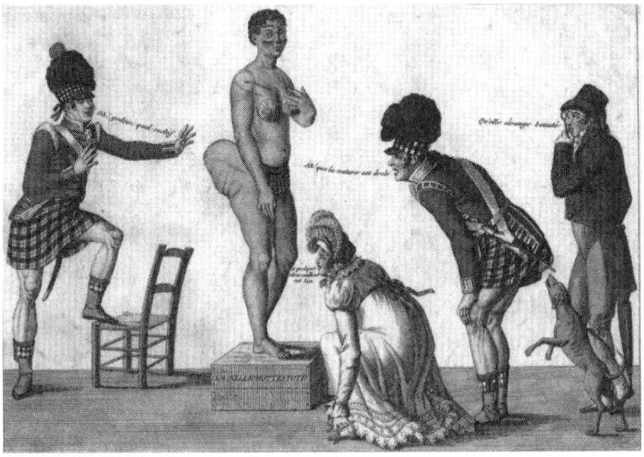

直到二〇〇二年，她的遺體才被送返南非，然而裝在器皿中的外陰器官仍保存在法國人類博物館（Musée de l'Homme），與其他兩樣標本存放在一處，標籤上分別寫著「女黑人」、「祕魯人」和「霍屯督人的維納斯」。[75]對她屍體的處理符合對「醜陋」的刻板印象，即「女性、老人、黑人、肥胖者或社會低等人」。[76]

在一幅名為〈興奮的獵奇者〉（*The Curiosity Seekers in Ecstasy*，一八一五）的法國版畫中，「霍屯督人的維納斯」站在平台上，四周圍著一群體形不一的參觀者，用好奇戲謔的眼光注視著她。這幅畫更注重對參觀者的誇張諷刺，而非台上展覽的人。除了法國這個解剖學性質的展覽所帶有的殖民意味，巴特曼的別稱也讓她成為裸體維納斯譜系的一員。許多女性形象都與這位古老的愛神有聯繫，如維藍道夫（Willendorf，約西元前二萬四千年）的維納斯雕塑、波提切利的畫作〈維納斯的誕生〉（*Birth of Venus*，約一四八五）、提香

（Titian）的作品〈烏爾比諾的維納斯〉（*Venus of Urbino*，一五三八），蒙田所寫關於一個殘疾又色情的維納斯的文章，以及克萊門特·蘇西尼（Clemente Susini）存放在天文台工作坊（La Specola）的維納斯解剖蠟像等等。這些作品使維納斯成為「美化並物化女性身體的代名詞」。[77] 到了十八世紀，一些藝術家仍然在諷刺「霍屯督人的維納斯」引起的那種恐怖興奮，正如這位雕塑家諷刺那些圍觀她在台上展覽的獵奇者，將觀察視角對準那些觀察他人的人。[78]

萊辛在歐洲殖民侵略的背景下描述霍屯督人時，提到一個相對理論，即霍屯督人自己覺得同伴很「美麗」，而他們在外國人眼中卻「令人作嘔、十分厭惡」。[79] 這種反應也許並非是因黑皮膚本身引起的，而是來自融合了藝術與文化、以大理石白為主色調的古代藝術。溫克爾曼在影響深遠的著作《古代藝術史》（*History of the Art ofAntiquity*，一七六四）中稱：「增白會使美麗的身體更加美麗動人。」[80] 一七八八年，約翰·戈特弗里德·赫爾德（Johann Gottfried Herder）在萊辛的基礎上發表了一篇文章，支持雕塑不使用顏色這種與繪畫背道而馳的做法，認為這樣可以專注於突出形狀的特徵。[81] 約翰·沃爾夫岡·馮·歌德（Johann Wolfgang von Goethe）則認為追求色彩是不文明的「野蠻部落」的想法。[82] 在十九世紀，尤其是在類似杜莎夫人（Madame Tussaud）的蠟像作品興起之後，人們便認為雕塑中的顏色顯得庸俗不堪且讓人眼花繚亂。彩色雕塑（或多色法雕塑）會「將無生命的塑像與有生命的東西混淆。」藝術史學家亞利克斯・波茨（Alex Potts）寫道，「因此會讓人覺得很醜陋。」[83]展示古代大理石雕塑的畫廊針對這種創作材料營造出一種神祕的視覺效果，使白色呈現出原生的理想狀態。

〈拉奧孔〉創作於西元前四〇～前三〇年，於一五〇六年在羅馬被發現，但在幾個世紀之前，大普林尼就曾對其有過描述。雖然雕塑的最初來源已無從知曉，但長久以來人們一直將其視為白色的古典作品，直到最近有證據表明雕塑曾經是有顏色的，只是因時間久遠而剝落了。諸如紫外光譜分析法（UV analysis）的現代技術與古代文字記載，證實原本在創作中確實經常使用多色法。在〈拉奧孔〉中，與兒子相比，著色師很可能為父親塗上更深的顏色，再用不同顏色將帶有鱗片的蛇加以區分，使人物的眼睛更為生動，突顯恐懼的神情，「顏色創作頗具匠心」。[84]儘管我們無法估計，萊辛在看到完全上色的〈拉奧孔〉之後會產生怎樣的文化反應，但是最近對它的重新評價也帶來一些問題。彩色雕塑在現代人眼中多了些媚俗，少了些神性。如果這些古代雕塑的顏色保存完好，那麼在現代人眼中它們還值得欣賞嗎？還是會將它們遺棄在博物館不起眼的角落，如同前古典時期的中美洲大肚人（Mesoamerican Potbellies）雕像那樣，淪落至「醜陋藝術品的悲慘下場」？[85]隨著對古典主義藝術的不斷探索，溫克爾曼並未給多色法下定論，這個理論仍然普遍受到否定和壓制，其後果影響深遠。

作家、藝術家、哲學家和探險家通過判辨美醜來描述文化差異，而這些關乎美醜的形容在不同的文化中其涵義是不同的。「新世界」大體上包括美洲、南太平洋地區和中國，這些地區的文化發展不能簡單地定義為「原始」或「野蠻」。約翰·史蒂文斯上校（Captain JohnStevens）翻譯過一篇葡萄牙語文章，其中稱「中國人覺得我們的鼻子是畸形的」，蒙田在他的《隨筆集》（*Essais*）中寫道：「墨西哥女人覺得扁額頭是美麗的象徵……而我們恰恰將其視為醜陋的標誌。」[86] 藝術家威廉·賀加斯稱人類「因現實而拋棄美麗，認為美麗只存在於幻想當中」，並補充道：「偏見者的觀點由習俗、時尚、信仰和錯覺而來，這些觀點很可能使我們重蹈審判日的覆轍。」[87] 哲學家大衛·休謨（David Hume）借鏡子的概念做了進一步說明：「我們看到與自己品味愛好相去甚遠的物品時，總將其視為原始野蠻。但很快地便發現這些惡意的形容詞在自己身上得到印證。」[88] 隨著不同的文化喜好和習俗出現，鑒別美醜的標準也隨之發生改變，這在審美和政治方面帶來新的可能性。歷史在重新建構的過程中，我們作為一個文化意義上的觀察者和塑造者，不僅反思自己與過時事物的關係，同時也思考著自身與那些公認的習俗的關係。

文化評論家米克·巴爾（Mieke Bal）在對美國自然歷史博物館（American Museum of Natural History）的評論中，提出要在博物館中放置鏡子，如此參觀者便可以在這些長久保存的神祕展品中找到自己的位置。她認為，在鏡子中「我們可以看到自己對非洲自以為是的認知——這裡展示出的大多是西方擴張的結果，而非因此丟失的部分」。同時，還要認識到有多少國家被粗略地歸入非洲這一單一範疇中，以展現其「原始野蠻、置身歷史之外的形象」。[89]在過去的五百年裡，非洲雕塑在審美上發生變化，從過去的「原始粗野」到可接受的「神祕好奇」，再到最近「被（過度）評價為傑出作品」。[90]隨著分類學系統的轉變，受到偏好的標準也有所不同，一度在人們視線中消失的主體和客體再次成為焦點。[91]

二〇〇六年，在籌畫巴黎布朗利河岸博物館（Musée du quaiBranly）開館儀式時，許多陳列在人類博物館人類學區的非洲藝術品被轉移至此處，放置於新的藝術博物館中，使得許多批評家稱這些物品反客為主，被捲入「謀劃已久的政治搶座位遊戲當中」。[92]由於博物館的做法通常受到不斷變化的藝術標準的影響，文化中的移位元需要將轉移的現象置

象牙人形雕塑，萊加人，剛果民主共和國，20世紀早期

於環境中來看待。在布朗利河岸博物館最近舉辦的一個名為「萊加藝術」（The Art of the Lega）的展覽中，伊莉莎白・L・卡梅倫（Elisabeth L. Cameron）用諷刺的方式描述「醜陋美學」：「那些展現『醜陋美學』的形象也許是要展示出消極負面或那些我們應該避免看到的東西。」[93]這句諷刺中隱含了翻譯的不足，其中的意味既有保留也有丟失。丹尼爾・比耶比克（Daniel Biebuyck）亦同樣在萊加雕塑中找到了「醜陋法則」，但又提醒「必須放到對應的環境中才能完全理解」，如果認為「雕塑的創作靈感僅僅源於美麗與醜陋法則，那就大錯特錯了」。[94]

類似醜陋與美麗、西方與非西方的二元化審美充分暴露其缺陷，就像烏爾蘇拉・勒吉恩（Ursula Le Guin）說的那樣：「對於錯誤的問題，就算知道答案也無濟於事。」[95]羅伊・西伯（Roy Sieber）提出一個不同的問題——「狂野還是醜陋？」將焦點對準西非的伊比比歐面具（Ibibio masks）和前哥倫比亞的阿茲提克女神科亞特利庫埃（Coatlicue）像。西伯認為「醜陋」通常用「狂野」的方式將自己淋漓盡致地展現，創造出更有表現力、治癒力或保護力的藝術品，如塑像和面具，「並不是因為這樣是美麗的另一種體現——這不是在反駁黑格爾理論——而是將其視為一種代表、一種可利用的力量，來與反社會勢力做抗爭。」[96]

藝術表現利用某些物品間接地反映文化環境。在萊加藝術當中，瓦米（Bwami）協會成員的入會物品可以在摩擦切碎之後混合在一起，用來治療生病的成員。對於那些地位不高的成員來說，看到這些碎屑反而會造成傷害。社會與這些藝術品之間的相互影響使其表面被侵蝕殆盡，因此在維多利亞時期的學者看來，這些藝術品「原始簡陋」且「做工粗糙」，而瓦米協會成員則認為它們「動人美麗」。[97]觸覺甚至是味覺都會給藝術品帶來新的涵義。其他道德、隱喻性法則及儀式，與舞蹈、歌曲和藝術相結合。「西方觀察者不會參加與這些藝術品相關的活動」，卡梅倫寫道，「所以他們沒有機會用雙手接觸這些萊加藝術品，體會其表面如黃油般的細膩觸感」，也沒有機會「用自己手掌中的油脂來滋潤這些藝術品」。[98]諸如此類的感官參與並未將醜陋與美麗的特徵隔離開來，反而使其更加融合。正如下一章「醜陋的感官」中講到的，當人們開始超越視覺範疇來認識醜陋的時候，其歷史涵義便開始土崩瓦解了。

如凱西．A．拉克斯基（Cathy A. Rakowski）在《醜陋的學者：國際研究中的新殖民主義和道德問題》（*The Ugly Scholar: Neocolonialismand Ethical Issues*，一九九三）中描述的那樣，醜陋有時會以社會學術語的形式在研究方法中出現。[99]當萊辛對古典雕塑〈拉奧孔〉大加讚美，並說「殘酷暴力所帶來的痛苦不應該掩蓋對美的追求」時，我們一定很想知道在那古老的歎息中有多少隱藏的傷口和壓抑的痛呼。我們也一定很想了解萊辛對霍屯督人的嘲笑，如何指出醜陋是事物存在的固有特徵，與認知並無關聯。桑德．吉爾曼（Sander Gilman）認為萊辛的做法「就是個笑話」。[100]他嘲笑萊辛並不僅是嘲笑他的荒唐，因為我們的嘲笑會讓自己避免成為被嘲笑的對象。我們也在試圖分類並限定自己的審美範圍。如同萊辛在作品中使用指向大眾的代詞，我在本書中使用「我們」一詞也會產生爭議，讓人不禁質疑有誰會被排除在「我們」之外。

蘇珊．桑塔格（*Susan Sontag*）在《旁觀他人之痛苦》（*Regardingthe Pain of Others*）中寫道：「在注視他人的痛苦時不應該想當然耳地使用『我們』一詞。」[101]實際上，醜陋與許多令人痛苦的領域有大量重合。雕塑張大的嘴被歸為樣貌怪異的範疇，其中包含了拉奧孔的哭喊歎息，萊辛對霍屯督人的譏諷嘲笑以及我與吉爾曼對萊辛的嘲笑和爭論。這樣一個怪異醜陋的行為和身體「一直在轉化……永無止境……不斷塑造……形成另一具身體」。[102]形貌怪異的身體永遠處在變化當中，拒絕適應分類，不得不作出回應。

愛爾蘭行為藝術家瑪麗．達菲（Mary Duffy）生來沒有雙臂。一九九五年，她模仿古希臘雕像〈米洛的維納斯〉（*Venus de Milo*），反擊那些對她的殘疾抱有成見的旁觀者。達菲的表演暴露了人們在生活和藝術中對這兩具形態相似的身體所持有的不同看法，「藝術與社會傳統認為，殘疾的女性身體羞恥難堪且難以接受，而達菲恰恰將自己置於這樣的環境當中」。[103] 美籍非裔攝影師勒妮·考克斯（Renée Cox）在自己的作品〈霍–屯–督〉（*Hot–En–Tot*，一九九四）中描繪了另一位維納斯，通過模仿薩拉·巴特曼的宣傳畫〈純粹的人和文化之謎〉，用假體道具誇張地展示她的性徵器官，「諷刺人們只以胸部和臀部來審視女性的陳腐做法」。[104]

安·米爾利特–卡蘭特（Ann Millett–Gallant）在創作關於多個「斷臂維納斯」的文章時，討論了現代行為藝術如何讓人們「駁斥」受限於文化烙印的傳統。通過對文化中「醜陋」印記的刺激和反駁，或強調那些沉默的聲音，藝術作品得以攻擊和抵抗醜陋的標籤。對一些歷史局限的反駁讓那些不被允許討論的話題得以詳述，拒絕將它們遺忘在過去，得以對它們的持續影響力進行批判。嘴巴作為交流工具，可以使臉部變得個性化。藝術家馬克·哈奇森（Mark Hutchinson）曾說：「五官比例失調的面孔不是美麗的，但也並非醜陋，一副缺失五官的面孔……才是真正的醜陋。這樣都不能稱之為面孔了。」[105] 臉部缺失是醜陋中最複雜的一個方面。

破碎的面孔和墮落的身體：醜陋軍事化

奧托・迪克斯（Otto Dix）在〈皮膚移植〉（*Skin Graft*）中塑刻了一個男人的臉部。他的腦袋靠在金屬床頭支架上，微微向旁邊偏移。觀察者被畫面中的混亂吸引了目光，看向他破碎面孔上瞪大的獨眼。他嘴唇略有歪斜，牙齒從下頜邊上的洞露出來。鼻子的位置是一條裂縫，一隻眼窩被縫起來，耳朵也少了一隻。腦子暴露在外，剃光的頭部布滿縫合的痕跡。在面部以下卻是條紋整齊的睡衣。這個人沒有名字，只是作為一個醫學標本，標題為：「皮膚移植」，其下的副標題寫著「移植」。最上面的睡衣扣子將他的臉部和身體分隔開來，讓觀看者對剩餘部分的傷殘或缺失進行想像，雖然能認出畫面中的人形，但呈現的是一具行屍走肉。

〈皮膚移植〉選自迪克斯的五十幅版畫合集《戰爭》（*DerKrieg*），由作者根據自己在「一戰」中擔任機槍部隊指揮官的經歷創作而成。戰爭結束六年後，迪克斯憑藉自己的回憶和照片資料，利用高超的版畫繪畫技巧重視那些令人毛骨悚然的場面。[106]系列作品中有一部分參考法蘭西斯科・德・哥雅（Francisco de Goya）的《戰爭的災難》（*Desastres de la guerra*，一八一〇～一八二〇），其中有八十多幅蝕刻版畫，展現的是西班牙爭取從法國獨立過程中而受到的蹂躪。[107]在戰爭的背景下，哥雅利用古典雕塑碎片的研究成果，來刻畫戰爭過後廢墟中破碎的軀幹和其他身體部位。他擴大自己的創作範圍，涉及暴力與腐朽、犯罪與街景、身體和心靈創傷，以及在《八十隨想圖》（*Caprichos*）中的夢幻與想像等主題。

哥雅擅長利用各種媒介來突出隨時發生且近在眼前的恐懼和失落。他的戰爭版畫中有一幅抓住了「我親眼所見」這個瞬間，還有一幅用兩個不同的種族來表現饑腸轆轆和酒足飯飽的人。[108] 也許由於主題中帶有的指控譴責涵義，這個系列的畫作在哥雅生前均未能出版。

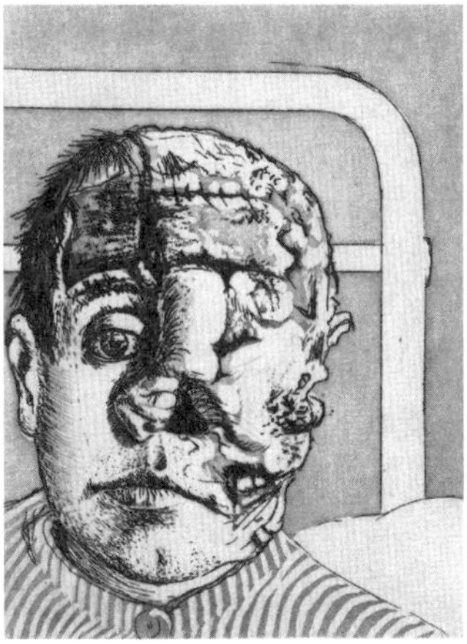

奧托・迪克斯——〈皮膚移植〉細節圖，選自《戰爭》作品集，1924，蝕刻、凹版腐蝕以及銅板雕刻法

榮譽科學攝影師阿爾伯特・諾爾曼（Albert Norman）博士，喬治國王軍事醫院（King George Military Hospital，紅十字醫院前身）的整容手術案例照片集中的一頁，斯坦福街，倫敦，1916～1918年。

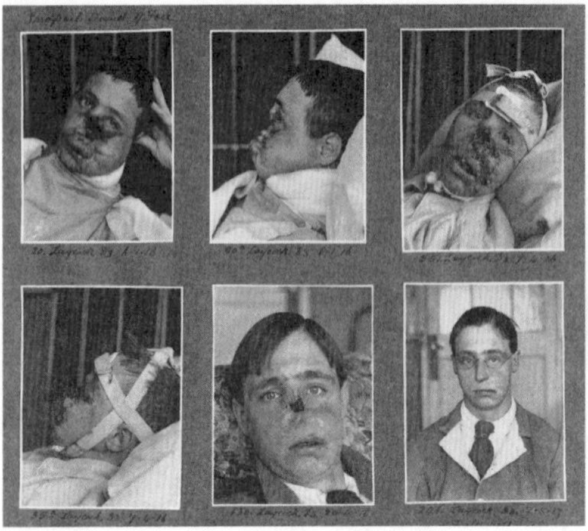

在這一領域的歷史中，還有早期戰地攝影師馬修・布雷迪（Matthew Brady）和他的攝影師們對美國內戰時期血淋淋的戰場進行拍攝。迪克斯刻畫那些因「一戰」而遍體鱗傷的人們，與其他藝術家一起在《破碎的面孔》（*Les gueulescassées*）作品集中建立了一個素材庫，表現無法重建的政治和美學毀滅。

《破碎的面孔》指的是在「一戰」中面部受傷的戰士。[109] 在一八九〇年，即戰爭開始的幾十年前，法國軍隊徵兵時，「醜陋」屬於不能入伍的標準之一，其他標準還包括「男性癔症」，即後來的「炮彈休克症」（shell shock，這一略顯陽剛的名字將病症與「女性」疾病區分開來）或「創傷後壓力心理障礙症」（post-traumatic stress disorder）。《紐約時報》駐巴黎記者報導稱：「軍醫說，外表醜陋會讓人看起來荒誕可笑，在指揮軍隊時缺乏權威性，也使人變得憂鬱敏感。」[110]「一戰」過後，許多人的身體都有損傷，醜陋成為無法忽略的現象。遮掩傷口的面具一時興起，如巴黎照相館裡準備的面具，還有在倫敦第三總醫院（3rd London General Hospital）中有一個部門叫「毀容面具部」，受傷的士兵戲稱其為「金屬鼻子店」。[111]隨著新型作戰方式的出現，如戰壕戰和榴霰彈的使用，重傷的種類也隨之增多，面具不足以掩蓋身體和心理上的創傷。同時，面具在製作時僅僅依據戰前的照片，仍有許多地方需要改進，如佩戴後表情僵硬，如難以生產和保存，且使用期限只有幾年時間。

身體受損往往伴隨著心理上的創傷。醫生接收到倖存下來且面部受傷的士兵之後，必須想辦法來「重塑半張臉」。[112]在一個設有臉部治療醫院的英國小鎮公園裡，有著為患者提供的藍色長椅，提示鎮上的居民這裡坐著的人也許「看起來慘不忍睹」。[113]醫院裡，面部受傷的患者總是與普通病人隔離開來，也不許有鏡子出現。[114]「一個人成為自己和他人眼中的恐懼對象，帶著這樣的心理創傷生活一輩子是一件難以言喻的事情，」一位醫生講道，「這樣的一個人覺得與世界格格不入是很正常的。自己都覺得自己是陌生人，這一定是種身處地獄的感受。」[115]

加拿大詩人羅伯特・瑟維斯（Robert Service）曾寫過這樣一首關於他那如「怪獸狀滴水嘴」般的臉龐的「醜像」的詩：

儘管護士連玻璃杯都不願給我，
但當我看到人們走過，
聳聳肩，轉過臉；
滿懷傷感地轉過臉……
在我看來，這已然是鏡子。[116]

在身體和心理的重建過程中，戰爭將醜陋與民族主義和審美標準聯繫起來。戰爭一開始，整容手術只處於初級階段，但在之後得到迅速發展，其中很大一部分要歸功於巴黎專攻臉部手術的聖寵谷醫院（Valde-Grâce）。聖寵谷醫院的面具製作部門在招募雕塑家和藝術家的同時，還利用多種媒體服務來支援臉部修復，其中有攝影記錄服務，並在重塑損毀面孔時，利用蠟模和水彩來勾勒臉部的大小、色調和形狀。後來，這些圖像不限於在醫療環境中使用。到了一九一五年，醫院的攝影服務不再歸屬軍隊攝影服務部管轄，它管控了所有前線照片來源。一九一六年，軍隊醫療服務博物館（Musée du Service de Santé de l'Armée）成立，在這家面向大眾、原址開放的博物館中，陳列了各種照片、蠟模、假體和醫療設備。[117]

對「破碎的面孔」的治療無論在戰時還是戰後都具有一定的象徵意義，這一類群體實際上也代表著戰爭的面貌。陸軍上校伊夫-埃米爾．皮科特（Yves-Emile Picot）在描述這一群體時說：「我們的臉雖然看起來可怕，但也充當了一個道德教育者的角色，這讓我們重獲尊嚴。」[118]他用代表複數的「我們」來指代這些群體共有的、異於常人的臉，將醜陋視為一種正面的道德標誌，破碎的外表並非缺陷或邪惡的象徵，而是代表著英雄氣概、犧牲精神和國家榮譽。在兩次世界大戰之間的那幾年，每次巴士底日遊行時都會出現「破損的面孔」，激起人們既憐憫又崇敬的複雜心情，聲稱法國精神猶存，儘管這樣的精神上存留有戰爭的醜陋痕跡。[119]

隨著破損的身體成為「國家消費的審美對象」，「破碎的面孔」也從支援和反對兩個方面對戰爭進行視覺上的論證。[120]為了安撫人們對法國參戰的不滿，紀錄片的鏡頭最後都被剪成宣傳片，展示了一些受到良好照顧的傷患。經過修改的影片跨越國界，著重表現人類的脆弱。例如恩斯特．弗里德里希（Ernst Friedrich）的影片《反戰之戰》（*Krieg dem Kriege!*）配有四種語言的傳奇故事和軍隊徵兵口號，對其中慘烈不堪的內容進行解說評論。[121]戰爭中的創傷，包括「破碎的面孔」，為德國表現主義藝術家和版畫家提供了創作素材，以迪克斯、馬克斯・恩斯特（Max Ernst）、喬治・格羅茲（George Grosz）、馬克思・貝克曼（Max Beckmann）等為代表的藝術家對戰爭的破壞性發問，並對修復工作的假象提出質疑，認為戰爭對士兵及國家所帶來的傷痛難以撫平。

聖寵谷醫院對其他藝術運動亦造成影響。詩人安德烈・布勒東（André Breton）和路易・阿拉貢（Louis Aragon）以實習醫生的身分在醫院相遇，並在這間廣受重視的博物館中看到了支離破碎和得到修復的肖像資料。這些經歷間接為超現實主義分裂的審美觀奠定基礎。之後，布勒東於一九二九年寫道：「超現實主義是我們將萬物徹底陌生化的手段……其程度之深相當於為了達到手部陌生化的效果而將手和手臂分離。」[122]人們借破碎來抵抗一種單一的關注焦點，同時也有助於形成一種將身體剝離它們所處環境的審美方式，它們超越戰爭傷痕本身，構成一個令人不適的集合體。

儘管《破碎的面孔》中的許多人都已死去或杳無音信，消失在人們的視野裡，這些支離破碎的面容和身體聚集成為一種戰後審美的方式，滲透進藝術、文學、廣告和其他文化領域。正如藝術史學家埃米・利福德（Amy Lyford）所說：「這種滲透強化了創傷融入整體環境的過程，同時也是文化革新的過程。」[123]廣告試圖讓一切恢復正常，矯正美麗與醜陋之間的界限。有一個人工義肢的廣告宣稱他們的產品「看起來和真的幾乎一樣，腳踝處沒有難看的凹陷，膝蓋也沒有醜陋的腫脹」。[124]這種視覺衝擊經過重新包裝，成為戰後文化的一部分。廣告使人們對損毀身體部位的圖像感到麻木的同時也對其進行美化，而其他圖像則極具說服力，進而成為另一場戰爭的攻擊目標。

奧托．迪克斯的〈皮膚移植〉中雖然只呈現了一張臉，卻影射出眾多面孔，其中不僅有「破碎的面孔」，還有那些在一九三〇年代被指責為「頹廢藝術」（EntarteteKunst）的藝術家作品。德語詞彙「entartet」通常被翻譯為「墮落」或「頹廢」，指動物或植物物種中的異類，雖然是一個基於生物學的概念，卻與道德頹喪有關，涉及種族、性別、身體以及其他方面。[125]對於那些在納粹眼中帶有怪異或缺陷的文化群體來說，「頹廢」成為一個固有標籤，這些群體包含猶太人、非雅利安人（non-Aryans）、共產主義者、吉普賽人（Gypsies）、同性戀以及殘疾或衰老人群。「頹廢」這一分類將遭到排斥的社會群體與藝術運動結合起來。建築學家及社會理論家保羅．舒爾策—瑙姆堡（Paul Schultze-Naumburg）在《藝術與種族》（*Kunst und Rasse*，一九二八）一書中將身體畸形或病態的患者照片與現代藝術作品進行搭配。還有一些展覽嘲諷般地將孩童以及智力殘疾者的作品與現代藝術配對。

十九世紀晚期，藝術術語中出現關於「墮落」和「健康」的名稱，到一九三〇年代，它們時常出現在德國關於先鋒派（avant-garde）審美的辯論中。民族主義藝術組織推行「反對藝術墮落的公開行動」，推崇「純粹的德國藝術，以德國的靈魂來反映藝術」。[126]在民族主義的藝術術語中，嚴格限定美麗與醜陋、本土與外來、純粹與墮落、穩固與破碎之間的對立關係。正如納粹理論家阿佛烈·羅森堡（Alfred Rosenberg）在一九三〇年所說：「創造力對自身進行調整，變得破碎不堪，在意識形態和藝術方面都向外來標準靠攏，無法與生活需求相呼應。」[127]儘管迪克斯在一九二〇年代的德累斯頓（Dresden）已升任為一名教授，他的作品仍舊受到納粹黨駁斥，導致他丟失教職，作品也被批評為「有辱德國人的道德感受」。[128]

在這樣的環境中，迪克斯是眾多受到封殺的藝術家之一。納粹黨將他和其他人的作品沒收，在侮辱性的展覽中展出，為其貼上「頹廢」和「醜陋」的標籤。他有二十六幅作品被選中，一九三七年在臭名昭著的「頹廢藝術」中展覽，該展覽展出一百多位藝術家，超過六百五十件作品。「頹廢藝術展覽」中的許多作品現在看來都是德國表現主義中極具代表的精良之作，當時卻被堆放在一起，被輕蔑地視為「墮落之物」中「瘋狂又愚蠢的怪物」，其中著重攻擊猶太藝術家的作品。[129]儘管展覽中出現一系列極具風格的迪克斯作品，有油畫、水彩畫、蛋彩畫和刻印畫，包括《戰爭》，介紹手冊卻將他歸為「繪畫中的野蠻人……從沒有人像他這樣對形態和顏色毫無感知，故意忽視最基本的技巧……在選擇作畫素材方面也愚蠢至極」。[130]這種強硬的暗示使得那些針對「醜陋」藝術家和藝術作品的控訴融入大眾的想像當中。迪克斯還被稱為「愚人」和「白痴」，在法蘭克福巡迴展出時，《法蘭克福人民報》（*Frankfurter Volksblatt*）報導稱：

> 只有在看到這一幅幅作品後才能明白墮落的程度有多深：這些藝術節操全無，將譁眾取寵視為藝術的理想狀態……奧托・迪克斯便是其中罪大惡極的一位，對戰爭的傷痛進行下流的嘲諷。他是這種極度嘲諷的代表人物。[131]

電影、音樂、文學和建築領域的先鋒派藝術家也面臨類似的「頹廢」指控，納粹甚至將他們的作品沒收焚燒，以「淨化」德國文化，抵禦「文化腐化」所帶來的侵害。[132]納粹將自己眼中的藝術珍品偷來保存，同時利用民族性的審美標準來審查「醜陋」，將相關藝術作品和文化群體作為迫害和消滅的對象。

「戰爭的醜陋面孔」這一陳詞濫調試圖刻畫武力衝突帶來的後果。從戰場歸來的士兵身上既有可見的傷痛，也有無形的創傷，因此，這一表達所指的範圍不僅限於戰場。這樣的後遺症不是在現代才出現的，據記載，即便是在像古羅馬這樣的軍事國家，殘疾退伍兵仍舊境遇淒慘。[133]隨著醫學不斷進步，許多士兵和平民不像古時那樣命喪戰場，而是得以倖存，並試圖重新融入社會，卻發現社會無法妥當地接納殘疾和死亡。一些從伊拉克和阿富汗戰場退伍的老兵面部受傷，其中，泰勒・齊格爾（Tyler Ziegel）中士為此多次接受手術，妮娜・博曼（Nina Berman）在二〇〇六年為他拍攝了名為〈海軍婚禮〉（*Marine Wedding*）的照片。[134]

除了戰爭，許多民事衝突也會帶來相似的創傷。巴基斯坦紀錄片《拯救容顏》（*Saving Face*，二〇一二）揭露了許多國家發生的潑硫酸事件，其中包括美國和英國。根據酸液襲擊倖存者國際信託基金會（Acid Survivors Trust International）統計，大部分此類情況都

妮娜・博爾曼——〈海軍婚禮〉，2006，攝影作品

是女性受到男性的攻擊。[135]整形外科醫生埃比・伊拉希（Ebby Elahi）曾為多位倖存者進行治療。他曾說，站在醫學尤其是外科手術的角度上，所有的問題都可以用「看到並解決」的方式來處理，但是「這並不是一個醫學上的難題。雖然最終都要用醫術來解決，但是歸根結底是個社會問題，要從社會的角度來紓解」。[136]

醫學和社會之間的緊張局勢延伸到其他類型的重建活動，其目的更偏向於美化而非修正。作為一個「第一世界」的問題，這些非必要的外科手術消耗了大量錢財。據估計，美國二〇〇五年花費在整形手術上的費用高達一百二十四億美元，超過一百多個國家的國內生產總值總和，其中包括阿爾巴尼亞（Albania）和辛巴威（Zimbabwe），這些國家的總人口數達十億人以上。[137]許多評論家認為，這些現象的出現更多是基於社會方面的因素，而非醫學。尤其當一些整形手術開始侵犯基因領域時，人們開始思考這些非必要的手術最終目的是否並非是為了治病，而是因為時尚。

許多寵物通過固定方式飼養繁殖，它們的經歷已經為我們敲響警鐘。例如，《紐約時報》稱，在過去的幾個世紀，「長相醜陋」的鬥牛犬通過繁育，達到「可愛的效果」，卻令這種動物的未來堪憂。美國人道主義協會（Human Society）會長韋恩・帕塞爾（Wayne Pacelle）認為，鬥牛犬是目前「犬類繁殖世界中，基因改造最極端的例子」，利用外力以進行繁殖，且對整個品種的生存帶來威脅。[138]類似這樣的事情讓我們恍然大悟，就像神話中的雙面神雅努斯（Janus）那樣，當我們在前後張望的同時，忽視了與自己正面相視的醜陋。

醜陋法和醜娃娃：為醜陋立法

一位戴著兜帽的女士脖子上掛著一塊白色金屬牌，就好像一個巨大的飾物，上面印有「BLIND（盲人）」這個黑色醒目的詞。她背靠石牆而立，視線斜向一方，一隻眼閉著，另一隻睜著。這張圖片看起來像嫌犯照，卻略顯平靜，當中的人物並沒有看向鏡頭或露出側影，而是斜著眼睛。金屬牌上方吊著一塊銀質扣牌，寫著難以辨認的小字：「持許可證的小販，紐約，2622」。黑色兜帽遮住她的頭髮，要確認她的性別，需借助照片標題，即〈盲女〉（*Blind Woman*，一九一六）是保羅・斯特蘭德（Paul Strand）的作品。[139]與奧托・迪克斯的〈皮膚移植〉一樣，這位女士的名字並沒有出現在照片中，她的面容代表著一個群體：「盲人」。

如同這裡討論的其他群體一樣，斯特蘭德照片中的盲女並非天生醜陋，甚至一點也不醜，但脖子上的牌子迫使我們以一種分類的視角對她進行審視。歷史上，失明代表的不僅僅是一種生理狀況。西米．林頓（Simi Linton）在題為「殘疾文化觀察」（Disability Culture Watch）的部落格文章中指出，「失明」包含著其他意味，如「無知無覺、麻木不仁、無理荒謬、健忘愚鈍、任性衝動、優柔寡斷、粗心大意、神志不清、缺乏控制、缺乏認知、毫無計畫且暴力衝動」，同時，一些片語也體現出更多的涵義：「盲目的激情」、「盲目的怒火」、「盲目的信仰」。[140]在這種情況下，醜陋也被牽涉其中。[141]鑒於這張類似嫌犯照的「醜陋」基調，斯特蘭德的〈盲女〉暗示著犯罪行為，需要對「墮落」人群進行管理懲戒。由於「一個世紀以來，人們一向認為失明是一種病態，是國家的一大問題」[142]，所以「要確保她是『真的』盲人，而非『遊手好閒』之徒」，因此這位女士的

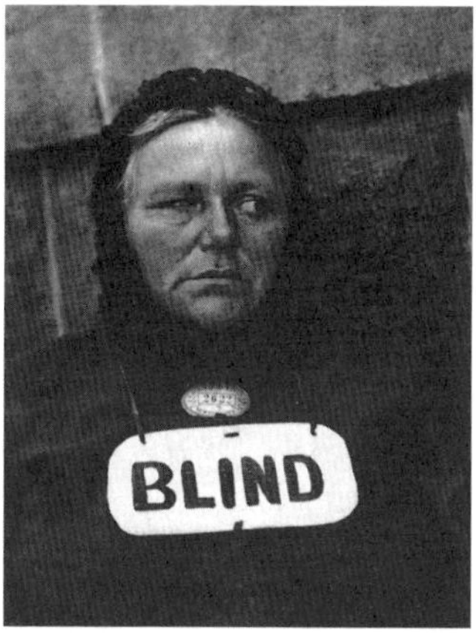

保羅．斯特蘭德——〈紐約攝影（盲女）〉〔*Photograph New York (Blind Woman)*〕，1916，凹版印刷照片

掛牌表示她經過政府審查註冊，已得到銷售貨物的許可。照片人物的身分簡化為經濟和社會方面的分類，她在「盲人」的標籤下被描述和被感知。

斯特蘭德的〈盲女〉也可以被納入關於「醜陋」的討論，因為她身上的標籤屬於「有礙觀瞻人員法令」的範疇，即「醜陋法」。一九七〇年代，馬西婭·皮爾斯·伯格多夫（Marcia Pearce Burgdorf）以及小羅伯特·伯格多夫（Robert Burgdorf Jr.）在他們的文章〈不平等待遇歷史：平等保護條款中對生理缺陷人群作為「可疑階級」的認定〉（*A History of Unequal Treatment: The Qualification of Handicapped Personsas a "Suspect Classunder" the Equal Protection Clause*，一九七五）中提出「醜陋法」這個概念，為美國《殘疾人法案》（*Disabilities Act*，一九九〇）奠定了重要的歷史基礎。[143]追根溯源，「醜陋法」成型於十九世紀中晚期，芝加哥（Chicago）的法律（一八八一）中有一條是這麼寫的：

> 任何身患疾病、身體損傷或有任何畸形的人，將被視為有礙觀瞻或令人作嘔的事物，不允許在這個城市的街道、高速公路、主幹道或公共場合出現。他們應當避免在公共視野中露面，違者將面臨罰款處罰。[144]

「醜陋法」在二十世紀初席捲美國，然而在理解和實施過程中有諸多難題。一九七四年，內布拉斯加州（Nebraska）奧馬哈市（Omaha）的員警逮捕了一名流浪漢，發現他身上有符合當地法案描述的「標記和傷疤」，遂將他逮捕告上法庭。然而，困惑的法官華特．克洛伯（Walter Cropper）卻問道：「醜陋的標準到底是什麼？……誰是醜陋的，誰又不是呢？」[145]檢察官拒絕向被告人收取罰款，但這項法律仍沒有因此被推翻，或遭到多方批評。在那之後不久，最後一項「醜陋法」便廢止了，但由於這一概念反映出殘疾、社會階層和種族問題之間的交錯關係，它在殘疾人權利保護者圈子內被廣泛使用。[146]在十九世紀和二十世紀，圍繞醜陋、缺陷和低等人群發展出一系列理論，通過種族隔離、收容教化、慈善組織、優生計畫、科學研究和「基於身體美學的預期分類系統」將這些理論運用至實際當中。[147]儘管「醜陋法」實施艱難，它仍然誕生於一個容忍「惡劣歧視」的文化環境，正如大衛．蘇特大法官（Justice David Souter）所說，法律在這方面「缺乏尊重給人們造成了嚴重傷害」。[148]

對這種有辱人格的社會習俗持反對意見者，從正反兩面對醜陋進行認定。在一九四四年發生的「是松訴合眾國案」（Korematsu v. UnitedStates）中，美國最高法院通過了第二次世界大戰期間囚禁日裔美國人的決議。弗蘭克．墨菲大法官（Justice Frank Murphy）對這一驅逐法案提出強烈譴責，稱其墜入了「種族歧視的醜惡深淵」。[149]對於一個存在時間較短的國家來說，墮入醜惡的深淵也許並不意味著什麼，但回顧蘇特大法官的說法，我們認識到法律方面的「缺乏尊重」會帶來「嚴重傷害」。在十二萬日裔美國人當中，有三分之二是在美國土生土長的公民，戰爭期間，他們被迫背井離鄉，丟掉工作和私有財產，被轉移到囚犯集中營生活。墨菲大法官進一步闡釋自己對一九四四年決議的反對意見時寫道：

> 這種將種族歧視合法化的做法……是對這個遵守美利堅合眾國憲法的自由民族徹底的背叛。這個國家的所有定居者或血脈相連，或與由這塊陌生土地上孕育的文化緊密聯結。無論如何他們在根本上都屬於美國全新且傑出文明的一部分。因此，他們都是美國實驗的繼承人，享有憲法保障的所有權利和自由。[150]

《海軍陸戰隊雜誌》（*Leatherneck: Magazine of the Marines*）封面，1945 年 9 月

在戰爭時期，刻板印象將不同的人置於對立面，簡化為「醜陋」群體，種族分化程度也一次次加深。在太平洋戰爭期間，美國出版的漫畫中，日本士兵的形象在原子彈投擲之後從殘暴的大猩猩變成馴服的寵物猴。這種動物擬人化的做法以多種方式將醜陋包含在內，一方面殘酷無情，另一方面又心懷同情，但總是以類人化的形式出現。對「醜陋」群體採取這樣的行為同樣會導致多方分化，引起國際爭端。「這種惡劣的種族刻板印象並沒有消失，而是得以轉化，」歷史學家約翰・道爾（John Dower）寫道，「它從側面在冷戰時期與新的敵人聯繫起來。」[151]

對某些美國人來說，一九四〇年代對日本人的恐懼轉變為對蘇維埃和共產主義的畏懼，在五〇年代又轉向為對北韓的忌憚，到了六〇、七〇年代，又變為對越南的心存戒備。冷戰結束後，恐懼物件變為穆斯林和中東地區。在抵禦不斷改變的「敵人」時，種族方面的指控會被人混淆，例如莫名其妙地將奧巴馬（Obama）和奧薩馬（Osama）混為一談，好像巴拉克・歐巴馬（Barrack Obama）總統與奧薩馬・賓・拉登（Osama bin Laden）有某種聯繫似的。

在這個譜系歷史當中，不同文化群體對「醜陋」的定義也不同，歧視待遇帶來的社會後果也暴露出某種醜陋。戰場之外，類似「是松訴合眾國案」的許多案例暴露出人們為戰爭付出難以估量的代價。對於那些「二戰」期間被關押的日裔美國人來說，直到一九八八年《國民自由法》（*Civil Liberties Act*）的頒布，他們才收到正式的道歉，而經濟賠償根本無法彌補他們所遭受的損失。其中一位被關押者約翰．立石（John Tateishi）在描述當時所受的精神創傷時說道：「走出集中營，我們感到深深的恥辱和羞愧，感覺自己被當成祖國的叛徒。」[152]在得知囚禁日本人是為了保護他們的安全時，另一位被關押者反駁道：「如果強迫我們待在那裡是為了安全，那為什麼守衛塔上的槍要衝著我們，而不是指向外面？」[153]鑒於幾乎沒有義裔和德裔美國人被關押，墨菲大法官所提出的「種族歧視的醜惡深淵」暴露出更大的關於種族問題的文化焦慮，其中，對日本人的關押只是美國歷史上種族歧視事件中的一例。

隨著「醜陋」這一詞承載著自身產生的消極後果，對於「醜陋」群體的定義也有了象徵性的涵義。《洛杉磯時報》（*Los Angeles Times*）刊登了一位母親的文章。「我們該如何向孩子解釋『感恩節』背後的醜惡歷史」，她寫道，美國總是「避免說起歷史中艱難或醜陋的時刻」。[154]對於一個在販賣非洲黑奴和屠殺美國土著（這個表達將多元化文化歸納為一個單一的群體，本身存在問題）之基礎上建立起的國家，美國法律裡關於醜陋的部分，使法律認可的文化習俗與實際存在的文化習俗之間產生了衝突。種族隔離是這一分歧的殘酷體現，歷史證明：不公正的法律幾乎不可能壓制激憤暴力的反抗。南北內戰（CivilWar）

結束的幾十年後，最高法院在一八九六年的「普萊西訴弗格森案」（Plessy v. Ferguson）中，仍支持國家在公共場所實施的「隔離但平等」的原則，並在隨後的幾十年內，各州立司法部判定這一模糊表達的涵義。在法律範圍內支持種族歧視的做法十分常見，尤其在之前仍是奴隸制的美國南部，長期帶有偏見的白人法官和陪審團總是做出對黑人被告人不利的判決。

一九三九年，為了研究種族歧視和隔離所帶來的影響，心理學家肯尼士和瑪米・克拉克夫婦（Kenneth and Mamie Clark）在美國南部進行了一個名為「娃娃實驗」的項目。[155] 他們給不同種族的孩子展示四個塑膠娃娃，並通過詢問一系列問題來了解孩子的喜好。這些娃娃除了尿布之外渾身赤裸，只能通過膚色來區分。大部分孩子可以看出娃娃的種族，他們會用積極的表達來形容白色的娃娃，卻對黑色娃娃做出消極的評價。克拉克夫婦還給孩子們提供娃娃的輪廓圖，指導他們為圖畫上色，讓孩子們選出與自己最相近的娃娃。孩子們多次用固定的表達來陳述自己的喜好，對白色娃娃表現出喜愛，「因為他很好看」或「因為他很白」，而對黑色娃娃持拒絕態度，「因為他不好看」或「因為他很醜」。[156] 其他的回答可以用「善良」和「刻薄」、「好」與「壞」來總結，他們還將深色的皮膚與髒污聯繫起來，「因為他很黑」或者是「因為他身上有黑色」。

克拉克夫婦發表於《黑人教育雜誌》（*Journal of Negro Education*）的一篇文章中

得出結論，這些孩子的表述體現出「對黑人種族消極的態度」，以及「對文化在種族方面的態度和價值觀的接納」，這些五歲的孩子已經明白，「在當今美國社會，有色人種意味著低下的社會地位」。[157] 隨著人們對醜陋的認知在實際生活中逐漸加深，這些娃娃測試的結果意味著種族歧視所造成的更為廣泛的影響。

克拉克夫婦對種族歧視和隔離的結論引起了廣泛關注，《烏木》（*Ebony*）雜誌在一九四七年還為此做了一篇專題報導。一九五四年最高法院審理「布朗訴托皮卡教育局案」（Brown v. Board of Education）時，這一結論也作為證據，幫助最終達成在學校內廢除種族隔離的目標。法庭在推翻「普萊西訴弗格森案」中「隔離但平等」的判決同時，也意識

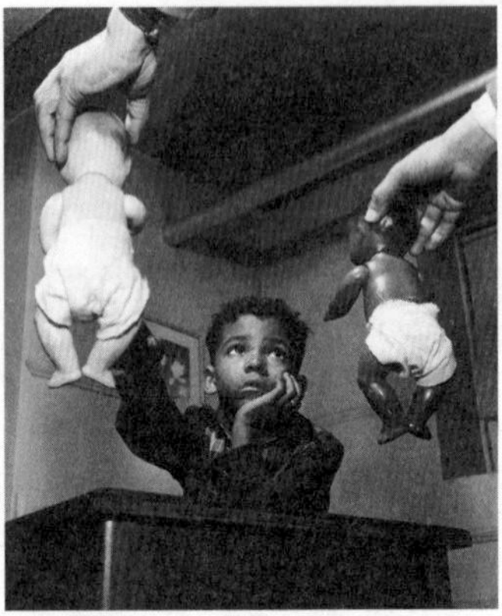

戈登·帕克斯（GordonParks）——〈娃娃實驗〉（*Doll Test*），哈勒姆區，紐約，1947，攝影作品

到種族隔離「會使人們因在社區中所處的地位而產生自卑情緒，可能會對孩子的身心造成不可逆轉的影響」。[158]

娃娃實驗本身也受到一些非議。社會學家羅賓．伯恩斯坦（Robin Bernstein）在她關於黑娃娃的歷史研究中，對克拉克夫婦的實驗提出批評，她發現十九世紀和二十世紀的孩子「經常對他們的黑娃娃進行抽打、懸吊、肢解和掩埋」，但如果他們對白色娃娃做出同樣的行為，便會受到懲罰。她認為克拉克夫婦的實驗反映出「在兩個不同玩具之間的文化選擇」，而孩子「只是兒童文化的代表」，並非「心理學的愚弄對象」。[159]無論如何，默許對黑色娃娃的虐待行為說明文化價值觀以一種令人擔憂的方式發生轉變，且被法律接受。托妮．莫里森（ToniMorrison）在小說《最藍的眼睛》（*The Bluest Eye*，一九七〇）中描述了種族歧視給布里德洛夫（Breedlove）家族所帶來的影響：

> 就好像神祕莫測、全知全能的主賜給他們每人一件醜陋的外袍，要他們穿上……主說：「你們是醜陋的人。」他們打量自己，找不到任何可以反駁這一論調的東西。實際上，在每一塊看板、每一部電影和每一個人的眼神中，都可以看到對這一說法的證實。[160]

種族隔離和奴隸制的殘留與美國歷史盤根錯節地糾纏在一起，仍然對美國社會有著深遠影響，民權運動（Civil Rights Movement）也不能徹底終結這些醜陋的情緒。一些類似「娃娃實驗」的非正式研究再次證實了之前的發現，例如，凱里・戴維斯（Kiri Davis）的紀錄片《像我這樣的女孩》（*A Girl Like Me*，二〇〇五）講述了幾位哈萊姆區（Harlem）女孩的故事。[161]影片中，大部分受訪的黑人兒童都對白色娃娃做出正面的評價，而用消極的方式來評價黑色娃娃。戴維斯還採訪了一些十幾歲的女孩，談論她們對於白色皮膚的文化偏好，以及對類似皮膚漂白和拉直頭髮的「美容」措施的看法。一位女孩回答說：「我之前一直覺得自己很難看，因為我是黑皮膚。」另一位說道：「我們的祖先來到這個國家，從自己的文化中生生剝離出來……他們不能做自己，只能按照別人的意願做人。」在種族定性不斷出現的環境中，在實際存在的種族隔離行為、《選民身分法》（*Voter ID Laws*）的推進，以及其他延續種族分離的做法中，大衛斯對娃娃實驗的再現所暴露出的只是持續性危害中的冰山一角。

縱觀歷史長河，醜陋在法律中出現的多種形式，可以追溯至幾個世紀以前：從亞里斯多德提出一項法案阻止人們撫養畸形的孩子，到《利未記》（*Leviticus*）的經文中記載上帝驅逐「那些身帶瑕疵的人……盲人、瘸子、鼻子扁平或是有身體增生的人」。[162]在眾多標籤中，「畸形」、「破損」和「瑕疵」等表達將醜陋與社會等級、種族、殘疾、性別以及其他的文化方面聯繫起來。最近，醜陋又出現在法律用語中，例如工作場合的「醜陋化」

現象，即外貌迷人的雇員會得到更好的待遇。[163]與克拉克夫婦的「娃娃實驗」不同，「醜娃娃」玩偶身上帶有不同的涵義，這種深受歡迎且極具特點的玩具毛絨柔軟，在後種族（post-racial）環境中抵抗政治分類。這些娃娃不具有人類的外貌特徵，卻在自己的「醜陋世界」中極具辨識度。它們的象徵意義有「保持醜陋」以及「醜陋意味著與眾不同」。[164]

醜陋在社交媒體中也有自己的文化影響力。英國的「現場行為藝術家」路易絲・奧溫（Louise Orwin）發現，YouTube網站（美國谷歌公司下的影音網站）上有超過六十萬少女在影片中問觀眾：「我漂亮嗎？」據此，她也開展了一項專題調查，她發現這樣的問題通常會受到同齡人的辱罵，還有一些年長的男性觀眾以類似跟蹤狂的口吻留下評論。[165]

供出售的「醜娃娃」玩偶，波士頓

對「醜陋」的忽視曾經引發慘痛的後果。二〇一三年，佛羅里達州的一名十二歲少女由於多次遭受其他女孩的網路欺凌而自殺。任何年齡段的人都有可能犯罪，也都應當承擔應有的處罰。最近一個叫作「嚴厲媽媽」（Mean Mom）的小組受到公開譴責，因為她們在臉書（Facebook）上成立討論群組，對「醜」孩子進行攻擊。[166]就在「醜陋」成為欺凌常用語時，這個詞語也受到自身的反噬。比如，有一篇教育學文章名為〈「你生而醜陋，也該醜陋地死去」：侵害社會關係的網路欺凌〉（「*You Were Born Ugly and Youl Die Ugly Too*」:*Cyber-bullying as Rational Aggression*），同時，一個反網路欺凌的網站將「醜陋」一詞納入自己的網址名稱中，「www.heyugly.org」，而「ugly」（醜陋）實際上是「獨一無二、天賦異稟、討人喜愛的你」（Unique Gifted Loveable You）四個英文單詞的首字母縮寫。[167]對這一詞彙的反覆使用反映出它背後的文化力量：既可產生羞辱行為，也可使之消散。

隨著技術、隱私、資訊、廣告和其他方面的問題逾越法律界限，醜陋雖然就在我們眼前，但仍然處於邊緣地位。從古至今，對醜陋的定義涉及種族、階級、性別、殘疾、年齡和其他不同分類，在社會壓力之下，那些引起恐懼的物件被簡化，並被歸納為「醜陋」群體。蘇珊·施韋克（Susan Schweik）在討論「殘疾」時說：「如今種種排斥現象把人變成容器，靜止不變地待在『方圓規矩』當中。」[168]她還提到自己的朋友馬克·利蒙特（Mark

Limont），記得他小時候「走路姿勢很滑稽，總被人盯著看」，但是在看到「有明顯殘疾的人在大街上走過時，他也會感到憤怒異常，覺得自己受到羞辱」。施韋克在回顧往事時說道：「我們寫出自己的醜陋法則……之後又要衝破它們的限制。」[169]

不同類別的醜陋行為有待重新界定，隨著我們對醜陋認知的改變，這些情形也隨之發生變化。「醜陋」被不斷利用和濫用，不論其方式野蠻或溫和，甚至充滿魅力，總之，其影響範圍正不斷擴大。這一詞彙的應用之廣，讓我們開始反思自己的醜陋法則應如何寫成，又該怎樣突破，也讓更多人開始了解這些立場。

醜陋聚集？醜陋群體商業化

在斯科特・韋斯特費德（Scott Westerfeld）創作的青年科幻小說《醜人兒》當中，作者構建出一個與醜陋息息相關的反烏托邦未來世界。世界一分為二，由「醜人兒」和「美麗的人」構成。有一個與聯邦調查局（ＦＢＩ）相似，名為「特殊情況部」（Special Circumstances）的部門。根據外貌標準委員會（Committee of Morphological Standards）的說法，人人生而醜陋，在十六歲時必須接受手術來變美。主人公塔利・揚布拉德（Tally

Youngblood）逐漸意識到一個社會公認的祕密：「變美不僅會改變你的樣貌……還會改變你的思維方式。」[170]接著她認識了一群叛逆者，為了「做自己」而逃避變美的命運，躲入深山建立一個叫「煙城」（Smoke）的社區。[171]塔利受到威脅，不得不突破重重困難來到這裡做間諜，並被警告如果不揭露煙城的祕密就要永遠和醜人待在一起。在這裡，她體會到努力工作所帶來的滿足感，還學到了歷史，她開始親近大自然，意識到由基因工程塑造的「單一文化」所帶來的威脅，並在幾個世紀前的雜誌中看到「人們不會因為自己的畸形而感到羞愧。他們大笑、親吻、擺好姿勢拍照」。[172]

在小說中，她先是「被洗腦，相信自己樣貌醜陋」，然後再次被洗腦，認為自己一點都不醜。然而，塔利的轉變為時太晚，因為在此之前，她已將煙城的情況透露給了「特殊情況部門」。這個部門的人將煙城團團包圍，強迫他們接受美化手術，「整個社區的人就像一群牛一樣」。[173]《醜人兒》在犀利地暗諷近年來的歷史事件的同時，對何謂美麗以及何謂醜陋的觀點提出質疑，正如塔利疑惑的那樣：

> 她現在是什麼身分？不再是間諜，也不再是煙城人。不能稱作是美人，但也不覺得自己醜陋。她什麼都不是，但至少還有一個目標。[174]

這部小說將審美術語轉變為一種監管之下的政治身分，剝去表面意義，針對「醜陋」的文化習俗提出質疑。

與眾多表現醜陋的作品一樣，《醜人兒》亦揭露了狹隘的社會環境對傳統意義的侵蝕。作為一個群體，「醜人兒」與「美麗的人」相對立（地理上來看，甚至由一條受到嚴格監管的河流隔離，呼應中世紀隔離基督教世界和怪物種族的海洋圈），影響了最終得以逆轉的文化對立格局。童話故事中通常也會有醜陋的角色，壞孩子和好孩子被粗暴地進行比較，例如海因里希·霍夫曼（Heinrich Hoffmann）的著作《蓬頭垢面的彼得》（*Der Struwwelpeter*，一八四五），以及「垃圾桶男孩」（*GarbagePail Kids*）卡牌遊戲

海因里希·霍夫曼作品《蓬頭垢面的彼得》中的一頁，約 1900

（一九八五）。在這個遊戲中，每個人物「都有可笑的畸形……身世悲慘」，這點從他們的名字就能看出來，例如「炸彈男孩亞當」（Adam Bomb）。[175] 安徒生的童話《醜小鴨》中的「醜陋」角色脫胎換骨，變成美麗的白天鵝，警示人們要謹慎評判他人的外貌。《醜小鴨》的一些改編作品延續了原著的敘事，比如音樂劇《雁鳴！》（*Honk!*，一九九三），而其他一些改編作品則展示了其中的局限性。許多故事遵循傳統「由醜陋到美麗的轉化過程」，女主角換下寬大邋遢的衣服、眼鏡，或牙套，然後化好妝，穿上剪裁合身的裙子。

二〇一五年上映的青少年喜劇電影《恐龍尤物》（*The Duff*）的英文名由「指定的醜陋胖朋友」（Designated Ugly Fat Friend）幾個英文單詞的首字母組成，意指那些本身既不醜也不胖，卻要為自己受歡迎的朋友做綠葉的人，他們試圖擺脫青少年社交時的標籤，於是開始了醜小鴨變白天鵝的傳統路線。美國二〇〇四年播出了一檔真人電視節目《天鵝選美》（*The Swan*），這檔節目會為「醜小鴨」般的女性參賽者提供極致的整容手術，並最終進行盛大的選美儀式，其目的在於讓醜小鴨們「脫胎換骨，利用技術達到完美，修正先天的不足」。[176]

性別和年齡之外，便是性的問題。希爾斯廷・克朗—米爾斯（Kirstin Cronn-Mills）的作品《醜孩子的美麗樂章》（*Beautiful Music for Ugly Children*，二〇一二）是一部成長小說，講述變性的主人公參與了一個名為「醜孩子的美麗樂章」的流行音樂表演（以「醜孩子大隊」為主題），他在這個過程中受到的排擠和接納牽動著整個社會的情緒。

類似的電視節目還有獲獎的《醜女貝蒂》（*Ugly Betty*），這部電視劇於二〇〇六年至二〇一〇年播出，故事基於哥倫比亞的電視劇《醜女貝蒂》（*Yo Soy Betty, la fea*），這部電視劇在印度被改編成《非凡的傑西》（*JassiJaissi Koi Nahin*），討論了人們日漸拋棄對醜陋的貶損態度，在玩味和顛覆刻板印象的同時，更不斷修正既有的評判人物形象的標準。隨著其中角色對傳統分類的衝擊和顛覆，「醜陋」一詞試圖擺脫其與文化群體之間的消極聯繫，同時產生新的潛在涵義，這些涵義並非是由社會強加的，更多是由個人塑造而成的。

在不同的歷史時期，醜陋群體總會以令人不適的方式聚集在一起。海倫·多伊奇（Helen Deutsch）和費利西蒂·努斯鮑姆（Felicity Nussbaum）在對一七九八年上演的戲劇《醜八怪俱樂部》（*The Ugly Club*）的批評中寫道，這是「對殘疾人集體身分的一次令人不滿的表現」，其中「這些殘疾群體之間的聯繫……往往從健全人的視角出發，是他們使殘疾人群變成怪物的」，同時，「將身體殘疾的人聚集成群體並激發其政治力量，是最近才出現的現象」。[177] 十九世紀，醜八怪俱樂部不僅出現在英國文學和社會中，還在其他國家興起，其中包括美國大學中的醜八怪俱樂部以及維克多・雨果（Victor Hugo）筆下記載的法國醜八怪俱樂部。[178]醜八怪俱樂部常由一群蠻橫的社會團體組成，強化一種嘲弄他人的社會風氣，他們與當下趨勢既有迎合，又有相悖。成員為自己貼上「醜陋」的標籤，就好像「同等的畸形」有可能帶來「公平」般。儘管他們與貶損醜陋的文化複雜地糾纏在一起，這個群體卻能打亂甚至否定既定的概念，重新定義被孤立貶低的醜陋，並參與到延續至今一種對歷史的深入質問中。

在許多群體將自己置於醜陋範疇的過程中，一些規律也逐漸浮現出來。例如，在科幻小說《醜人兒》（*Uglies*）當中，人物的綽號與十八世紀「醜臉俱樂部」成員的綽號遙相呼應，這些名字同樣可以在中世紀伊斯蘭教中的外號和古羅馬家族的命名法中看見，命名法中的名字也隱含了這些名字所有者的後代會有的畸形（斜眼、大鼻子、瞎子、肥胖）。[179]其他醜八怪俱樂部出現於二十世紀，大名鼎鼎的棒球運動員尤吉・貝拉（Yogi Berra）和麥克・瑞巴（Mike Ryba）都是其成員。還有一個俱樂部是由一位名為馬西婭・塔克（Marcia Tucker）的少女所創辦的，她後來成為惠特尼美國藝術博物館（Whitney Museum of American Art）的第一位女性館長，並在紐約創辦了新當代藝術博物館（New Museum of Contemporary Art）。[180]塔克與其「性格古怪的密友」一同創辦醜八怪俱樂部，她們自己任命俱樂部官員，發放會員卡（用漫畫做個性化標籤），還模仿米老鼠俱樂部

（Mouseketeers）深受歡迎的歌曲創作了自己的主題歌：

醜——八——怪——醜八怪俱樂部！
醜八怪俱樂部！醜八怪俱樂部！
我們的鼻子垂下來！垂下來！
大家一起放聲唱，來我們的俱樂部！
醜—八—怪—醜八怪俱樂部！[181]

近年來，又有一些醜八怪俱樂部出現。根據全國公共廣播電台（NPR）、英國廣播公司（BBC）和其他新聞機構的報導，在利物浦（二〇〇二）和漢堡（二〇〇五）都有醜八怪俱樂部的身影。[182]這些俱樂部更像是社交聚會，與一八五〇年代那個活躍於馬里蘭州（Maryland）巴爾的摩（Baltimore）名為「低等醜陋」、像街頭幫派那樣運作的政治俱樂部大相逕庭（後來一些酒吧以同樣的名字命名，以作紀念，如今在巴爾的摩和紐約仍依然可見）。至今仍存在的皮奧比科（Piobicco）醜八怪俱樂部位於義大利（以「醜陋之都」著名），其根源至少可追溯至一八七九年。俱樂部的活動包括婚姻介紹、反對工作場合出現的歧視醜陋的行為，並舉辦一年一度的「醜陋節」（festadeibrutti），在這個節日上人們會選出新一任俱樂部部長。[183]俱樂部的口號是：「醜為美德，美為奴役。」眾所周知，這個口號與「世界醜人協會」（World Association of Ugly People）的宣言有關聯：「人由本質定義，而非外表所決。」[184] 儘管美與醜之間的對立關係仍然存在，大量的文化挪用卻模糊了兩個詞彙的意義，對與生俱來的低人一等或高高在上的現象提出質疑。這種文化挪用為新的社會團體之形成帶來機會，不管這些團體是嚴肅認真的還是僅為了滑稽搞笑。

比如，受邀參加「醜陋節日毛衣派對」（Ugly Holiday Sweater Party）的人有機會穿上難看的衣服，娛樂性地來迎合這一潮流，這為許多授權購買服裝以及發表歷史文章的網站積攢足夠的人氣，在這裡還可以買到一本名為《醜陋聖誕毛衣指南：權威扮醜手冊》（*The Ugly Christmas Sweater Book: The Definitive Guide to Getting Your Ugly On*）的書。[185]

這章中介紹的群體都在用不同的方式迎合或反對既有的觀念，並不能對醜陋人群提供一個統一的形象。我們將這些群體以「醜陋」的名義放在一起，在某種程度上，是因為他們都拒絕單一化或簡單化的分類，以及不想帶給人們恐懼感。通過追溯那些不斷將「醜陋」特徵分類的過程，我們可以豐富醜陋的演變歷史，思考人們對醜陋的反應是如何混淆文化和美學的標準，以致強化並動搖對醜陋的定義。

從文化角度來說，在二十世紀，歷史中的許多邊緣群體通過各種身分運動聚集在一起，建立與醜陋間接相關的社群。這些群體在激進主義的煽動下取得公民權利，文化對醜陋的不同定義也激勵人們不斷推翻狹隘的身分限定語。一些群體甚至會借用帶有負面涵義的詞語。比如，詹姆斯・C・威爾森（James C. Wilson）和辛西婭・萊維茨基－威爾森（Cynthia Lewiecki-Wilson）指出：「一些激進的殘疾人權益維護者改變策略，認識到話語方式有助於群體活動。他們挑出『瘸子』這一詞，把它轉變為一個帶有積極涵義的標籤，以『瘸子文化』（crip culture）來抵消『瘸子』一詞的消極涵義。」[186]《賤女人》雜誌（*Bitch Magazine*）和「賤女人媒體」（Bitch Media）同樣將消極負面的詞彙逆轉，專注報導「女性對流行文化的評論」，獲得二〇一一年度「社會／文化板塊」的「優涅獨立媒體獎」（Utne Independent Press Award）。[187]

「酷兒理論」（queer theory）也採用類似的手段，借用社會上帶有貶損涵義的詞彙來撼動對身分的固有觀念，為定義性別、性和其他社會類別打開全新的方式。凱薩琳・保利・摩根（Kathryn Pauly Morgan）提出，「抵抗的第一種方式便是對『醜陋』的範疇及其所有相關事物進行重新評價」，以此逐漸消解存在的對立。鑒於「醜陋」引申出一系列相關觀念，有「相貌平平」、「平淡無奇」和「年老色衰」，摩根接著寫道：「那麼女人可以通過參加加拿大、美國、環球或宇宙的選醜盛典，來宣稱自己是一個從文化中解放的新人。」[188]然而，有許多評論家對當下重新評估醜陋的能力持疑。康乃爾大學（Cornell University）的法學教授謝莉・科爾布（Sherry Colb）認為：

在成功的身分政治影響下，人們總是用群體來定義自己——「我是猶太人」或「我是法國人」……但是，並沒有多少人會說「我很醜，召集所有醜陋的人一起開會吧」。普遍來說，大部分人都不願意擁有這樣的成員身分。這就像承認自己是愚人協會的一員一樣。[189]

儘管上述概念挪用的做法十分有效，醜陋作為一個歸類詞仍然存在許多問題，雖然歷經變化，醜陋這個詞變得更加局限而不是包容。

在某種程度上來說，「醜陋」可能因其孤立排斥的特性而成為攻擊物件，但也可以作為對抗社會恐懼的共同戰鬥口號。對醜陋的鑒定也可以反映出亟待矯正或即將改變的社會緊張局勢。正如一位聽眾在全國公共廣播電台（National Public Radio）舉辦的「種族議題節目」（Race CardProject）中說的那樣，這個過程闡釋出「美麗的差異性因恐懼卻變成醜陋」。[190]那些歷史上被限制在社會和審美邊緣，並背負「怪物般」、「殘敗」、「粗野」、「墮落」之名的文化群體，在某種程度上來說也是「因恐懼而成為醜陋」的實例，這驅使人們在不同環境中重新思考「醜陋」的涵義。通過比較不同歷史時期和不同地點的「醜陋」可以看出，「醜陋」並不以靜止或刻板的狀態存在，它是一個相對的存在，其意義時常發生改變，且衝擊著文化既有的概念。

由於對「醜陋」的定義超出任何群體的範疇，分類上的困難反而可能帶來突破，創造出新的潛在意義，甚至反擊原有標籤的定義。人們習慣用視覺術語來闡釋醜陋，下一章便要突破這一範圍，探索超過社會接受範圍和身體極限的醜陋聲音、氣味、味道和觸感。隨著「醜陋」一詞的用法不斷變化，我們也可能成為醜陋一詞的使用者和承受者，甚至處於兩者中間難以捉摸的位置，這一詞彙的涵義模糊了「我們」和「他們」之間的邊界。從文化的角度來說，醜陋從根本上糅合了墮落腐敗和積極新生的事物，而這就是人性的本質。

卡拉瓦喬（Caravaggio），
〈女妖美杜莎〉（*Medusa*），
1598，鑲在木頭上的油畫

3

醜陋的感官

跨越感知界限

二〇〇五年初，英國皇家建築師協會（Royal Institute of British Architects）提出一份關於這個國家需要拆除醜陋建築的「某名單」。喬治．費格遜（George Ferguson）宣稱：「我想見證公眾對最差的排斥和對最好的追求。」[1]「外觀醜陋的建築是對人感官的侮辱。」他嘲笑道，「次等建築會破壞周邊環境，像蛀牙一樣侵蝕周邊建築，必須拔除，否則其他建築也會敗壞」。這次行動認為公眾對醜陋的品味是一致的。一個電視節目邀請觀眾投票選出需要拆毀的建築名單，並在最後「拆除這個國家最不堪入目的建築時舉行盛大慶典」。

建築歷史學家加文．史坦普（Gavin Stamp）對這一指定的列表提出質疑，說道：「我很難想像如果英國皇家文學會（Royal Society of Literature）會長列出需要燒毀的文學作品是什麼情形。」[2]這樣的做法不僅引發人們對公共空間的思考，也讓人們對文化品味和價值觀提出質疑。想起之前的一些運動，例如有人提議毀掉後來成為地標性建築的「維多利亞時期醜陋作品」，再如二十世紀中期出現鼓動民眾選出一些建築作為「反醜陋標誌」的「反醜陋運動」（Anti-Ugly Action），這麼看來，二〇〇五年的拆建風波也暴露出人們對「醜陋」的爭論實際上是建立在一個極不穩定的基礎之上。[3]

若如費格遜所說，醜陋建築「是對感官的侮辱」，那麼這樣的建築很可能使「醜陋」特性越過視覺範疇，延伸至人的聽覺、嗅覺、味覺和觸覺。「醜陋」意指「令人恐懼厭惡」，因此，在使用這個詞對感官下定義的時候，可能會著重突出某種感受，例如：刺耳的雜訊、恐怖的惡臭、腐壞的味道、爛泥般的觸感。根據馬克・卡曾斯的建築理論，將「醜陋」比喻為「污穢」，一種「失序之物」，所以我想知道醜陋如何突破人們的感知，重新整合主客體之間的空間。[4] 這樣的肢體接觸不僅可以將某個客體定義為「醜陋」，同時意味著我們作為感知主體，也可能是失序之物。隨著「醜陋」這個術語在歷史中刻畫了不同的文化面，其涵義也跨越了「我們」和「他們」之間的界限。醜陋已然成為挑戰和重新評估文化特權的突破口。在這個過程中，人們不斷思考醜陋是否可以作為激發或預示文化變遷的先鋒。

醜陋的感官不應和「醜陋的情感」混為一談，絲安妮・恩蓋將令人不適的情感概括為嫉妒、憤怒、焦慮、「愚蠢」和偏執。[5] 這些情感滲透在眾多理論當中，例如歐文・高夫曼（Erving Goffman）對羞恥的研究、茱莉亞・克利斯蒂娃（Julia Kristeva）對恐懼和絕望的分析、西格蒙德・佛洛伊德對怪異的論述、尚－保羅・沙特（Jean-Paul Sartre）對憎恨的解讀、丹尼爾・凱利（Daniel Kelly）對噁心的調研等等。[6]「醜陋的情感」往往伴隨著難以分割的情緒體驗。在最近一項科學調查中，實驗物件需要對眼前的繪畫做出評價，分為「美麗」、「中等」和「醜陋」三等。核磁共振成像（Magnetic Resonance Imaging）顯示，那些被評為「美麗」的藝術作品啟動了大腦中與愛相關的情感中樞，而那些「醜陋」的作品則刺激了與驚恐關聯的大腦運動皮層。[7]

其他有關醜陋的科學研究因神經美學的發展而廣受關注，演化生物學（Evolutionary biology）發現人們對對稱事物持有偏好，以至於總把不對稱、感染疾病以及擇偶失敗聯繫在一起。[8]不管是藝術還是個人反應，分辨美醜對錯的科學標準也暴露出一些問題，例如在二十世紀早期，諾貝爾化學獎得主威廉・奧斯特瓦爾德（Wilhelm Ostwald）提出一套有關顏色的理論，並據此推斷：提香在畫作中使用了「錯誤」的藍色。[9]所有這些有關醜陋的想法都交織在一定的文化歷史背景中，而我對「醜陋感知」的關注點不僅在於視覺感受，同時包括聽覺、味覺、嗅覺、觸覺和手感，甚至還有那些試圖擺脫醜陋的行為。人類的身體就像調動感官感受的建築和感官敏銳的建築師，構建出許多知識體系。醜陋在我們的各種感官之間周旋，深入文化領域並跨越文化邊界，而那些文化邊界在通過醜陋來定義我們的同時，也給了我們重新定義醜陋和自身的機會。

醜陋的視覺：眼見即為實？

在一九三七年「墮落藝術」展開幕前夜，阿道夫・希特勒（Adolf Hitler）進行了一場關於藝術品和藝術家的演講。他提出，「我們想要檢查一下他們的視力損毀狀況，看看這些作品到底是技術不精的產物還是先天缺陷的結果」，他還讓人們「想想這樣可怕的視力

古希臘陶器「雙柄杯」（Kylix），邊上繪有眼睛圖案以驅散惡魔之眼，維奧蒂亞州（Boeotia），約西元前 451 ～前400年

障礙產物是否應該受到譴責」。[10] 除了藝術作品以外，希特勒對藝術家的視力提出指責，將政治、生理學和審美方面的醜陋理論混為一談。他這種扭曲的關聯來源於將眼見與知識聯繫起來的陳腐觀念。

在西方文化歷史中，視覺在感官中占有很高的地位。古希臘的赫拉克利特（Heraclitus）曾寫道：「雙眼所見比雙耳所聞更加準確。」亞里斯多德則稱：「親眼看見因其認知的相對非實體性而更加接近真理。」[11] 有一句人盡皆知的格言說道：「眼睛是心靈之窗。」修辭學中也時常用一些視覺的比喻來表達，例如「讀者瞥了一眼、掃描閱讀、窺得概要或獲得視角」。[12]

眼睛在醜陋的文化史中扮演著舉足輕重的角色。許多文化都認為充滿嫉妒和邪惡的「惡魔之眼」（Evil Eye，可通過人或藝術作品轉移）會傷害觀看它的人。有許多預防措施以及在建築上安置「醜陋」形象可以抵擋這種邪惡力量。

古羅馬時期的建築物入口都設有象徵著「不體面」、相貌變形的人類雕塑（如生殖器巨大的矮人）以此來逗人發笑，驅散惡魔之眼。[13] 中世紀的歐洲一般用荒誕怪異、滑稽可笑或淫穢下流的視覺象徵物來驅趕惡魔，將其置於人們看不到的地方，如教堂高壇的底座下面或建築的尖頂之上。[14]

在屍體墓葬（transi）這種墓葬形式中，死者並非如生前一般安眠，而是呈現腐爛屍骨的狀態，提醒人們虛度塵世的精神後果。[15] 虛空派（vanitas）畫像將人的頭部一分為二，一半展現如夏花般絢爛的青春，另一半則遍布蛆蟲。還有一些與醜陋相關的物品，透過展現野蠻殘暴，來驅散未知或荒蠻的力量。「醜陋」的形象出現在已知與未知的邊界，將對死亡的恐懼投射到充滿生命力的面孔上。

醜陋的景象通常出現在發展轉捩點時期那些脆弱不穩且變化多端的情境中。從古時一直到十九世紀，「母性想像」這個概念牽強地認為胎兒畸形是因為母親在懷孕期間看到了令人驚駭的場景。若醜陋跨越邊界時沒有帶來那麼多死傷，它可能會激起人們的同情。在一幅宗教畫作中，中世紀時期聖沃爾布格修道院（Abbey of St. Walburg，約一五〇〇）的一位修女將另一位修女拖入耶穌鼓脹流血的心臟，以回應十字架釘刑（Crucifixion）儀式（與《雅歌》〔*Song of Songs*〕第四章第九段相呼應：汝一隻眼，便傷吾心）。[16] 縱觀那些污跡斑斑的邊界，可能會有更駭人聽聞的結果。

在吉姆．克勞法（Jim Crow，一八七六～一九六五年間美國南部各州以及邊境各州對有色人種實行種族隔離制度的法律。）統治下的美國南部，「魯莽地盯著別人看」是一種犯罪行為。直至一九五一年，一位名為馬特．英格拉姆（Matt Ingram）的黑人農夫因在二十公尺外的地方看了一位白人婦女一眼就被以侮辱罪名逮捕。[17]人們對視覺的監管已經從殖民地轉移到監獄。伊拉克戰爭期間，巴格達中央監獄（Abu Ghraib）監獄的犯人不斷聽到守衛命令他們：「不許盯著我看！」隨著人們將視覺的世界觀更加聚焦於當代的真實感上，人工處理過的視像可以為監控做證，但在其他情形下則被視為是「醜陋」的。[18]

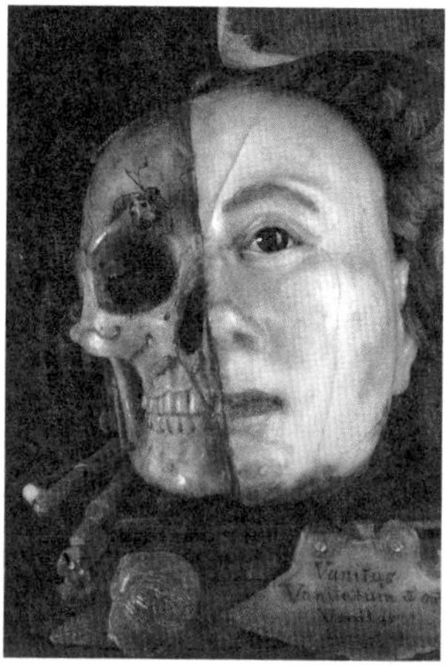

虛空派創作的與真人頭像大小一樣的情景塑像，一半是伊莉莎白一世，一半是爬滿蛆蟲和昆蟲的頭骨，18世紀，蠟像

在許多文化衝突中，人們都相信「眼見為實」這句格言，攝影作為一種媒介更是強化了這個謬見。即便數位後製技術讓大眾對圖片的信任度降低了，那種真相的光環仍然存在。電影導演埃洛・莫里斯（Errol Morris）在自己的書中將這句格言反轉變為《實為眼見》（*Believing Is Seeing*），他蒐集了一系列巴格達中央監獄的照片，深入解讀受虐囚犯的狀況。在照片中，聲名狼藉「戴頭巾男子」光腳站在一個箱子上，雙臂伸開，連著電線，身披破舊的黑毯子，黑色頭巾蒙住雙眼。莫里斯寫道，這張照片「本身就是圖解，就是敘述者」。[19]

然而鑒於醜陋與其他事物的關聯性，這樣的觀點在不同人眼中也有不同的解讀。記者哈桑・法塔赫（Hassan Fattah）在《紐約時報》撰文報導「戴頭巾男子」時提到：「在西方人眼中，這張照片裡有一個人站在箱子上，與巴格達中央監獄有關，但是在伊斯蘭世界，這張帶有諷刺意味的照片實際上是她在一具屍體旁邊微笑。」[20]這裡的「她」指的是一位叫莎布里娜・哈曼（Sabrina Harman）的美軍士兵，在另一張照片中，她在一具囚犯的屍體邊豎起大拇指。莫里斯利用其他背景資料揭開第二張照片的層層面紗：其中有哈曼的信件照片，以及「幽靈被拘留者」和「幽靈審訊員」的心理診斷和證據，這些材料掩蓋了謀殺囚犯的事實，使其看上去像是醫療急診。[21]他將隱藏的恐懼層層分析，同時將對照片的單一解讀複雜化。「我們的看法可以完全擊敗感官所見的證據，」莫里斯總結道，「不要為真或偽下定論，它們不能決定客觀事實，卻會左右我們『所見』。」[22]

人們在看到醜陋場景時會遮擋自己的視線：例如「恐懼地畏縮」、「噁心地轉過身去」，遮住眼睛，甚至「挖出眼球」。歷史上的一些代表事件不斷出現類似的行為：古典神話中的珀爾修斯（Perseus）用盾牌遮擋美杜莎身上扭動的蛇頭；伊底帕斯王寧願挖出雙眼也不願看到自己亂倫的真相；十九世紀，在湯瑪斯・埃金斯的作品〈格羅斯醫生的臨床教學課〉中，一位傷心的母親轉過臉去，不忍看到手術台上被開膛破肚的兒子。蒙蔽或遮擋視線，可以保護觀察者或觀察物件。傳說，在《聖經》中的伊甸園裡，亞當和夏娃初嘗禁果，看到對方的裸體後羞愧地將自己的身體遮擋起來。對醜陋場景的迴避已成為一種暗喻，進一步強調文化中被指責、禁止和陌生的事物。

湯瑪斯・埃金斯（Thomas Eakins），〈格羅斯醫生的臨床教學課〉（*Portrait of Dr. Samuel Gross*），1875，布面油畫

人們可能會掩蓋一些醜陋特徵，或對其進行表面的修飾（例如在「醜陋」疤痕上作畫），但是有一些「醜陋」特徵會引人矚目，並做出回應。[23] 二〇〇二年，哲學家彼得・辛格（Peter Singer）與律師哈里特・麥克布萊德・詹森（Harriet McBryde Johnson）展開辯論，辯題為患有先天性神經肌肉疾病（neuromuscular disease）的哈莉亞特是否應當在一出生就被處死。作為一名律師以及殘疾人權利保障者，詹森將自己的身體描述為「鬆垮皮囊中的一堆骨頭」，並在《紐約時報》中寫道：「重點並不是我醜，而是大部分的人不知道該如何看待我。」[24] 詹森的觀察不禁讓人思考一些問題：透過表面現象，我們如何解讀這些充斥著視覺判別力的文化故事。

儘管這些醜陋的形象溫和無害，但它們有可能會遭到致命打擊。有些觀察者不是被動地避開視線，而是主動對其進行嘲笑鄙視，甚至在醜陋事物不符合審美偏好且對文化造成威脅的時候將其毀掉。宗教改革（The Reformation）的攻擊對象不僅僅是神職人員，還有聖人的塑像。最近，在宗教環境緊張的丹麥，對穆罕默德漫畫作品的爭論使得整個國家蒙羞，被稱為新式「醜小鴨」，而丹麥也在外交政策危機的環境中思考自己的國家身分問題。[25] 當不同文化價值觀起衝突時，類似漫畫或繪畫的藝術作品也許會遭到攻擊，加劇文化緊張局勢。

一九九九年，布魯克林博物館（Brooklyn Museum）展出了英國籍奈及利亞藝術家克里斯．奧菲利（Chris Ofili）的作品〈聖母馬利亞〉（*The Holy Virgin Mary*），由於作畫時使用大象糞便以及從色情雜誌上剪貼的外生殖器圖片而受到嚴厲批評。時任紐約市市長的魯迪．朱利亞尼（Rudy Giuliani）稱這幅畫為「噁心的東西」，還拿削減經費來威脅博物館。[26] 一些藝術評論家為畫中使用的材料辯解時指出，在非洲，厚皮動物及其糞便帶有神聖的涵義，同時，在傳統宗教藝術中可以見到與色情雜誌剪貼畫相類似的裸體油灰畫。「我不覺得我需要為自己辯解，」這位藝術家說，「那些攻擊這幅畫的人實際上是在攻擊自己的理解，與我的解讀無關。」[27]

奧菲利的作品提醒我們，這裡所說的「醜陋」實際上是西方文化的副產品。〈聖母馬利亞〉大膽地將不同類別的元素集中在同一個空間裡（這裡有不同類別互相交織：白與黑、西方與非洲、文明與原始、敬奉與侮辱、美麗與醜陋等），「將『醜陋』在西方文化熟悉的結構體系中反覆重申是一種顛覆性的策略，諷刺的是，這個策略在發源文化中引起了迷惑」。[28]

醜陋場景也許會讓人有不好的聯想，但如果文化背景改變，這種聯想也會隨之發生轉變。在中國傳統文化當中，雜交和怪物形象旨在跨越文化邊界。類似饕餮面具這樣的藝術品描繪了一片介於已知與未知之間的「神祕地域」，具有溝通陰陽的意思，同時「牢牢把守著對文化及意義穩定性有重要意義的邊界」。[29] 早在十七世紀，在傑克森．波洛克（Jackson

Pollock）的滴畫（drip painting）出現之前，中國清朝畫家石濤就已打破常規，利用筆墨勾勒出一幅抽象的山水圖，稱之為〈萬點惡墨圖〉（一六八五）。藝術史學家喬納森・海伊（Jonathan Hay）認為，石濤「水墨畫的作畫技巧繼承明朝即興作畫的野趣……展現山水視野」。[30] 畫作的題跋向傳統藝術大師與理論提出質疑，同時啟發了對醜陋的哲學思考：

> 萬點惡墨，惱殺米顛（米芾，一〇五二～一一〇八），
> 幾絲柔痕，笑倒北苑（董源，？～九六二）。
> 遠而不合，不知山水之縈回，
> 近而多繁，只見村居之鄙俚。
> 從窠血中死絕心眼，自是仙子臨風，膚骨逼現靈氣。[31]

正如〈萬點惡墨圖〉展現的那樣，對醜陋概念的借用可能會動搖人們的視覺期待。在石濤之前的幾個世紀，道家莊子的哲學著作就將醜陋特質具體地融合在內，關注文化模式，混淆人們對一些符號價值觀的期待。一般普遍認為，《內篇》創作於西元前三五〇年到西元前三〇〇年間，其中講到一些怪物般的角色，例如「駝背女人」和「跛腳、駝背、無唇的先生」。[32]

石濤，〈萬點惡墨圖〉細節圖，
1685，卷軸，水墨畫

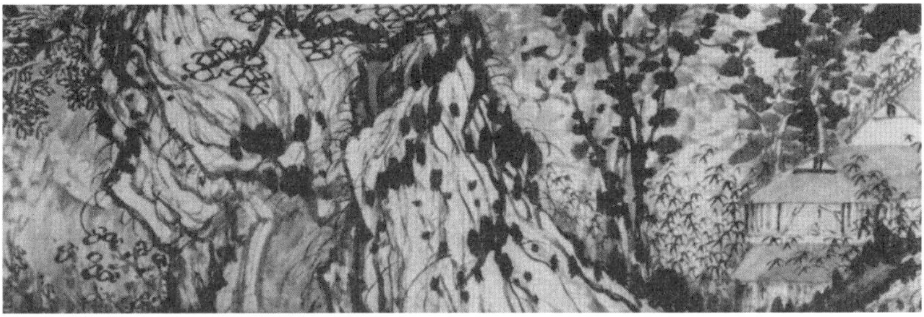

這些不同類型的醜陋看起來簡單，卻不僅反轉了人們的預期，同時還使人們對文化和審美標準感到迷惑。羅伯特·艾利森（Robert Allison）教授在講解莊子時說，「這些『怪物般』角色中的『醜人』都來源於日常生活：駝背者、跛足人、盲人以及其他類別的畸形形象」，將這些人物放入故事中後，讀者會產生認同感，避免用傳統價值觀來進行評判，「克服我們對遭到排擠者的恐懼感，便能更好地傾聽他們的聲音」。[33]

儘管這些畸形角色本身代表一種符號價值觀，他們的殘疾通常起到「育人」的作用，而莊子矛盾跳躍的寫作手法，讓這些在社會上受到非平等待遇的人群，打破了人們對他們的單一描述。幾個世紀以來，莊子的著作有了越來越多的解讀，證明其在中國以及世界範圍受到廣泛關注，促使讀者在廣闊的物質和哲學世界重新思考醜陋的涵義。

肉眼所見是有限的，對「眼盲」的簡單化解讀也存在風險。[34]奧斯卡・王爾德（Oscar Wilde）曾說：「世間萬物，即使再美麗，在某種條件下也會顯出醜陋一面。」[35]王爾德筆下的人物道林・格雷（Dorian Gray）表裡不一，雖然表面上擁有長生不老的青春容顏，但他在鏡子中的倒影卻因為品德敗壞而形容枯槁。反之亦然，同樣的事物從不同角度看會有不一樣的面貌。哲學家路德維希・維根斯坦（Ludwig Wittgenstein）認為，「鴨兔錯覺」（duck-rabbit）的模糊圖像可以看作是（或解讀為）兩種完全不同的物種，而非二者合一的雜交物種。[36]

與視覺一樣，文化視角同樣會影響人們的理解。「侘寂」在日語中意為「貧窮」且「孤獨」，其相關特徵用傳統西方眼光來看是醜陋的（不對稱、不完美、不完整、轉瞬即逝），但在日本文化中卻帶有美好的涵義。[37]「侘寂」有「枯萎、滄桑、暗淡、傷痕、私密、粗糙、世俗、瞬息、當下、短暫」的意思，與明代的花瓶、簇擁的玫瑰和靚麗的模特兒相比，破損的陶杯、秋天的落葉以及滿面皺紋的駝背老婦更能體現「侘寂」的涵義。[38]審美與文化脈絡相互交織，移民遷移也與先前的文化相融合，挑戰承襲下來的價值觀，為審美與文化注入新的可能性。

一六八〇年，耶穌會（Jesuit）的智者阿塔納修斯・基歇爾（AthanasiusKircher）發明了一台放映機，可以投射出「一千種讓人變成畸形的方式」，在那個放映機中，「一個怪物再醜陋，你也會發現自身有它的影子」。[39] 就像放映機扭曲視覺效果，文化影響也在干擾視覺感知。

十九世紀小說中的怪物科學怪人從發明家的實驗室中逃出來，遇見一位叫德・拉塞（De Lacey）的盲眼老人，他們只能通過聲音交流，老人對他報以善意，法蘭克斯坦也用善良回報。但當德・拉塞的家人見到這個怪人時，他們卻只顧著看他的外貌。觀察者與觀察對象同時意識到文化環境的存在，並做出符合預期的行為，醜陋的社會行為會導致醜陋的回應。雖然「盲人」和「怪物」是簡化的比喻，但卻一直被視為對醜陋的文化解讀。我們仍然在思考：如果老人的家人不將注意力放在科學怪人陌生的「醜陋」外表上，而是仔細傾聽他的話，他們會不會用不同的態度對待他？瑪麗・雪萊的小說會不會有不同的結局？

唐津圓球白紋釉壇，出自肥前唐津市（現佐賀縣），日本，江戶時代，17 世紀

醜陋的聲音：你能否聞我所聞？

在耶羅尼米斯．博斯的三聯畫〈人間樂園〉（*The Garden of Earthly Delights*，約一五〇四）的歡愉場景中，可以看到一場視覺的「地獄音樂會」，以人的臀部作為樂譜，演奏著中世紀的音樂。在這個「音樂地獄」中，魔鬼般的樂器圍繞著一隻怪鳥和一對夾著尖刀的巨耳。視覺化的聲音是從人體各處洞口排泄而出的。這幅畫讓人聯想到一系列下流不堪的醜陋雜訊，音不成音，調不成調且荒謬無理。聽覺感受與歷史背景融合交錯，在古滕堡（Gutenburg）發明鉛活字印刷術之後，視覺交流進一步加強。[40] 博斯描繪的世俗景象以象徵性的聲音景象形式呈現，有多靜默就有多喧囂，為人們在聽醜陋雜訊時容易出錯的現象賦予神祕訊息，不論那些聲音是能聽見的還是不能聽見的。

耶羅尼米斯．博斯——〈人間樂園〉三聯畫的右幅，又稱「音樂地獄」，約 1504

不管醜陋與否，很長時間以來，人體就被視為發聲的樂器：放屁、打嗝、咀嚼、尖叫和咒罵等。根據古代「音樂宇宙」（Musicof the Spheres）的說法，人體與宇宙可以互相調音，這意味著不和諧的聲音會導致災難的後果。亞里斯多德認為，音樂的調式是一種調整人物性格的方式，每一種調式對聽眾的影響都是不同的。混合利底亞調式（Mixolydian）使聽眾「傷心哀愁」，多利安調式（Dorian）則營造一種「溫和莊重的情緒」。[41]不同的調式和節奏可能與聽眾達到和諧共鳴的效果，但也有可能對其造成擾亂。因此，「一些哲學家認為靈魂本身便是一種樂音，或靈魂擁有自己的旋律」。[42]

幾個世紀以來，人們對神話歌曲的理解也發生著變化。奧菲斯（Orpheus）的故事有多個版本，所涉及的問題不僅關於他歌聲的本質，還包括那些傾聽者的天性。在其中一個版本中，他面向歐利蒂絲（Eurydice）命運的一轉身，使得他之後厭惡女人而迷戀男童，犯下雞姦的罪行。[43]

在其他情況下，醜陋的聲音也被貶低成墮落之音。中世紀作曲家儘量避免使用三全音（增四度），將其視為音樂中的魔鬼，或稱之為「**魔鬼音程**」（diabolus in musica）。[44]由於三全音給人聽覺上的緊張，這種音程一直用來作為聽覺刺激，例如吉米・亨德里克斯（Jimi Hendrix）迷幻般的搖滾樂〈紫色陰霾〉（Purple Haze，一九六七），以及明目張膽的「撒旦崇拜者超級殺手合唱團」（Slayer）創作的重金屬樂專輯《魔鬼音程》（*Diabolus in Musica*，一九九八）。[45]

其他聲音的「醜陋」程度可以相當於製造雜訊的雜亂演奏。紐芬蘭（Newfoundland）地區有一種傳統打擊樂叫作「打醜杖」（ugly stick），樂器全部由家用物品構成，如一些鐵罐和瓶蓋，將它們固定在拖把柄上，用鼓槌進行演奏。[46]

耳朵作為聽覺器官，長久以來被人們認為是「醜陋與瑕疵之所」，既是「懲罰物件」，也是「一種自我厭棄的殘缺象徵」。[47]然而，耳朵不是唯一可以察覺「醜陋」聲音的器官。行為藝術家斯特拉克（Stelarc）將一隻耳朵嫁接到自己胳膊上，利用藍牙播放這只錯位的耳朵聽到的聲音。一些聽眾可能將其稱為「醜陋」（至少是「失序之物」），就像在看到用人體臂部記錄樂譜時一樣驚訝。除了博斯描繪的「地獄臀部音樂」以及遭到禁止的聽覺魔鬼，一些中世紀的樂譜也會因為風格怪異或殘缺不全而背負「醜陋」的惡名，在當時，聽到這種音樂就像是進行一場外科手術。[48]這些魔鬼般的音符就像一個個有頭有尾、多毛或殘缺的身體順著音階滑下。[49]

除了怪異醜惡與切割解剖之間的關聯，醜陋的聲音還與荒誕野蠻聯繫在一起，如女巫帶有詛咒和挑逗的舞蹈再次成為眾矢之的。一五八三年，西班牙國王腓力二世（Philip II of Spain）廢除薩拉班德舞（Sarabande dance），認為「這種舞蹈動作醜惡至極，即使十分高雅得體的人看到後也會產生消極情緒」。[50] 十八世紀，醜陋俱樂部成員放聲歌唱，作為他們以「醜陋」為名去尋歡作樂的一部分，其中可能會有醉醺醺的合唱隊和充滿諷刺的歌詞。[51] 一八八三年，當布拉姆斯（Brahms）的第一交響曲在波士頓演出時，一位著名的批評家稱其為「充滿刺激和不安的雜訊」。[52] 醜陋的聲音不僅是對耳朵的折磨，也會影響到全身。

到了二十世紀，對醜陋聲音的認識幾經改變，在其他與「醜陋」的關聯中，刺耳與失諧、粗俗與醜惡之間的界限漸漸模糊。二十世紀早期，未來主義審美偷換醜陋概念，將其作為本身的關鍵特徵。F．T．馬里內蒂（F. T. Marinetti）希望「利用所有野蠻的聲音、所有對暴力生活的宣洩吶喊」來表現「醜陋」，「將莊重嚴肅消滅殆盡」，還有其他歌頌「刺耳難聽、荒蠻粗俗的藝術宣言」。[53]

作曲家艾瑞克．薩蒂（Erik Satie）利用驗聲器觀察降B調（B-Flat）的樂曲，得出聲音圖像後嘲諷道：「我從沒見過比這個還讓人厭惡的東西。」[54] 一九一五年費城，在演奏阿諾．荀白克（Arnold Schoenberg）的室內交響樂（Chamber Symphony）之前，樂團指揮李奧波德．史托科夫斯基（Leopold Stokowski）向大眾宣告：「這段樂曲太過醜惡，我覺得自己不得不向大家說明為什麼要演奏這一曲。」[55] 一九二七年，評論家怒斥挪威作曲家阿爾維德·克萊文（Arvid Kleven）的作品〈葬禮序曲〉（Sinfonia Libera），稱之為「惡魔般的曲子」，是「怪誕醜陋的不和諧音符毫無意義的堆砌」。[56] 不管是批評家還是作曲家，他們在關於音樂和道德價值的爭論中都一再對醜陋進行詆毀。

有時，審美中還會帶有令人畏懼的政治色彩。一九三〇年代，納粹對「墮落」影響的扼殺不僅包括視覺藝術範疇，亦波及音樂領域，將其稱為「墮落音樂」（Entartete Musik）。醜陋的涵義融入對文化群體的刻板印象當中。一九三八年，在一張墮落音樂展覽的海報上，一位長相酷似猩猩的黑人樂手佩戴六芒星（Star of David）演奏薩克斯風。[57] 爵士樂自出現便與種族刻板印象以及道德爭論糾纏在一起，毀譽參半。亨利·福特（Henry

漢斯·塞維魯·齊格勒（Hans Severus Ziegler）——《墮落音樂：一部總結》（*Entartete Musik: eine Abrechnung*），1937，墮落音樂宣傳冊封面

Ford）的《迪爾伯恩獨立報》（*Dearborn Independent*）曾指責說，「純淨」流行樂已經被「猴子叫聲、山野怪聲、咕噥窸窣，以及山洞內做愛發出的喘息聲代替」，還批評「猶太人一擁而上，要與黑人聯合」，以「掩飾他們道德上的骯髒」。[58]音樂藝術學院（Instituteof Musical Art）的法蘭克・達姆羅施（Frank Damrosch）譴責其為「對優美音樂的踐踏」，克利夫蘭管弦樂隊（Cleveland Orchestra）的指揮尼古拉・索科洛夫（Nikolai Sokoloff）禁止樂手演奏那些「醜陋的聲音」。其他批評的聲音還提到「南部的黑人妓院」，將爵士樂與墮落性愛的惡果聯繫起來。[59]

人們幾乎不認為「醜陋」音樂是對人有利的，它帶來威脅，腐蝕一代又一代人。一九五〇年代的美國，麥卡錫主義（McCarthyism）對共產黨人進行迫害，受年輕人歡迎的搖滾樂成為打擊對象。曾經是青少年偶像的歌手法蘭克・辛納屈（Frank Sinatra）對新式音樂進行嘲諷詆毀，稱其為：「野蠻墮落、殘暴至極的表現方式……在年輕人當中引發絕對消極且具有毀滅性的反應。這種音樂當中充斥著虛偽和荒謬的味道。」[60]他將各種醜陋面（野蠻墮落、殘暴至極、絕對消極且具有毀滅性）與聲音和氣味混為一談，暗指其對感官造成的傷害，在這種傷害中醜陋將更多的社會力量推入自身炫目的審美引力中。與其他新興的音樂形式一樣，爵士樂和搖滾樂雖然在傳統聽眾的耳朵裡「醜惡不堪」，卻為聽覺方面的文化革新做出長足的貢獻。

醜陋可以是直擊要害的刺刀，也可以是迎頭反擊的吶喊。一些作曲家和音樂家有意識地在自己的音樂作品中加入不和諧的元素。一九九〇年代，美國龐克搖滾樂隊「比基尼殺戮」（Bikini Kill）開始進行演出的時候，《滾石》（*Rolling Stone*）雜誌報導：「與近來眾多喧鬧的樂隊一樣，這一支更擅長掌控旋律，而非展現醜陋。但他們總會選擇走醜陋音樂的路線。」[61]

人們對「醜陋」褒貶不一的現象也避免其陷入全然負面或乾脆銷聲匿跡的局面。二〇〇九年，一位評論家在聽過德米特里・蕭士塔高維奇（Dmitri Shostakovich）作曲的音樂演出後說：

有意創作的醜陋音樂，給觀眾帶來一定的視聽挑戰……這種經歷需要感受，而非僅用雙耳傾聽。但是先別急著用音樂類型給它下定義，因為審美評斷帶有太多文化包袱。蕭士塔高維奇的音樂雖然粗鄙醜陋，但演奏卻優美出色……原來醜陋也可以如此壯麗。[62]

總而言之，當聽眾遇到不符合既有審美分類和傳統的聲音特徵時，便可以用「醜陋」來概括這種令人困惑又帶有壓迫感的感受。作曲家約翰・佐恩（John Zorn）試圖向人們解釋自己在作品中融入醜陋元素的做法：「在我看來，它們沒有不好聽，反而很優美。就如同塞隆尼斯・蒙克（Thelonious Monk）的圓舞曲〈醜陋的美麗〉（Ugly Beauty），過去人們覺得他的演奏很醜陋，現在卻被認定是經典之作。」[63]那些「醜陋的美麗」的作品是否經得起時間考驗只有未來才能評判，但這種可能性也許會將醜陋推向一片積極的領域。

早在一九一一年，英國作曲家查理斯・休伯特・H・帕里就寫了一篇與音樂方面有預見性的文章，叫作〈醜陋的意義〉（The Meaning of Ugliness）。帕里談到新式音樂中的矛盾時指出：「每一種前衛藝術出現之時，都會受到一些藝術權威機構的攻擊，稱之為醜陋。」[64]他舉出一些歷史上的先例，如之前被認為是「令人不適」的大三度和大六度，及其他「有毒般醜陋」的不協和音程，增四度「不堪入耳，堪稱謊言之父」，連續五度則「醜惡至極，任何有自尊的作曲家如果不小心在作品中用到這種和絃，都會羞愧至極」。這些最初的詆毀慢慢煙消雲散，帕里認為隨著時間推移，只要作品中留有「原創思考」的特徵，這些對「醜陋」的膚淺批評終將淡去。

這種特質可以引導聽眾了解未知，「增強我們對藝術範圍的認知，並增加存在的趣味」。[65]帕里將文化與審美思考聯繫起來，醜陋意味著打破常規，如果沒有醜陋，「社會與審美的各個方面都不會有任何進步，我們會被壓在重重陳腐舊例的大山下」。[66]

許多作品都有可能深陷醜陋的泥潭，但是帕里的理論卻將醜陋的傳統與事物中「因為不理解而顯得醜陋」的方面區別開來。[67]這個藝術進步宣言與醜陋的歷史和醜陋的感官遙相呼應。一九四五年，克萊門特．格林伯格在回顧一場畫展時給予積極的評價，稱傑克森．波洛克「不懼醜陋——所有意義深遠的原創藝術作品一開始都是醜陋的。」[68]二十世紀早期，英國藝術評論家羅傑．弗里提出，醜陋可以是一個積極的藝術特徵，並對那些宣揚古希臘羅馬式的、對具象美貌的狹隘定義之「老評論家」提出質疑，認為他們「沒有意識到醜陋在藝術中扮演的重要角色……應該在醜陋怪誕的邊緣，甚至在醜陋界限之外塑造各自的特點」。[69]

在醜陋音樂方面，帕里同樣陳述了醜陋與革新之間的相互作用。他將嚴重醜陋和輕微醜陋區分開來，認為一些「醜陋」需要時間來獲得認可；而另外一些特徵則一直保持不變，因為它們微不足道且墨守成規。他的理論還將藝術與文化習俗聯繫起來，甚至指出「醜陋」、「污穢」以及「失序之物」之間的關聯——時間上遠早於瑪麗．道格拉斯或馬克．卡曾斯用人類學和建築學術語提出這一概念。帕里認為，那些歷經時間考驗仍保持「醜陋」的事物，「行經之處都會留下污穢的痕跡，這才是醜陋」，而那些「令人不快的醜陋作品則是因為意圖和目的不正確，而非純粹在藝術方面出現問題。它們之所以為『失序之物』，是因為它們與環境的關係彰顯不出它的重要性」。[70]他對醜陋、污穢和「失序之物」的先見之明通過音樂對跨藝術形式和多感官過程進行描述，促進了現代主義和後現代主義的出現和發展，將審美和文化上的先鋒性重新混合，正如埃茲拉·龐德（Ezra Pound）的著名觀點那樣，使其「煥然一新」。如同詞彙脫離句法束縛一樣，音樂創新也是對傳統和聲學的一次次強烈攻擊。

即使聲域和聽眾的感知會隨時間和空間的變更而有所改變，但一些令人不快的聲音仍然被視為「醜陋」的。紛繁雜亂的聲音可能成為「雜訊」。對醜陋聲音的描述，尤其是「雜訊」這個詞，在公共和私人區域的邊界時有出現。例如古羅馬用鐘聲驅散惡魔，人們在嬰兒和家畜的脖子繫上鈴鐺。[71] 一些作曲家，如路易吉·魯索洛（Luigi Russolo）、埃德加·瓦雷茲（Edgard Varèse）以及約翰·凱吉（John Cage）等人，他們將雜訊作為一種創作元素，融進「雜訊音樂」（noisemusic）、「組織音樂」（organized music）和「機會音樂」（chance music）的作品中。但是未經創作的雜訊可能會讓聽眾覺得厭惡排斥、心驚膽顫。[72]

一九三〇年出現的刊物《英格蘭、醜陋和雜訊》（*England, Uglinessand Noise*）痛斥「將英格蘭鄉村變醜陋」的商業行為，質問道：「我們是否突然間對醜陋十分敏感？」[73] 作者將醜陋與「毀壞公物」、「妨害騷擾」、「污染敗壞」、「紛繁擾亂」、「困惑情緒」，甚至是「公共健康危機」畫上等號；在眾多疾病中，出現了由「摩托車、汽車、卡車、快艇、飛機、風鑽以及揚聲器帶來的種種雜訊」所造成的病症。[74]

與二〇〇五年喬治．費格遜將「醜陋建築」斥責為「對感官的侮辱」一樣，一九三〇年的這些雜訊是在煽動著一種對美麗的「侮辱」。越來越多的商業景象給大眾造成「污染」威脅，甚至危及良好的公民權利。[75]審美方面的例子橫跨多種感官和社會界限，如那些破壞公共秩序的人被認為有「失明或失聰造成的感官缺陷」。[76]如同在其他情況中醜陋引發的文化指控一樣，有越來越多針對人群和行為的控訴出現，將聽覺問題轉移為道德辯論。

這些辯論中提出的一些問題一直備受重視。在公共場合和私人場合所體會到的醜陋感覺有什麼不同？具體來說聽覺方面就是聲音到了什麼程度會被公認為醜陋？人們可以塞住耳朵，然一旦聲音突破這一防線，構成妨害且給人們帶來身體和心理上的創傷，又是怎樣的情形呢？一些環境監察組織將軍用聲納（military sonar）視為「醜陋」，因為它的振動會造成鯨魚的耳膜破裂，讓牠們偏離航道，甚至會震裂牠們的大腦。[77]每一種生物都有不同的感官記錄（sensory register）系統，那麼要達到什麼程度的聲音才被認為是「醜陋」的呢？醜陋以什麼形式出現呢？是振動頻率、音量、不和諧音符、音高還是造成的傷害？是什麼將聲音推向「醜陋」的極限？

「醜陋」這個詞的發音聽起來可能就很「醜陋」。人類的聲音會帶著個人的痕跡，與階級、種族、地理和其他文化特質有關。在音樂劇《窈窕淑女》（*My Fair Lady*）當中，亨利・希金斯教授（Professor Henry Higgins）聲稱伊麗莎・杜利特爾（Eliza Doolittle）的口音聽起來「讓人噁心」，於是她試圖擺脫因貧困出身而在口音中留下的所有痕跡，整個故事因此展開。[78]

除了一個皮格馬利翁式的前提，還有一種語言特徵分析（linguistic profiling）的行為。語言學家約翰・堡（JohnBaugh）解釋過這種「醜陋」的行為是如何運作的。比如說，一位帶有口音的租客給房東打電話，被告知房屋已出售。而另一位用主流講話模式的租客諮詢時，同樣的房屋卻可以出租。非裔美國人約翰・堡將「語言特徵分析」和「種族特徵分析」（racial profiling）區分開來，前者根據類似口音和說話方式的聲音信號來確定對方的文化身分，後者則利用視覺信號來觀察對方的種族背景。[79]其他發音也可能被視為「醜陋」（在學術術語和審查等類似的書面交流形式中會用到的一個術語），我會在後記當中進一步詳述。[80]

在聽覺層面上可能要注意的是，聲音可以記錄並重播，在聽的過程中可以明白我們的耳朵是如何適應不同的講話模式，同時意識到這些聲音是如何受文化影響而產生的。而嗅覺這種難以捉摸又轉瞬即逝的感官感受根本無法訓練，更是給人帶來一種神祕莫測的文化感受。

醜陋的氣味：鼻子失靈了嗎？

法國凡爾賽宮可以說是輝煌奢華的代名詞，但如今這裡一塵不染的樣子可能會讓之前住在這裡的人大吃一驚。根據一七六四年的記載，凡爾賽宮宏偉的長廊裡到處都是家畜的糞便，臭味直通國王寢殿。當時的一位作家特爾莫．德拉莫朗迪埃（Turmeau de La Morandière）描述道：「難聞的氣味在狩獵場、花園，甚至是城堡內四處彌散，讓人陣陣作嘔。」

> 通信通道、庭院、側廳建築，還有走廊到處都是尿液和糞便。每天早上，殺豬的屠戶會在僕人住的側廳底層把豬殺死然後燒烤。聖克勞德（Saint-Cloud）的大街上到處都是臭水和貓屍。[81]

現在遊客於鏡廳（Hall of Mirrors）漫步時，對曾經的臭氣熏天無從知曉，而是從視覺所見來欣賞這裡一塵不染的華麗裝飾，因為「如今所見的歷史經歷過洗滌清潔」。[82]

從比較注重衛生的文化立場來看，嗅覺在各類感官中處於較為低下的地位。氣味與動物本能緊密相連，既可誘惑，也可驅敵，甚至還可防禦，因為鼻子會警惕有害氣體。現代話語中，如果一個人被形容「氣味濃重」，可不是什麼讚美之詞。「氣味醜陋」這一片語可以用來形容各種事物和行為，例如公共廁所和性愛。[83]然而，在前幾個世紀，臭味不一定是有問題的，甚至還受到歡迎。在一七七五年的法國，賽泰奧菲勒．德博德（Théophile de Bordeu）醫生斥責頻繁洗澡的做法，認為乾淨的皮膚會散發氣味，據說還會澆滅性欲，幾乎是一種「違背道德」的行為。[84]

氣味可以是一種識別字，若被清洗就會去除個人的氣味。醫生對患者身上的氣味很了解，通過嗅聞他們的體液可以輔助醫學診斷。人體的很多部位都會散發惡臭：皮膚、器官、呼吸和體液，其中包括尿液、糞便、膿液、汗液、經血以及精液。古希臘醫師希波克拉底（Hippocrates）認為健康體味消失、腐敗味道出現是患病的症狀。[85]

在歷史的不同時期，臭味都被認為是患病的信號和誘因。「接觸傳染」源自拉丁文中表示「觸摸」的詞彙，但它更多的是表示空氣傳染，而非肢體接觸傳染。[86]像凡爾賽宮那樣的臭氣不僅僅有「醜陋」之意，同時還滲透至社會的各個階層。法國巴黎不僅作為藝術中心聲名在外，曾經還因「臭味聚集點」而聞名。[87]

隨著十八世紀法國政治革命的展開，一場感官革命也隨之鋪開，將臭氣熏天與清新芳香區別開來。正如艾蘭．柯賓（Alian Corbin）所說，十八世紀晚期在分類學領域的研究不僅包括動植物，還將各種氣體（或「空氣」）、腐臭、泥土味道、排泄物，甚至是屍臭包含在內。[88]

科學家對醜陋氣味越來越關注，並根據以法蘭西斯・培根和約翰・貝歇爾（Johann Becher）為代表之哲學家所提出的分解和腐爛概念，建立系列理論。當聖嬰公墓（Cimitière des Innocents）的萬人塚因為過度使用而導致牆體坍塌時，腐敗的屍體湧入臨近住戶的地窖中。[89]據傳說，腐屍散發的臭味足以熏死路過的人。

城市規劃者開始著重設計下水道和其他設施，將「散發惡臭的東西」和較為「清新無味」的中產階級隔離開來的同時，也將更多精力放在為醫院、監獄、排水溝、河流以及其他公共管理空間進行衛生消毒上。[90]香水工業也不再以動物麝香為主原料，而是使用植物香氣。路易・巴斯德（Louis Pasteur）和其他微生物學家發明出新的消毒方法，以解決細菌污染問題。在一些想要對個人行為定標準甚至進行監管的國家，衛生問題成為廣受公民關注的一次改革運動，異味消失的同時隱患也隨之降低，受傷和死亡的跡象也隨之減少。[91]簡單來說，對氣味的控制也是對醜陋的控制。

馬塞爾・普魯斯特（Marcel Proust）在《追憶似水年華》（*A La Recherche du*

temps perdu）中將氣味比作茶漬瑪德蓮蛋糕（madeleine），在所有感官中，最能生動地勾起往日久遠的回憶。[92]氣味通過當下的體會喚醒有關過去的聯想，使得嗅覺主體「我」對自己的過去和撥動心弦的感官環境有更清晰的意識，也更突顯出階級分化。醜陋的氣味以矛盾的方式在文學和藝術領域出現。夏爾・波特萊爾（Charles Baudelaire）筆下描繪的「遊手好閒之人」（flâneur）構建起一個「對立和諧的網路」，將糞便與香水混雜，詩歌與散文並用，正如「惡之華」那樣。[93]

作為感覺上的遊蕩者，「遊手好閒之人」的形象四處蒐集那些，或熟悉或遠去，或反感或敬畏的聯想，在芳香清新或污濁骯髒的嗅覺領域穿行而過，在公共和私人空間幻化出新的身分。鮮花引人注目的矛盾在於其轉瞬即逝的美麗和終將腐敗的甜香。詩人羅伯特・赫里克（Robert Herrick）鍾愛玫瑰花蕾，而威廉・莎士比亞讚頌盛開的玫瑰花，尚・惹內（Jean Genet）則對花卉有不同的聯想。

作為一名作家、盜賊和男妓，惹內在《小偷日記》（*Journaldu voleur*）中寫道：「鮮花與罪犯之間有很緊密的聯繫。前者的纖弱精緻與後者的野蠻無情在本質上是一樣的。」[94]這樣的矛盾使得美麗與統一之間的聯繫更加複雜。正如喬治・巴代伊（George Bataille）之後指出的那樣：「最令人傾倒的鮮花」實際上是一種「骯髒俗麗的褻瀆」。[95]

喬爾-彼得·威特金——〈愚人盛宴〉（*Feast of the Fools, Mexico City*），1990，印刷照片，選自圖書《12 張圖片》（*Twelve Photographs*），1993

鮮花惹人聯想。波特萊爾的《惡之華》（*Les Fleurs du mal*）中有一首詩，為讀者呈現了一具腐爛的動物屍體：

此刻，你站在這可怖的場景面前，
看著這駭人的腐屍，
你，我的生命之光，
我愛情中的日月星辰！[96]

波特萊爾將恐怖、冒犯和腐朽納入他愛情體驗的一部分。在《私密日記》（*Intimate Journals*）中，他那因得天花而疤痕累累的愛人，「不僅令人心生溫柔的同情，還會激起人的肉欲」。[97] 通過嗅覺和其他感官越過美麗與醜陋之間的界限，這些不同分類之間的界限漸漸被消滅並引發新的聯想。

與哼唱歌謠或憑記憶作畫不同，氣味主要存在於描述性的詞彙中。有關嗅覺的詞彙在變化的嗅覺領域中消散或探尋，試圖將醜陋氣味描述為腐壞發臭、酸腐發餿、腐敗惡臭、腥臭污穢（這只是少數幾個例子）。令人不解的是，氣味消散很快，會「迅速發生變化，淡化甚至完全消失」。[98]

文學作品中固定的氣味亦具有瞬息變化的特性，腐朽的花朵可能包含嗅覺方面的暗示，正如波特萊爾筆下的惡之花一樣充滿矛盾——因為它們沒有預料中的腐壞氣味。喬爾－彼得．威特金（Joel-Peter Witkin）的照片表現出這種視覺化的醜陋氣味。威特金將眾多藝術傳統作品結合起來，有顛倒的哥德世界、花卉靜物畫，還有犯罪現場照。他的作品〈愚人盛宴〉雖然名字老舊，卻將視覺與嗅覺、味覺融為一體，用死去的胎兒和斷裂的四肢組合呈現出花卉靜物畫的效果。人們本期待看到花卉，卻發現血肉和水果間並沒有花，這種缺失在期待的對比下顯得更加令人不安。

評論家喬納．薩姆森（Jonah Samson）在觀賞這幅畫之後說道，「乍一眼看去，我們可能會忽略花卉與死亡之間的界限，但如果我們仔細觀察，卻發現其震撼程度遠勝於親眼看到醫生開錯了櫃子，發現櫃子裡全是太平間裡切斷的胳膊、腿、耳朵還有胎兒的身體部位」。[99]雖然作品本身並沒有任何味道，但由噁心反感而催生的醜陋氣味與藝術設計形成強烈衝擊。觀眾注視這幅畫時，會聞到自己身處環境中的味道，這幅展現腐敗的靜物畫喚醒人們對醜陋氣味的聯想，且暗黑的視覺色調更加深了這一效果。

威特金研究醜陋時融入聯想，試圖消除醜陋與美麗之間的界限，用藝術手法勾勒破敗的身體，使同樣不完美且壽命有限的旁觀者身臨其境。《藝術論壇》（*Artforum*）的撰稿人基斯．蘇厄德（Keith Seward）認為，威特金的作品喚起一種「受人厭棄、破敗受損且遭人排擠的事物的關愛之情」，就好像在聲明：

> 對死亡、分屍以及這場怪誕盛宴中其他元素的肯定……就好像是多元文化的極致體現，向那些極其陌生甚至恐怖的東西致敬。[100]

威特金作品集中的其他照片也有花卉出現，例如〈愛滋病患者約翰．赫林〉（*John Herring P. W. A.*）以及〈攜愛人與母親扮成花神〉（*Posedas Flora with Lover and Mother*）。畫中的人物扮成花神的樣子，整幅作品在迫近的由死亡和疾病產生的文化焦慮中歌頌主人公的生命。那朵神祕的花成了主人公的化身，定格在時間之外，保持著一種強烈又矛盾的不朽。

儘管對氣味傳播媒介的研究相對較少，現代藝術家卻愈加沉迷於各種嗅覺感受。二

○一三年，紐約藝術設計博物館（Museum of Art and Design in New York）舉辦了「氣味的藝術，一八八九～二○一二」（The Art of Scent，一八八九～二○一二）展覽，宣傳稱這是「第一場以氣味為主題的重大博物館展覽」。展覽陳列出多種著名的香水和古龍水，用全新的方式將這些商業化學品昇華成一種藝術，同時激發參觀者拋開條件反射的情感呼應，——分析每種氣味所構成的「音符」，如同「樂器的弦」一樣，有彈奏「和諧樂音」的可能——這也暗示氣味中可能有不和諧因素。[101]

很久以前，醜陋的氣味就為藝術家帶來靈感，未來主義、激流派和女性主義運動中都包含醜陋氣味的多個方面。F．T．馬里內蒂將一場車禍現場瀰漫的燃料和汽油味道作為未來主義誕生的靈感。裘蒂．芝加哥（Judy Chicago）在她的作品〈月經來潮時的衛生間〉（*Menstruation Bathroom*，一九七二）中，利用經血的氣味來對抗圍繞月經、污穢和女性身體形成的種種禁忌。再後來，德國裝置藝術家希瑟爾．托拉斯（Sissel Tolaas）在創作〈氣味的恐懼——恐懼的氣味〉（*The FEAR of smell—the smell of FEAR*，二○○七）時，在全世界蒐集男性感到恐懼時所分泌的汗液，用這些汗液來作畫，觀賞者觸摸特定的牆壁就可以啟動相應的氣味。

哥倫比亞藝術家奧斯沃德．馬西亞（Oswaldo Maciá）的作品〈人類交響樂的十個音符〉（*Ten Notes for a Human Symphony*，二〇〇九）展出了十卷機械製造的布簾，參觀者把布簾搖下來就可以聞到不同年齡、不同地區的人身上的味道，他們來自西藏、墨西哥或愛爾蘭，該作品的目的在於消除那些帶有醜陋涵義的文化觀點。一位評論家解釋，馬西亞在世界各地蒐集的體味「並沒有按照愉悅或厭惡、好或壞來分類」，而是力圖「製造一種嗅覺體驗」，讓參觀者「放下偏見和恐懼，參與到多文化的對話當中」。[102] 諸如此類的嗅覺藝術品在畫廊展出，給參觀者帶來多種感官體驗，重新規整文化和視覺領域中先入為主的觀點，推動以往的美醜界定標準，更新發展，開啟全新的多感官敘述方式。

其他感官也會用到描述臭味的詞彙，這說明嗅覺與味覺、聽覺、視覺以及觸覺之間有緊密的聯繫。中世紀的菜譜、藥草、醫學以及園藝文獻中，將香料、草藥和藥品進行分類，在按揉、研磨和混合的過程中，用特定方式使氣味交疊，產生和諧或不和諧的效果。調整配方可以使兩種未被使用的不和諧味道達到「協調」，「就好像兩種邪惡勢力交會之間在某個點也會存在美德」。[103]

文藝復興早期的文獻採用古希臘的觀念，將香料和聲音以相似比例或頻率混合，以達到通感的效果。中世紀時期，在尤維納利斯的諷刺作品中，有一段與一位妻子的對話，涉及混合感官的可能性：「如果一首歌被忽視，它應該是刺耳難聽的。聽起來就好像是吞下蘆薈的感覺一樣，而不是蜂蜜。」[104]氣味還可以戳穿藥劑師的謊言，因為他可能會說「如果我們把一種學名為『aloenaculabin』的蘆薈撕開並在指尖揉擦，會有一種極難聞的味道，這種味道在較優質的苔綱植物或蘆薈種類中不會出現。」[105]香料和芳香劑價格昂貴，需要進口，與珠寶和貴重物品一樣，只有富人才可以享用。

這種稀有性傳播很多文化價值觀，但農夫還是沉迷於「醜陋」氣味。歷史學家羅伊・波特（Roy Porter）指出，許多鄉土觀念「似乎認為與泥土、污穢和糞便打交道是一件很光彩的事情」，而非「野蠻無知」，這一點正反映一種「價值體系」，認為污穢有助於健康和溫暖的天然保護傘。[106]中世紀時期還有一種習俗，是把嬰兒包裹在鎮靜藥物當中，以驅散噩夢侵擾。焚香和煙火這些並不好聞的氣息瀰散在中世紀的教堂中。當嗅覺期待受到其他感官操縱時，它們便會與審美和道德因素一起改造文化習俗，但其結果有可能是「醜陋」的。

當通感現象帶來醜陋感知時，感官的融合可能更像是一個生理學現象，而非藥理學。發生通感時，各種感官似乎交會在一起，比如由一個聲音聯想到一種顏色。儘管通感者通常會覺得這種感官體驗很美妙（多位藝術家和作家也證實了通感在美學上的影響力，例如弗拉基米爾・納博科夫〔Vladimir Nabokov〕和斯賓塞・芬奇〔Spencer Finch〕），但如果刺激物引發不良反應，這種體驗可能就很醜陋了。一些詞彙可能嘗起來就像是菸味或酸牛奶的味道，也可能帶有難看的顏色，或是有種不協調感，例如一個「無聊的人」的名字帶有「充滿生氣、振奮人心的色調」就易讓人感覺不太舒服。[107]

嗅覺與味覺的聯繫比較複雜，就算沒有通感，這兩種感官也會相互影響。如果人體竇道發生感染，食物可能會變得很難聞，有金屬或是腐爛的味道。稀釋液和二手菸的氣味會引發偏頭痛，氣味總是與危險情境周旋。生物學家戈登·謝潑德（Gordon Shepherd）曾說，鼻子經常吸入「高度污染的氣體，其中含有排泄物、腐爛的動植物殘留物，還有環境中的有害微粒，這些都會侵害到嗅覺上皮組織（olfactory epithelium）」。[108]我們可以用面具或衣物來遮擋眼睛、耳朵和皮膚，讓其免受有害感知的侵擾，但醜陋的氣味總會乘虛而入。

當我們隔絕視聽，將感官雷達從視覺和聽覺上轉移開時，會發現嗅覺與一系列時間地點都有聯繫：不僅僅與警示或愉悅感有關，還曾作為一種神聖煙霧讓古希臘德爾菲城的聖賢先知迷幻沉醉，亦可以是其他可吸入或吞咽的致幻物質。腦神經學家奧利佛·薩克斯（Oliver Sacks）曾經解釋過如何通過混合藥劑來提升嗅覺。[109]某些香味，如氯仿（chloroform），在過量使用時會散發出難聞的味道。

還有些氣味可以用來驅逐危險，比如用大蒜抵禦吸血鬼這種眾所周知的方法。哲學家卡爾・威廉・弗里德里希・施萊格爾（Karl Wilhelm Friedrich Schlegel）將「腐臭」與「惡魔」視為同類。[110]當我們可以人工合成氣味時（例如有一種蘋果手機的配件，在鬧鐘響的時候會自動釋放人工製造的培根氣味），我們的嗅覺範圍可以擴大，但也可能出現各種矛盾。就像十九世紀出現的香水一樣，對氣味的個性化設計可能將感官體驗置於一種做作且自我迷戀的境地，而與「醜陋」有關的氣味則淪落至嗅覺庸俗品的邊緣。

喬治・奧威爾（George Orwell）有句名言：「氣味是西方階級區分的真正祕訣。」[111]維也納攝影師克勞斯・皮希勒（Klaus Pichler）拍攝過一部名為《三分之一》（*One Third*）的系列作品，鏡頭聚焦腐爛的食物，反映人們的鋪張浪費行為，希望全世界所浪費的三分

葛飾北齋（KatsushikaHokusai），《如廁的武士和捂住口鼻的侍者》（*A Samurai in a Latrine; Outside, His Three Attendants Hold Their Noses*），1834，彩色木版畫

之一的食物可以引起人們的注意。攝影師放任家中的食物腐爛（包括雞肉和魷魚），將其與家庭生活緊密聯繫，和家人一道「同腐敗的食物共處」，以此加深自己與拍攝活動的聯繫。他說：「如果你仔細看這些照片，就會開始反省自己的消費行為。」[112]

醜陋氣味的例子不勝枚舉，但仍繞不開文化。公共救助房通常建在一個污染嚴重、臭氣熏天的地方，例如廢棄物處理廠附近。我們處理和改變「醜陋」氣味和感受的方式大有不同，能認識到這一點似乎至關重要。高高在上的「無瑕美學」會迴避那些腐壞的元素，乃至否認人類的脆弱和終有一死。[113]這樣的做法會擾亂進化而成的生態平衡。醫學研究認為，兒童過敏現象增多是因為家長使用過度的衛生措施，限制兒童與多種有助於培養健康免疫力的環境接觸。

在某些情況下，非但不該迴避「醜陋」氣味，還應鼓勵與其接近。人們看到動物互相嗅聞對方生殖器的時候，會覺得噁心粗俗，但是狗靈敏的嗅覺可以讓它們區分健康和疾病，這種情況在人類身上也適用，人類在癲癇、癌症或創傷後壓力症候群發作時，會因為化學位移（chemical shift）而分泌出不同的氣味。氣味不僅包括我們身體散發的味道，還包括我們在廣闊生態系統中聞到的氣味。這些氣味對我們身體中不斷演變的化學成分造成影響：我們聞到了什麼，消耗了什麼，又是什麼將我們分解消滅。

醜陋的味道：人如其食？

日語中的餓鬼（gaki）是中古時期一種隱形的怪物，在饑荒連年的世間橫行肆虐。它們吸食人類和其他動物的骨肉，代表中古時期日本和中國佛教裡的中間地帶。十二世紀的日本有一系列卷軸繪畫反映多個「醜陋」地界的傳說故事，包括〈地獄卷〉（*Jigokuzōshi*）、〈疾病畸形卷〉（*Yami no sōshi*）以及〈餓鬼卷〉（*Gakizōshi*）。[114] 餓鬼作為一種陰森險惡的警世者，提醒人們要行善積德，否則來生便要受痛苦折磨。

雖然卷軸畫作中的餓鬼以肉眼可見的形式出現，但它們實際上存在於無形，以饑餓為象徵。扭曲的嘴唇和細如銀針的脖子讓它們無法進食以填飽高高隆起的肚子，所以它們通常以墓地中的積水或烈火中的殘食為生。過去的罪孽讓他們招致殘酷的報應，因為無法疏解的饑餓會將這些行屍走肉逐漸吞噬。幾個世紀以來，餓鬼以不同形態多次出現，最近一次是在日本的一個同名電子遊戲中現身，這種貪婪難耐的醜陋食欲再次復甦。

醜陋食欲不同於醜陋味道，但這二者聯繫模糊，口腔、舌頭和大腦的感受器官與胃部的饑餓感以及消化器官緊密相關。味覺與嗅覺緊密結合，超越了酸、甜、苦、辣、鹹、鮮的基本範疇，在文化想像中扮演審美評判的角色，反映更廣闊的文化品味。讓·安泰爾姆·

表現「餓鬼」的卷軸畫，12 世紀晚期，水彩畫

布里亞-薩瓦蘭（Jean Anthelme Brillat-Savarin）的《味覺生理學》（*The Physiology of Taste*，一八二五）中有一句著名的話：「告訴我你平時都吃什麼，我就能說出你是什麼樣的人。」[115] 深究關於烹飪方面的論斷可知，醜陋的味道可能造成暴飲暴食或食欲不振，導致過度肥胖或厭食症。人們將大胃王比賽稱作「醜陋的競技」。

醜陋味道還可能意味著超越食物的欲望，包括欲壑難填的性行為，以及消耗性疾病。從歷史上來看，消耗性疾病即肺癆，據稱這種病借助惡劣的空氣將人體耗損一空。大多數人對消耗現象的認知延伸到了商業領域，例如消費者受廣告引導，瘋狂購買商品。這樣的行為是「醜陋消費者」的特徵，因此一家網站能識別出會參與「黑色星期五盛況」（Spectacle of Black Friday）的消費者。[116] 並不是所有與「醜陋」有關的事物都和味覺有直接聯繫，但這個範疇將一系列美食和文化寓意融入味覺中。

醜陋的味道可能需要我們對食物的歷史保持質疑。《赫芬頓郵報》（*Huffington Post*）及其他報導中都用過類似「味道絕美的醜陋食物」或「賣相差味道美」的矛盾標題作為噱頭。[117]牙買加醜橘（theugli fruit）是唯一一個名字裡真正帶「醜」字的食物，據說這個名字與味道無關，而是因其表面皺褶不平，與橘柚類似。葡萄牙的一家名為「醜蔬果」（FrutaFeia）的食品合作社將醜陋視為優點，提倡消費者不要因為產品外表不佳就將其忽視，以此來減少食物浪費。[118]

當外國人面對陌生的文化特色菜肴時，也會對醜陋味道進行膚淺的討論。一些賣相不佳的餐食多次出現在我們的視野中，例如將羊內臟放入羊胃中烹調的蘇格蘭哈吉斯（Scottish haggis）、用動物血塊製成的英式黑布丁（British black pudding）、將未出殼的雛鴨鴨蛋煮熟食用的菲律賓鴨仔蛋（Filipino balut），以及由酵母提取物這種釀酒副產品製作而成的澳大利亞維吉麥醬（Australian Vegemite）。這些食物在本土環境中並不屬於難吃的東西，但如果放到異地環境中，就會成為人們嘲笑的菜肴。「維吉麥醬讓人們覺得厭惡、噁心、醜陋、苦澀，味道被形容像蟑螂毒餌和黑死病。」一位澳大利亞部落客如是說，欲用一個文化免責聲明的語境來討論維吉麥醬的味道。[119]

在全球人口侵占地球資源的今天，人們預測，在未來昆蟲將成為蛋白質的主要來源。

[120]類似《恐懼元素》（*Fear Factor*）這樣的真人秀電視節目利用醜陋味道製造娛樂效果，讓參賽者挑戰吃蟲子、泥土或糞便這樣令人作嘔的東西。節目尺度之大以致一些場景「太過醜惡」，不適合於電視播放。比如他們要求兩個年輕女士連喝幾杯用猴子精液製成的啤酒，再喝光用自己嘔吐物調製的雞尾酒。還有一個吃牛腦的選手說：「這玩意兒比看起來還要難吃。」[121]這種刺激元素以醜陋盈利，是對身體和商業的雙重消費。

圍繞醜陋味道而進行下流娛樂也不是新鮮事。據說，古羅馬皇帝康茂德（Commodus）舉辦過一個私人派對，用塗滿芥末的銀盤為兩個駝背人上菜。[122]由於人們認為撫摸駝背可以帶來好運，這場帶有醜陋侮辱意味的宴會上，所有賓客都希望鴻運當頭，卻又蒙受侮辱。有關「康茂德生平」的逸事中還提到這位帝王其他的一些吃喝玩樂的習慣，包括將人體糞

路易–利奧波德·布瓦伊（Louis-Léopold Boilly）仿F·S·德爾帕（F. S. Delpech）作品，《畸形眾人逼迫同伴向碗裡嘔吐》（*A Group of Deformed Men Force One of Their Number to Vomit in a Bowl*），1823，彩色平版印刷

便與昂貴的食物混合在一起食用。

「模擬晚宴」（Fake dinners）也是與之相關的一個傳統。古羅馬皇帝艾拉伽巴路斯（Elagabalus）在招待客人時，時常用不可食用的材料為客人製作食物，雖然看起來與自己盤中的菜肴相近，實際上卻是用蠟、木頭、象牙或陶土做成的。古典主義學家麗莎・特倫廷指出，這些醜陋的菜肴和形象帶有「罪孽」和「人性裂縫」，因為它們「跨越人獸之間的界線，兼具骯髒污穢和滿身銅臭的意味。」[123]

歷史上將「醜陋」與「罪孽」聯繫在一起的做法層出不窮，例如弗朗索瓦・拉伯雷（Francois Rabelais）在《巨人傳》（*Gargantua and Pantagruel*）中描寫的如嘉年華般的世界，以及現代對藝術和文化戰爭的批評。[124]拋出「醜陋」宣言的人自身也會被醜陋反噬。以眾包（crowdsourced）形式完成的《城市詞典》（*Urban Dictionary*）中，一位參與者對「素食主義者」的定義為「愚蠢且醜陋的」，指出：「既然素食主義者不願屠殺動物來做成漢堡包，那我們就把他們宰掉做漢堡包吧。」[125]這樣的言語羞辱讓兩方都蒙羞，它針對的並不是人，而是某些可能對文化習慣帶來威脅的行為。那些文化難以消化吸收的東西，便將它們轉化為言語，像嘔吐物一樣排泄出來。[126]

烹飪的醜陋與藝術史聯繫緊密，與「醜陋」相關的涵義不斷出爐。十四世紀，琴尼諾・琴尼尼（Cennino Cennini）的《論繪畫》（*Treatiseon Painting*）介紹了畫家和廚師都會用到的工具和方法。[127] 十七世紀，克勞德・洛蘭（Claude Lorrain，原名克勞德・熱萊〔Claude Gellée〕）輕而易舉地便從麵點師轉行畫家，因為兩種職業採用相似的工具和工作流程。由於繪畫和烹飪領域有一些相似點，二者也會使用相同的詞彙（弗雷德里克・德斯布森〔Frédérique Desbuissons〕在法語中發現一百個這樣通用的詞彙），但後來這些詞逐漸偏向手工藝領域。因此，一位原本技藝不佳的畫家在烹調時就好像是在根據食譜作畫：「不過就是一個合格的廚師。」[128]

對醜陋的評論同時反映出人們對藝術和烹飪價值的矛盾認識。人們用「垂涎可餐的事物」（tasty subject）形容那些四下傳播的下流八卦。到了十九世紀後半葉，「烹飪方面的醜陋成為一個飽受爭議的主旨，是除了病態和污穢以外用來描述繪畫之死的主要表達方式」。[129] 感官領域的重合不僅意味著死亡，同時也創造新的生命意義。

從藝術角度來說，這些侮辱所指向的並非是辱罵物件本身，而是藝術品的製作技巧和使用材料。混合而成或形態鬆散的食物時常成為貶義比喻和雙關語的載體，如醬料、蛋餅、乳酪和燉菜。十九世紀的藝術評論還對糖表現出蔑視的態度，認為它代表女人和兒童低下

克勞德．莫內（Claude Monet）——〈倫敦滑鐵盧橋日落時〉（*Waterloo Bridge, London, at Sunset*），1904，布面油畫

的品味。印象派畫家克勞德．莫內曾被指責為「風景甜點師」（confiseur）。[130]

在使用材料方面，油畫不管是在實際上還是在比喻意義上都容易腐壞，這也成為它的一個致命風險。居斯塔夫．庫爾貝（Gustave Courbet）號召藝術家描繪現實生活中的景象，如農夫和勞動者這類主題，而這種理念在觀眾看來因太過寫實而顯得「醜陋」。[131]保羅．德．聖維克多（Paul de Saint-Victor）在描述馬奈（Manet）的畫作時說：「眾人爭相觀看腐敗的《奧林匹亞》（*Olympia*），就像這幅畫是停屍房一樣。」阿爾伯特．沃爾夫（Albert Wolff）將雷諾瓦（Renoir）的〈女性裸體像〉（*Female Torso*）評價為：「一攤腐壞的人肉。」[132]

在某些方面來說，這些批評預見了二十世紀如停屍房腐壞人肉一般的藝術作品的出現，以喬－彼得．

威特金、達米安・赫斯特（Damien Hirst）及安德列斯・塞拉諾（Andres Serrano）為代表的藝術家，用人和動物屍體作為繪畫的材料。

醜陋的味道不僅涉及固態，也包含液態的事物，引起人們對腐敗、分解、腐爛和潮解過程的重視。十九世紀的藝術運動中，印象派（Impressionism）向頹廢派（Decadence）轉變，人們也找到新的方式來表現流動性狀態。在法國畫廊，參觀者擔心「醜陋」畫作會腐蝕自己的雙眼，歐仁・德拉克洛瓦（Eugène Delacroix）和愛德華・馬奈這些畫家被人們戲稱為「醜陋的門徒」（The Apostle of Ugliness）。[133]二十世紀之初，藝術評論中出現越來越多生理學方面的詞彙，一些頹廢派畫作也被視為「病態」、「污穢」且「帶有疾病狀態」，其中既有積極也有消極的意味。[134]

在人們對古斯塔夫・克林姆（Gustav Klimt）的畫作爭議不止之後，德國藝術評論家卡爾・賈斯提（Carl Justi）於一九〇二年在視覺和應用藝術中發現一種帶有貶低意味的「疲勞形態」，甚至是「仇恨形態」，著重強調印象派和符號學，認為這是「偏向無序、無形以及醜陋的衝動」，形成「不斷尋找違背物質天性的不合理形態之過程」。[135]他認為這樣的形態在現實和道德層面都是一種墮落，有超越審美思維進入生命範疇的威脅。藝術體現出一定程度的醜陋，正如賈斯提所說：

> 這裡所說的醜陋與博斯、賀加斯或哥雅的作品不同，不是誇張表現帶有滑稽色彩的醜陋，或是深思熟慮的諷刺，抑或白日夢般的怪誕荒唐。這種醜陋外觀上的空虛感，沒有任何意義和目的，為醜而醜，時不時要抑制嘲弄和荒誕所帶來的影響，這簡直讓人作嘔。[136]

對於賈斯提來說，漫無目的既是醜陋的起因，也是醜陋帶來的影響，最終會淪落至毫無意義、依賴模仿的地步。同時，他還欣賞那些以博斯、賀加斯和哥雅為代表的藝術家，他們對「醜陋」進行深入研究，在積極的審美評價（如帕里對「醜陋」音樂的分析以及格林伯格對「醜陋」繪畫的思考）出現之前便有先見之明。

雖然藝術家對醜陋的接納程度逐漸加深，但味覺方面的暗喻並沒有隨之消失。一九一二年，瓦西里·康定斯基（Wassily Kandinsky）在《關於形態的探討》（*On the Question of Form*）一文中對醜陋提出支持，認為對美麗與和諧的傳統認識已經是陳詞濫調，「難以提供新鮮食糧」。[137]

如果食物是生命的滋養，那麼醜陋便是藝術的沃土。《未來主義烹飪書》（*The Futurist Cookbook*，一九三二）將這一感知上升到極致，展現衝擊感官、鮮少一見的菜肴，

J·R·史密斯（J. R. Smith）仿亨利·菲尤澤利（Henry Fuseli）——《莎士比亞的馬克白：三女巫》（*Shakespeare' s Macbeth: The Three Witches*），1785，金屬印刷品

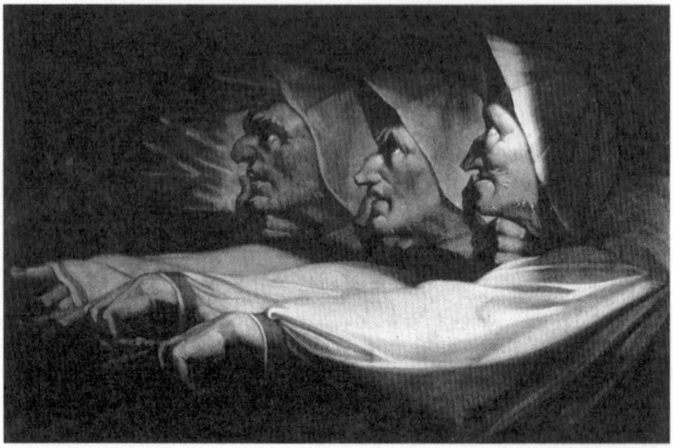

在吃飽喝足中激發審美體驗。例如書裡「太空餐」會請食客用右手抓取金橘、茴香和黑橄欖，同時左手拍打砂紙、絲綢和天鵝絨，侍者在周圍噴灑香水，有飛機引擎聲和巴赫的音樂縈繞在耳邊。[138]

藝術和文學通過相互影響而彼此滋養，埃茲拉．龐德在《嚴肅藝術家》（*The Serious Artist*，一九一三）中為「醜陋描述」辯護，將「崇尚美麗」比作「保健」和「治療」，「崇尚醜陋」則是「診斷」。[139]若有東西讓社會痛苦，則其需要被診察，甚至需要進行像「手術、嵌入和截肢」般效果的諷刺。研究者將藝術和文化兩方面的憂慮混為一體，醜陋也因此召集了一批追隨者，在接下來的幾十年裡激發更多與醜陋的關聯。[140]

當美食家或廚師面對醜陋味道時，可能會因為更深遠的目的而將其令人不快或反感的特性隱藏在

審美、道德或理智這些冠冕堂皇的屏障之後。在一些早期人類學研究中，發現食人習性背後有其積極的動機：食用祖先或敵人身體的一部分，可以繼承美德或壓制對方力量，也有可能是為了防止死者被蟲子吃掉。[141]

在貧窮的中世紀，劣質麵粉做的麵包可以讓整個社區都頭暈眼花、渾身麻木，帶來致命性後果。對尿液、血液甚至地下人類顱骨的味道進行檢驗可以輔助醫療診斷。貪食泥土又稱為異食癖（pica）或食土癖（geophagy），據說可以攝取有營養的礦物質，這類例子在孕婦中出現的比例更高。醜陋味道對個人求知也有所幫助。威廉・布克蘭博士（William Buckland，一七八四～一八五六）是牛津大學第一位地質學家，在研究糞便化石的時候會親自品嘗所有糞便的味道，例如綠頭蠅、小狗和花園中蝸牛的糞便，還有人戲稱他連國王的心臟都嘗過。布克蘭並不覺得這些味道很醜陋，但歷史記載的是另一種說法。

休・奧爾德西・威廉姆斯（Hugh Aldersey Williams）說：「我們在想像綠頭蠅的大餐或人吃人心臟的做法時會噁心作嘔，這種感覺完全是建立在文化基礎上的，而非我們本性如此。」[142]「醜陋」味道在文化中與詞源學（etymology）緊密相關，來源於「令人恐懼排斥的東西」。

醜陋味道的根基實際上源於現代人對可消解有機物的恐懼。人體中有好幾十億細菌，牽制著體內生態系統。一旦感染食肉菌一類的細菌，可能整個身體都會被侵蝕殆盡。宏觀世界中永恆不變的「弱肉強食」，維持著生態秩序和平衡的生物鏈，而隨著越來越多物種瀕臨滅絕，這種生物鏈也受到威脅，人們開始呼籲拯救那些醜陋的物種。瀕危的北極熊也許是廣受歡迎的代表形象，但《科學美國人》（*Scientific American*）呼籲：「荒謬的動物園：為了免遭滅絕，醜陋動物也需要保護。」[143]生態消耗和經濟消費否認了人類的脆弱以及對其他物種的依賴。

當恐懼折射到超現實領域，醜陋也被賦予一些神話色彩，將善與惡、美與醜、生與靈的概念具象化。除了餓鬼，流行媒體還將吸血鬼和外星人刻畫成捕食人類的危險物件。人們對女鬼和巫婆的認知還徘徊在文化的初始階段，如《馬克白》（*Macbeth*）中的巫婆用大鍋燉煮人體和動物器官。吃人的醜陋情景在多個文化景象中不時出現：如艾斯奇勒斯（Aeschylus）筆下的古希臘悲劇《奧瑞斯提亞》（*Oresteia*）、中美洲（Meso-America）以人為祭的習俗、德國童話《糖果屋》（*Hansel and Gretel*）、哥雅對《農神吞噬其子》（*SaturnDevouring*）的重新構想，以及唐納大隊（Donner Party）的經歷。也許味道本身並不是問題所在（據說人肉和雞肉的味道差不多），但這些代代相傳的故事講述了吞噬他人何以成為人類最醜陋的消費行為。隨著身體開始越過自身邊界，對醜陋的熱烈討論觸及人類自身建構的問題。

醜陋的觸覺：千萬別碰？

在所有感官中，最有可能越界（即轉移）的應該就是觸覺了。觸覺可以滲透至其他感官，因為皮膚是分隔外界和內部的界線。各個器官實際上就是皮膚的延伸。視覺、聽覺、嗅覺和味覺是觸覺的延伸。觸覺可以即刻對醜陋做出回應。觸覺並不僅僅停留在觀察、傾聽，甚至突破界限的嗅聞階段，而是直接跨越分界且深入感知。其涵義與「傷害」緊密相關，哲學家埃萊娜·斯凱瑞（Elaine Scarry）認為這正是「美麗」的對立面。[144]

醜陋的觸覺會留下污漬，造成感染、虐傷或污損。其背後的動機可能在某些文化中不受推崇，但卻在另一些背景中得到同輩的許可，甚至獲得鼓勵。醜陋觸覺可以像環境壓裂或皮膚割裂一樣深入，也可以像灑落的食物和過時的潮流一樣淺顯。[145]這樣的輻射範圍讓「醜陋」觸覺不僅停留在手指和雙手之上，而是覆蓋整個人體。

時尚展現了醜陋觸覺形式萬變的一面。衣服在遮蔽身體多個部位的同時，也以醜陋的方式與人類接觸。除了實用性（例如氣候原因或職業著裝），時尚可能來源於審美探索和文化傳統。表面看來，醜陋的時尚通過視覺來惹人注目，正如奧斯卡典禮舉辦時，很多受人關注的報導都會列出「奧斯卡最醜著裝獎」（Oscar Dresses That Were Downright Ugly）的提名名單。這一獎項的勝出者看起來就像是「變壞的巴伐利亞釀酒妹」或是「被鳥群攻擊的老婦人」。[146]

醜陋的觸覺還可以是各種不舒服的感覺，例如汗溼、瘙癢或黏膩感。女人總在承受時尚「醜陋」標籤下的壓力，模特兒事業幾乎成為飲食失調和身體整形的代名詞；而身體整形也涉及觸覺，例如乳房植入和束腰，以及暴食症和肉毒桿菌注射。據說，十八、十九世紀流行的束身衣會導致體內器官和肋骨發生畸形。

《戴假髮的女人》（*Woman Putting on a Wig*），約19世紀晚期，彩色平版印刷

時尚隨著文化和階級習俗的變化而變化。一八六〇年，科陶德（Courtaulds）紡織工廠要求工人迴避「醜陋時尚」：「像裙撐或襯裙這樣醜陋的裝扮時尚非常不適合本工廠的工作環境……我們要求所有車間的工作人員把裙撐和襯裙留在家裡。」[147]儘管這些時裝在當時的文化環境中很受歡迎，我們還是可以想像穿裙撐在工廠工作的諸多不便，這些蓬起的款式可能會造成嚴重的意外。

從頭到腳，醜陋時尚不光指衣著。頭髮沒有清洗、髮型過時、打理或染色不當也屬於「醜陋」範疇，不僅會「因為壞髮型而心情糟糕一天」，還會染上蝨子。就算沒有頭髮，也會因為難看的假髮而附有「醜陋」涵義。幾個世紀以來，中國女人斷骨纏足，而當時嫵媚迷人的小腳現在看來卻暗含醜陋。這種習俗最初的記載在十世紀，根據傳統，將年輕女孩的雙腳纏緊擠壓變形，變成小馬蹄一樣的形狀，才能穿進鞋匠特製的鞋子中。

然而，就在這種做法仍然延續的時候，人們的看法卻發生了改變，纏足的女性將自己推向「醜陋」之列。根據文化學者王平的描述，社會在二十世紀發生巨變的同時也帶來「強烈的副作用」，許多纏足的已婚女人因小腳被時代淘汰而慘遭丈夫拋棄。[148]還有許多傳承千年的傳統最終引發人們對「醜陋」的思考。在日本，有一種染黑牙齒的傳統，稱作「お歯黒（ohaguro）」或「鉄漿付け（kanetsuke）」，據說這種做法在武士家族中興起，與身分地位緊密相關。為牙齒染色是為了遮住帶有動物特徵的皓齒，同時也可以掩蓋腐壞的牙齒。矛盾的是，這樣的顏色本身看起來就像是腐爛了一樣。這種狀似腐爛的外表也可能是早期防止敵人強姦妻子和孩子的措施。[149]

化妝品不僅在上妝時會有一種特別的醜陋觸感，其成分也存在相同的問題。蘇珊・鄧甯・鮑爾（Susan Dunning Power）根據《哈潑時尚》（*Harper's Bazaar*）的一個建議專欄，在《醜女孩之書，或盥洗室指南》（*The Ugly-girl Papers, or Hints for the Toilet*，一八七四）中提出對使用化學品的擔憂。碳酸銨（carbonate of ammonia）和木炭粉（powderedcharcoal）是「盥洗台上常見的兩種化學製品」，作者對此提出警告：「必須時常服用一些輕微致瀉的藥劑（如通便劑），否則殘留在體內的木炭積少成多便成為腐蝕人體的毒藥了。」[150]

對有毒物質的顧慮一直貫穿著整個化妝品的歷史。古埃及的化妝品中含有砷和鉛，幾個世紀以來，汞一直是製作化妝品的基礎原料。安格斯・特朗布林（Angus Trumble）在研究笑容的歷史時說道：「長期塗抹這些有毒化學品的後果並沒有引起重視，意料之中的是，人們直到一八七〇年代發現夜鶯糞便是更好的美容品時，才終於意識到鉛和汞的毒性。」[151]當文化中的一些美容手段宣稱可以消除醜陋時，為了美麗而犧牲健康似乎值得一賭。如今，把皮膚晒成褐色、吸菸、整容手術所帶來的健康威脅，仍然引發類似的爭議。

對相同事物的認知也許會隨著時間推移而發生改變，但「醜陋」的定義反映出來的是整個文化環境，而非某個特定的個體。一八八一年，威廉・亨利・弗拉沃（William Henry Flower）傾力寫了一部著作《畸形中的時尚》（*Fashion in Deformity*），根據「原始和文明種族的習俗」，專門研究「社群中的大多數而非孤立個體，僅僅在互相模仿中表現出變樣或畸形」。[152]

畸形和醜陋之間緊密的歷史聯繫帶有深層的涵義。弗拉沃對「畸形」的發現讓我們想起其他對「醜陋」的階段性研究，表現主體通常為群體，而非個人。人們用與之相對的表

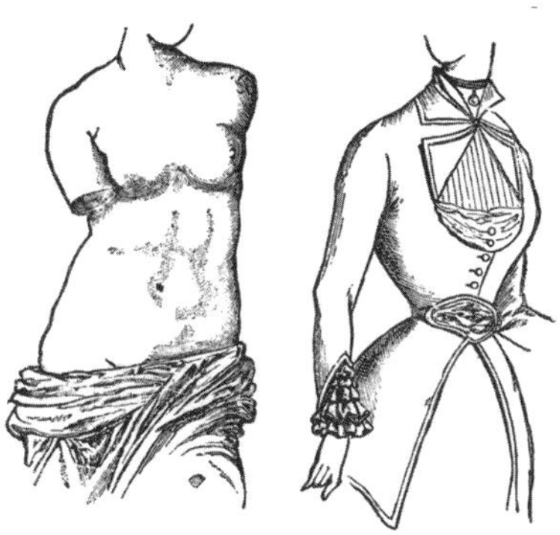
FIG. 4.—Torso of the Statue of Venus of Milo.
FIG. 5.—Paris Fashion, May, 1880.

威廉・亨利・弗拉沃——《畸形的時尚：遠古和文明種族習俗表現》（*Fashion in Deformity: AsIllustrated in the Customsof Barbarous and Civilized Races*），1881

達對其做出評價，有時這些評價甚至十分正面。為了在自身狹隘的文化眼界中對全球情況有一個認知，弗拉沃參考了美國、祕魯和中國文化群體的實際情況，得出結論：「對於裝飾鼻釘、唇釘以及擴張耳洞、塗黑牙齒或壓扁額頭的做法，我們需要停下來想想自己的看法是否站得住腳。然後捫心自問，當我們拋棄自然而採取最傳統的觀念作為美麗的標準定義時，我們在對別人的品味嗤之以鼻的同時，是否也和他們犯了一模一樣的錯誤。」[153]弗拉沃意識到自己將不同的習俗視為「畸形」，開始質疑自己對身體塑形的文化評判，並參與到至今仍在延續的爭論中。而當各式各樣的「畸形」被人們蓄意偷換概念時，爭論點也發生改變了。

在醜陋的文化歷史中，身體塑形留下了濃墨重彩的一筆。其最早出現的紀錄可追溯至三萬年前，人們用手印和赭石沉澱物創作石洞壁畫的同時，就開始用繪畫、紋身、割傷、留疤（將作畫材料揉進傷疤，形成浮雕般的圖案）等方式為身體做裝飾，如同賽博龐克（cyberpunks）和「現代原始人」（modern primitives）這些現代群體採用不同的身體塑形方式來反抗主流文化習俗。[154]

「原始」一詞暗指「歷史之外」，除了最原始的涵義，這個詞囊括許多其他意思，如現代藝術中的原始主義（Primitivism）運動。對「新部落主義」和「異國風情」概念的借用使之脫離祖先留下的傳統，而更偏向自我再創造。社會學家維多利亞・皮茨（Victoria Pitts）認為，這些做法源於「迷失定位的錯覺」，讓人們認為「在後現代文化中，傳統社會制約和技術限制被突破時，我們好像完全獨立的個體，可以隨意選擇自己的身分、身體和文化聯繫」。[155]同時，商業活動就像是一個「再殖民的過程」，通過強化「異國情調」特徵，使自己的文化身分成為可以消費的商品。當遊客在新幾內亞（New Guinea）或其他地方付錢給當地人，讓他們擺姿拍照的時候，「西方旅遊業的醜陋面」便浮現出來，將社會交流轉化為盈利產業。[156]

二〇〇〇年，美國自然歷史博物館舉辦了一場名為「身體藝術：身分的標記」（Body Art: Marks of Identity）的展覽，在紀念品商店中，遊客可以買到巧克力做的紋身、部落面具畫和其他商品。諷刺的是，這種做法恰恰展現了「商業化、盲目崇拜和貶低忽視的趨勢，而這正是展覽要批判的東西」。[157]這樣的文化展覽可能會「令人不安」，不禁讓人想起十九世紀世界博覽會中的少數人群表演，透露著荒誕氣息。當醜陋在不同文化背景中游走時，身體塑型的做法與其意義比起來顯得不那麼重要了。不管這些展覽是一種文化擁護還是文化反抗，它們都將標記者和標記物件置於更廣闊的歷史當中，讓人們的關注點再次回到誰為「醜陋」以及何為「醜陋」的問題上。

在文化展示中，當展示主體重新協調不同的時間空間的時候，感官認知開始顯現出輔助作用。伊莎朵拉．鄧肯在〈未來的舞者〉（The Dancer of the Future，約一九〇二）一文中抨擊芭蕾舞這種古板藝術對女人曼妙身體的摧殘：

> 舞裙和舞蹈服之下，畸形的肌肉在起舞……肌肉之下，畸形的骨骼在起舞。一具畸形的骨架在你面前翩翩起舞……身著錯誤的衣服，跳著錯誤的舞步。[158]

作為「現代舞之母」，鄧肯認為對身體不自然不健康的擺弄是醜陋的，她力圖將舞者和觀眾解放出來。同時，她將斷臂維納斯定義為「理想」身形，間接忽視了另一種審美約束。鄧肯並不關注雕像殘缺的部分，包括缺失的手臂，認為參觀者會依靠想像填補丟失的部位，或認定雕像並非畸形。諷刺的是，與她同時期的其他舞者並沒有身體殘缺之人。

當我們像保護者一樣觸摸殘缺的雕塑時，出現了這麼一個文化問題：什麼應該被「修復」？除非重塑缺失的四肢或毀壞的部位，否則現今的潮流並不贊成替換肢體或遮蓋疤痕的做法。早期人們試圖修復健康女神（Hope Hygeia）雕塑，因為當時覺得破損的雕塑很難看。而添補的右臂、左手以及其他部位之後卻在反修復運動中被管理員拿掉。[159]在之前的修補過程中，為雕像添加缺失的肢體同時，也給雕像造成損害，這種適得其反的侵害性做法本身便是醜陋的。

英國藝術評論家瓦德馬・亞努史塔克（Waldemar Januszczak）將一九三〇年代英國對埃爾金雕塑（Elgin Marbles）的「清洗」比作「一位喪心病狂、兇殘邪惡的交易商」給雕塑「剝皮」，這正是「藝術市場醜陋之人」中的一例。[160]還有人認為，將帕德嫩神廟雕塑（Parthenon Marbles）稱為「埃爾金雕塑」本身就是醜陋的行為，這麼做等於承認了埃爾金的所有權，並將其定義為藝術偷竊。在不同的文化習俗中，醜陋以不同形式出現。在圖書館，用首字母為舊書歸類是一種審核並淘汰舊書的方法，其中「U」代表「Ugly」（醜陋），意指「破舊且難以修復」。[161]

有機材料在人類的各種邊界為藝術品帶來活力的同時也著實留下傷害，最近人們越來越擔憂挪用醜陋概念所帶來的問題。借用評論家羅傑・金博爾（Roger Kimball）一九九七年說的話，膚淺的評論認為「有這麼一條規矩，那便是在拿不準的時候，就直接在作品中加入體液和排泄物。就好像我們覺得藝術只有在令人不適的情況下才稱得上是上乘之作——越不討喜越好」。[162]

很多現代藝術家都在創作時通過不同形式整合身體物質，例如馬克・奎安（Marc

Quinn）和菲爾・漢森（Phil Hansen）在作品中使用血液，安德列斯・塞拉諾和海倫・查德威克（Helen Chadwick）使用尿液創作，皮耶羅・曼佐尼（Piero Manzoni）和克里斯・奧菲利的作品中出現糞便，喬－彼得・威特金和達米安・赫斯特以屍體為創作原料，愛德華多・卡克（Eduardo Kac）和斯特拉克（Stelarc）的創作中則含有轉基因和生物藝術的元素。這樣的作品可能會被稱為「醜陋」，因為它們模糊了藝術和生命之間的界限。

這些看似聳人聽聞的人體材料可能會造成解讀者的恐慌，這樣的概念和材料因其衝擊力而獲得關注，比如用人皮裝訂的書籍。一場名為「感官」（Sensation）的展覽（其中有查里斯・薩奇〔Charles Saatchi〕的作品），在一九九七年轟動了整個倫敦皇家藝術研究院（Royal Academyin London），並於一九九九年在布魯克林藝術博物館（Brooklyn Museum of Art）中再次展出，展覽還為人們對「醜陋」展品可能出現的反應附上一份免責聲明：

> 健康須知：展品可能會給你造成驚恐、噁心、迷惑、恐慌、激動和焦慮情緒。請患有高血壓、神經紊亂或心悸的遊客參觀前徵詢醫生意見。[163]

這場展覽帶來的危險據說主要來自於其中的概念和使用的材料，比起視覺感受，可能給人帶來的更多是觸覺衝擊。當一些評論家對奧菲利用大象糞便創作的〈聖母瑪利亞〉大加嘲諷時，一個搞破壞的人將畫布上的作品塗髒，以接觸並毀壞這樣「褻瀆神靈的行為」。[164] 馬庫斯・哈威（Marcus Harvey）的〈邁拉〉（*Myra*）也成為破壞對象，這幅用兒童指紋繪製的馬賽克風格畫作再現的是兒童連環殺手米拉・韓德麗（Myra Hindley）的肖像。對於醜陋觸感的批評聲和嘲諷聲相互交織，「感官」展覽在博物館中成為傳奇般的爭論焦點，吸引了公眾和商業圈的關注。

我的目的並不是說明醜陋如何成功地成為藝術品。相反，我更關注在對文化提出質疑的過程中，人們在辨別醜陋的同時也與對美麗的崇拜擦肩而過，戴夫・希基和亞瑟・丹托（Arthur Danto）的理論都可以反映這一趨勢。而在反面的另一個極端，醜陋卻成為鬥爭的口號和終結的遣散令。達米安・赫斯特是「感官」展覽重點介紹的另一位藝術家，金博爾稱之為「藝術界的怪才」。[165] 二〇一〇年，藝術評論家喬納森・瓊斯（Jonathan Jones）在《衛報》中對其做出如下評價：

> 拙劣藝術最終都淪為醜陋藝術。不管我們採用什麼樣的措辭，終究會回到美麗和醜陋上面來。我一度覺得赫斯特的理念中含有智慧和情感之美，作品外形也具有美感。但現在他所有的作品都讓我覺得醜陋、醜陋、無比醜陋，只能成為世界上氾濫成災的垃圾品中的一件。[166]

藝術中的醜陋活躍在藝術家工作室與展覽會、拍賣場與設計室之間，在意義不斷被改變、固定，又改變的過程中逐漸成為一種商業標識，具有一種近乎圖騰式的力量。反思後現代設計的趨勢，史蒂芬·海勒（Stephen Heller）嚴厲指責對「醜陋的崇拜」，聲稱這種視覺上的反叛會導致「風格上的矯揉造作」以及實驗性的「極端主義」，使得「流行的醜陋成為一種虛無主義的表現」。[167]在接觸和操作過程中，同時涉及衛生和道德方面的考慮，因此費爾南多·博特羅（Fernando Botero）將自己描繪阿布格萊布監獄的油畫稱為「劇毒之畫」。[168]

縱觀歷史，觸覺總是以「重新定義」醜陋事物的方式出現。一八九〇年，藝術家保羅·高更（Paul Gauguin）提出：「醜陋是個燙手山芋，是現代藝術及藝術評論的試金石。」[169]當馬諦斯的作品在芝加哥首次展出並獲得「醜陋」名聲時，藝術系學生複製了他的〈藍色裸體〉（*Blue Nude*）雕像，在藝術學院前焚燒——也是這個博物館，在二〇一〇年又對他的作品做了重大回顧展出。[170]從古典到近代，從高雅藝術到低俗藝術（例如波士頓的糟糕藝術博物館〔Museum of Bad Art〕），評判藝術的同時也需要對文化進行重新評判。[171]當藝術家和評論家跨越不同「醜陋」的界限時，他們當中比較無所顧忌的人會想起人們對十九世紀一位動物畫家的嘲諷，這位畫家曾說：「我才不怕把手放進去。」[172]

醜陋的觸覺並非總帶有消極涵義。在十六世紀的歐洲，人們相信觸摸死刑犯的屍體可以治癒某些疾病。[173] 歷史中，一些「醜陋」事物具有驅邪的作用，或是通過載歌載舞的聯動儀式將某些東西啟動。在一些萊加藝術（Lega Art）中，藝術品的表面可能會在眾人觸摸的過程中磨損，且手上的油脂也會對藝術品起到滋養作用。[174]

在一年一度的杜爾加女神節（Durga Puja）上，女神像由聖河恆河（Ganges River）岸邊的泥土和稻草雕塑而成，模糊了「潔淨和骯髒之人（物）」之間的界限。[175] 台灣的東港王船祭節，人們會建造一艘巨大的木船，在整個小鎮中遊行而過，蒐集霉運和疾病，然後將其付之一炬。[176] 有時醜陋觸感還是一種經濟方式、謀生之道。撿垃圾、污水管清理以及其他與觸覺有關的活動可能會位列「世界最髒工作」榜單中，就像電視節目《行行出狀元》（*Dirty Jobs*）中展現的那樣。在這些工作中可能會有黏滑骯髒、粗糙不平、未洗過的、坑窪不平、液體滲出以及其他令人不適的觸感，常與某種食物的形態一起出現。而強制勞動、貧窮以及其他社會因素等醜陋面在底下暗潮湧動。

當醜陋向更骯髒的涵義退化時，有人會疑惑這一趨勢是否「未經生命考驗」或是否因生命的力量太強大而不知所措，只能淪為這樣原始的狀態，這讓人們反思自身的文化根源和實質：我們從何而來，如何構成，又歸於何處。[177] 衝擊感和死亡是藝術中常見的核心主題，法蘭西．席得斯（Frans Snyders）的作品〈靜物：市場上的獵物、水果和蔬菜〉（*Still-life*

〈動物和鳥的啃噬〉（*Consumption by Birds and Animals*）是9 幅系列畫《貴婦之死及身體腐化圖》（*The Death of a Noble Lady and the Decay of Her Body*）中的第 6 幅，十八世紀，水彩畫

with Dead Game, Fruits, and Vegetables in a Market，一六一四）以及林布蘭．哈爾曼松．范．萊因（Rembrandt van Rijn）的〈被屠宰的牛〉（*Slaughtered Ox*，一六五五）都為塞拉諾和赫斯特的屍體創作開創先河。[178]

醜陋在跨越不同審美和文化界限的同時，從改造者變為被改造物件，從形容詞轉變為名詞，繼而向動詞靠攏，再次改變自身與其他事物的聯繫，喚醒人們蟄伏已久的認知。當十九世紀的評論家將印象派藝術貶損為「腐爛的肉體」時，他們依據的是那些物質和文化中能跨越生死界線而帶有醜陋觸感的類似作品。掘墓者、殯葬業者與死屍打交道，早期的外科大夫以及解剖學家亦是如此，如為了醫學目的，違抗宗教束縛，掘出罪犯屍體以供人體構造解剖研究的安德雷亞斯．瓦薩里（Andreas Vesalius）。

小說中的法蘭克斯坦醫生挖出罪犯屍體，經過處理、解剖、縫合和復活，最終拼湊成一個怪物。這個故事引發人們對階級、性別、種族、科學以及其他跨分類問題的爭論。從小說到電影，法蘭克斯坦這個名字已經成為造物主和怪物（被描述為「驚人之醜、令人毛骨悚然」）的代名詞，而這兩種形象也在追尋這些問題，一個又一個，直到世界盡頭。[179]

觸感與物質世界緊密聯繫，它有助於將醜陋這一抽象概念實體化。這種聯繫形式多樣，在更廣闊的世界背景中為我們打開思考醜陋的全新方式。建築師尤哈尼・帕拉斯馬（Juhani Pallasmaa）曾說：「所有的感官，包括視覺在內，都是觸覺的延伸。」[180]園丁農民和其他類似職業在挖土的時候不會覺得泥土是「污穢」（帶有醜陋腐敗涵義），而是將其視為滋養植物和動物生命的沃土。在園藝中處處可見不對稱的審美，如日式庭院中的曲徑以及更具野性的英式花園。

醜陋提醒人們意識到自然的輪迴，身體最終歸於塵土。醜陋觸覺在更大範圍內與人們對邊界、污漬和污物的態度以及恐懼緊密相關，這些事物跨越文化界限，讓我們面臨不斷被改變的威脅。醜陋觸覺可能帶有毀滅性後果，但也有可能平息恐懼，比如孩子會緊緊抱著一個可以驅散噩夢的醜娃娃。

第六感：感受即相信？

想像一個噩夢的場景：在一棟廢棄簡陋的房子裡，你在布滿裂縫的混凝土台階上跌跌撞撞，一個趔趄摔下來跪倒在地，冷風從破舊的窗戶溜進來，寒意入骨。周圍充斥著尿騷味，警車鳴笛聲如魔音入耳。那麼，再想想你最喜歡的地方，也許是家，溫暖的走廊通向廚房，晚餐都是你最喜歡吃的東西，香味陣陣飄散，耳邊有音樂迴蕩，心愛的人呼喚著你的名字，還有這個回憶中所有被喚醒的愉快感知。雖然對這兩個虛構地方的描述都很老套，但通過對比可以看到其中深意。它們體現一種建構而成的文化體驗，既不是靜止的，也不是呆滯的。

感官界限持續不斷地互相重合，集成總體的感受。儘管這一章分為醜陋的視覺、聽覺、嗅覺、味覺和觸覺，但在通感這種情況之外，五種感官仍舊共同協作，不可分割。亞里斯多德在《靈魂論》（*De Anima*）中分出五種感知和感覺器官，但經驗告訴我們實際並非如此，因為每種感受都需要依賴多個器官來傳遞。聲音通過耳膜的振動流遍全身；觸感通過手指的接觸而覆蓋整個皮膚表層；視覺超越聽覺、嗅覺、味覺和觸覺可延伸更遠。最近醫學研究還將平衡感、溫度感、本體感和痛感加入感官系統中。

佛教傳統認為人有六種感覺和感官，其中包含了由意識引發的思維。每種感覺創造一種現實感，在這種現實感中，感覺與事物發生聯繫，引發各種解讀，這些解讀也刺激了與視覺、聽覺、嗅覺、味覺、觸覺或思維這些體驗相關故事的產生。[181] 對感官體驗的理解滲透在文化環境中，強化並改變各個文化歷史階段。

和感官體驗一樣，人們通過解讀所創造的現實看起來真實可信，卻也是由文化建構而成的一部分。藝術史學家約翰．克拉克（John Clark）曾說：「現代科學告訴我們世界充滿了細菌和病毒，所以羅馬人認為他們四周有魔鬼環繞。」[182] 再舉個更善意的例子：一個人一開始沒有注意書架上的書，在發現這本書之後走過來，與本書發生接觸。所以我們先講述與這本書相遇的故事，這個故事會影響我們對書中內容的理解，帶有一定文化色彩。更直白來說，當你拿起這本書，它的醜陋可能會喚醒眾多涵義，讓我想起一個朋友跟我說，她在玩「你畫我猜」遊戲（Pictionary）時發生的趣事：當她要畫出「醜陋」這一詞時，筆下出現的是臉上長瘤的老婦人。更令人驚奇的是，其他玩家都據此猜出了「醜陋」一詞。這樣的例子不勝枚舉，與其將這些案例分析集合起來，我更願意追溯與醜陋有關的文化姿態，這些姿態越過那些「醜陋」但又與眾不同的個人和立場堅定的群體，通過將全人類置於同等陣營的「醜陋」感官衝破界限，至少在終為塵土這一點上實現眾生平等。

將身體感官分開討論會讓人陷入一個單純的思維遊戲，完全依賴人們的耳、鼻、口、目、手來逐條記錄那些令人厭惡恐懼的類別。每種感官下的類別終會達到「醜陋」極限，就像是儲藏物品一樣，能把一切變得醜陋無比。歷史學家馬修・巴特爾（Matthew Battle）曾說：「好多人都說網頁上的分類十分荒謬，那些魔爪般的資料庫著實令人厭惡，就算是頂尖學者也會被逼成語無倫次的傻瓜。」[183] 與其像古斯塔夫・福樓拜（Gustave Flaubert）的《布瓦與貝居榭》（*Bouvard et Pécuchet*）一樣創建一個未完待續的編目，我更願意將醜陋分成不同的感官類別，思考這樣的結合是如何在醜化我們預期的同時，將我們與不斷退化又新生的廣闊世界聯繫在一起。

像顱相學家那樣，我在研究過程中也為醜陋感官人為地分門別類，但這個考慮是為了體現這些類別如何同時適應和牴觸分類。感官上的放縱並不是不贊同坎普風（Camp），這種誇張的風格挑戰著傳統審美判斷。一九六〇年代，蘇珊・桑塔格一篇著名的文章對這一主題進行了討論：

> 坎普風違背普遍審美中非好即壞的標準，也不會將事物顛倒黑白。它不認為好人是邪惡的，或壞人是善良的。坎普風認為要為藝術和生活提供更多不同的標準。[184]

雖然這一章並沒有顛倒美醜，也沒有提出其他的標準，卻在「醜陋」感官周圍像繪製地圖般勾勒出不斷變化的文化語境和情境，為這一詞語的意義塑造更多的可能性。

就像身體與被建構的環境不斷周旋，醜陋也有一個空間建構的過程，那麼用建築做比喻也許比地圖更貼切。建築風格中與感官聯繫方面反映出身體與建築間的時間、空間之聯繫。古羅馬建築家維特魯威（Vitruvius）的一個著名觀念就是將人體與建築聯繫起來。[185]文藝復興時期，達文西創作的〈維特魯威人〉（*Vitruvian Man*）在視覺上反映了古代建築理論。數學對稱、「黃金分割」（Golden Mean）或「黃金比例」（Golden ratio），讓與美感和建築相關的概念形成體系，不符合比例就意味著醜陋。

方向上的左和右在很多社會中都具有象徵意義。根據亞里斯多德對畢達哥拉斯（Pythagoras）理論的描述，右可聯想到男性、正直、光明和美好，而左則與女性、彎曲、黑暗和邪惡相關聯。[186]一個建築的設計可以協調或轉變身體與醜陋之間的衝突。十六世紀的解剖學家安德莉亞斯．瓦薩里將身體與建築做對比，討論其中的醜陋元素：「就像人體排泄的糞便與腦中感官相距甚遠那樣，建築師將那些不可避免的難看部分放在離眼睛和鼻孔很遠的地方。」[187]

醜陋滲透到越來越多可被接納的建築情境中。在「崇尚錯亂和醜陋」的文化大環境中，風格主義（Mannerist）建築師米開朗基羅設計的羅倫佐樓梯（Laurentian staircase）將完全不同的設計結構連接起來，空間比例關係錯綜迷亂，對比十七世紀的巴洛克（Baroque）風格有過之而無不及。[188] 隨著古典主義審美在新古典主義時期復甦，十八世紀的藝術和建築仍舊在美麗與醜陋的概念中徘徊，不對稱線條成為關注焦點，在「美麗線條」和「畸形線條」之間搖擺不定。[189]

浪漫主義時期（Romantic Period），人們痴迷於古典的遺存碎片和自然別緻的廢墟殘片，可對應到自然界中形貌相似、彎曲粗糙的特徵。約翰．羅斯金（John Ruskin）在著作《威尼斯之石》（*The Stones of Venice*，約一八五一）中，透過回顧哥德式和文藝復興時期的建築研究醜陋，上至「發展的頂峰」，下至「墮落的低谷」，顛覆了古典主義時期的建築美學概念。[190]

工業革命時期，很多城市變成醜陋的地方，借用埃茲拉．龐德的說法，隨之而來的是審美上的「醜陋崇拜」，以及類似垃圾桶畫派（Ashcan School）的藝術運動。[191] 經歷二十世紀兩次大戰和現代建築的興盛衰落之後，醜陋成為人們試圖美化過程中的附屬品。

約翰．卡爾．華內克（John Carl Warnecke）設計喬治城大學（Georgetown University）中勞因格圖書館（Lauinger Library），粗野派設計風格，1970

儘管粗野派（Brutalist）建築多次被指責為醜陋建築的典型代表，但它們實際上來自被建構的感官參與著這一更大的譜系，這種感官參與可能非常匹配，也可能是可置換的。粗野派由一系列的文化影響催生，例如日本的審美觀和超現實主義，在一九六〇年代被人們批評為「反人類且令人反感，就像類人一樣『粗野』」。[192]粗野派建築師愛莉森和彼得．史密森夫婦（Alison and Peter Smithson）將這場運動的理念描述為直接針對戰後事件、大生產以及興盛的廣告和市場文化中的「造假現象的反感情緒」，試圖表達結構和材料給人帶來的感官感受：「木材的木質，沙子的沙質。」[193]儘管人們努力展現更積極的方面，「類人化」的侮辱還是會在討論醜陋的時候出現。

在建築領域中，「醜陋」特徵還以其他方式體現，其中有「流體建築」（Blob architecture）和城郊散亂的建築。羅賓．博伊德（Robin Boyd）在《澳大利亞之醜》（*The Australian Ugliness*）中將裝飾上的庸俗視為一種醜陋，同理，丹妮斯．斯科特．布朗（Denise Scott Brown）和羅伯特．文丘里（Robert Venturi）也認為拉斯維加斯（Las Vegas）集「醜陋和平庸」於一身。[194] 形形色色的醜陋建築催生出許多派生詞彙，例如「醜陋至極」、「醜上加醜」和「巨醜無比」。[195]

回想古代祭祀驅魔的形象和中世紀怪獸狀滴水嘴的建築結構，更不用提那些異質結構的建築了，建築中對「醜陋」感官的定位不僅能幫助我們建構「醜陋」方面的問題，還能創建那些在不斷變化的世界中推敲意義並與之周旋的主體。

一個多世紀以來，西方對日式建築重燃興趣，使人們對自然材料中的「暗示、無序、單純和易逝」方面加以關注。[196] 與其理念相悖的追求被視為「醜陋」結構，就像十四世紀日本的兼好法師批判的那樣：「房屋經過工匠精心修繕，工匠甚至違逆了自然規則修剪庭院草木，此為醜陋。」[197]

我希望本章對各種感官的分別闡述可以讓我們從熟悉的文化環境中稍微抽離出來，在不同的環境中整合感官體驗，就像穿過一個陌生的建築空間，這個空間仍可以像人類的身體一樣被辨認。[198] 從某種程度上來說，回顧馬克．卡曾斯將醜陋比作「失序之物」的理論讓我們重新審視主體和客體之間的關係，乃至打破「我們」和「他們」之間的界限。還是那個老問題：一個時代如果沒有醜陋是不是就沒有進步？[199] 或者說，醜陋是一種文化探索嗎？

無論是像「音樂宇宙」中的不協調樂音那樣恆久，還是如醜陋分子那般微小，我還是想知道，醜陋作為一種文化特徵是否因為太過平常而被忽視，甚至被複製或消除；抑或是醜陋逐漸堆砌成一座變化莫測的醜陋大山，越來越令人畏懼不前或誘人攀爬。[200]

埃米．斯爾曼（Amy Sillman）——〈我與醜陋之山〉（*Me & Ugly Mountain*），2003，布面油畫

後記

醜陋的我們：一次文化探索？

二〇〇三年，埃米·斯爾曼創作了一幅名為〈我與醜陋之山〉的畫作，左下角有一個小小的卡通人物，身後拖著一根線，連著一個占據半幅畫、如山一樣大的包裹。在極簡的藍白色背景中，小人面帶愁容，甚至泫然欲泣，「醜陋大山」卻色彩紛呈、抽象迷幻。集具象和抽象風格於一體，「醜陋大山」象徵著一種負擔也暗示著藝術影響力的神祕來源，以多彩的方式融入與自身「醜陋」標籤相悖的迷人力量。

海倫·莫爾斯沃夫（Helen Molesworth）館長認為，斯爾曼「不認同任何形式的『非黑即白』」，而是希望通過「並列」的方式將兩種觀點同時包含在內。[1] 一位評論家補充道：「這種二元化並不是絕對的一分為二或截然對立，它對以上兩種觀點是拒絕的。斯爾曼堅持在作品中體現包容的態度，同時又指出人不可能無所不能。」[2] 在很多方面，斯爾曼的〈我與醜陋之山〉揭示了我們自身與醜陋的關係。

面對後現代的醜陋之山似乎與攀爬古代美麗之梯有所不同。柏拉圖在《會飲篇》

（*Symposium*）中提到，蘇格拉底在追隨女祭司狄奧提瑪（Diotima）探索「普世之美」時說，探索者一定要從尋找一個美人開始，然後從一個美人到兩個美人，再到所有的美人，「一級一級攀登天堂的階梯」，接著，從身體美到學堂美，從學堂美延伸至學習，從普遍淺顯的學習到專注於有關美麗本身的特殊知識——直至洞悉美的本質。[3]

柏拉圖的比喻暗示了對醜陋的探索存在一些相似的可能性，雖然這種可能性不太可靠。人們該如何了解醜陋呢？醜陋是否也是一級一級建造而成，由人人相傳，到學堂到綜合學習，再到更大的知識體系？或者醜陋層層堆高，就像斯爾曼的醜陋之山或是移動的垃圾山那樣，時刻會掩埋載體或轟然倒下？又或者醜陋根本就不是上堆，而是下切的狀態，就像從「醜陋之樹」上面下墜，被滾落的「醜陋之石」砸到，而後被「拖入醜陋森林，拋進醜陋之河，匯入醜陋之海」，甚至有可能像但丁《神曲．地獄卷》（*Inferno*）中描述的那樣，不斷下墜，直至地獄的深淵？[4]

儘管人們時常在談論美麗時提到柏拉圖的文章，哲學家克里斯平．薩特韋爾認為這篇文章「卑劣可鄙」：

> 攀登這個醜陋階梯就是在學習憎恨這個世界……在政府機構面前神魂顛倒就已經夠

愚蠢了，而對愛的選擇性提取幾乎是一樣糟糕……愛是能向摯愛之人的特殊性敞開心扉，所以愛並不是挑剔醜陋特點，而是接納醜陋本來的面貌。[5]

即便聽起來有些愚蠢，重點還是要落在「關係」這個問題上，這有利於將醜陋放到文化話語中去討論。幾個世紀以來，在眾多對此觀點的回應裡，波特萊爾在《私密日記》中用輕快的語氣描述愛人臉上因天花而留下的醜陋疤痕，與這種情緒不謀而合。他認為這些疤是她不可或缺的一部分，沒有它們，她便不再完整。[6] 攀爬醜陋山峰也可以像爬上愛人的床第一樣親密。

順著個人、群體和感官主體的脈絡，我更著重於從文化以及身體的角度來看待醜陋，而非審美或哲學方面。這幾點之間確實有相互重合的地方，但我的目的並非是要用絕對的專有名詞來重新定義「醜陋」，而是通過摸索醜陋在不斷變化的歷史中的姿態，在其意義成型或轉變之時，發掘文化行為和文化標誌物所呈現的規律。這一詞語難以捉摸的特性在與主體發生聯繫時尤顯突出，並激發人們對醜陋之處進行重新思考。就像法蘭克．扎帕在〈身體何處最醜陋〉（What's the Ugliest Part of Your Body?）中唱的那樣，身上最醜的地方不是鼻子也不是腳趾，而是「心靈」。本書走進觀察者的所見與本我心靈深處之間存在的廣泛灰色地帶，以說明在特定的文化背景中，任何一個個體都有可能被人視為是「醜陋的」。

比較不同時間地點的醜陋，可以發現醜陋並非一成不變或刻板模式的狀態，而是在聯繫中運轉，不斷在不同的意義間周旋，衝擊文化停滯的狀態。不同人身上攜帶的「醜陋」歷史標籤既是他們的遺贈，也可作為解密醜陋的切入點。由於眾多文化群體在社會和審美邊界受到限制，並「因為人們的恐懼而被歸為醜陋」，我們應該超越「醜陋」分類來對他們進行重新思考。「醜陋」可能會孤立無援，但也可作為集體對抗社會恐懼的衝鋒部隊。我們被一些與醜陋相關的文化界限定義，醜陋在融入和跨越這些文化邊界的同時，也讓我們重新定義醜陋。

古斯塔夫．多勒（Gustave Doré），關於但丁和維吉爾在地獄的景象的插畫，選自《幻象：但丁．阿利吉耶裡的地獄、煉獄和天堂》（*The Vision: or, Hell, Purgatory, and Paradise of Dante Alighieri*），譯者亨利．法蘭西斯．卡里（Henry Francis Cary），1881

醜陋與腐敗和死亡這些自然過程緊密交織，不僅包含文化背景轉變時的貶損特徵，亦如一個充滿不穩定因素的前衛事物一般，給後世帶來變化。隨著醜陋這種緊密聯繫跨越了文化界線，它讓我們明白世間萬物都是相互依存的。鑒於醜陋與人的死亡有密切關係，儘管令人不適，但確實能讓我們保持人性。

令人不適的壓力一直存在。從古到今，人們對待醜陋從來不是同情或關愛地注目，而是轉身離去。文化中的許多醜陋方面都讓人恐懼迴避，其涵義在戰爭、恐怖襲擊、氣候變化和其他方面發生改變，讓人們在想到醜陋時不得不感到恐懼。這個過程看似帶有一種道德感，但是其他對「醜陋」的思考則停留在非道德範疇。

很長時間以來，與「醜陋」相關層出不窮的修飾詞呈現排他的狀態，而非包容萬象，這讓醜陋成為一個麻煩重重的混合體。相較以前，如今醜陋獲得越來越多的關注，並向溫和與適度的積極方向發展。最近的一個「醜陋」藝術展主題為：「醜陋是如此之美！」緊接著，問題出現了：「當我們被令人不快且恐怖可怕的東西吸引時，背後是怎樣的窺伺癖在作祟？這些醜惡恐怖的事物對我們的吸引力來自何方？」[7]在這一主題上，我作為一個矛盾的觀察者並未直接選擇這一話題，而是帶著疑惑逐步接近，其蘊含的力量讓我深為震驚，這種力量模糊了審美和政治之間的界限，為二者帶來新的可能。醜陋按理說是支持多

加百利．佩拉爾（Gabriel Perelle）——〈四月天，廢墟邊的人們〉（*People Near a Large Ruin; Representing April*），約1660，蝕刻版畫

樣性的。

最近人們借用這個詞的涵義並為其發聲，重新認定「醜陋」的價值，貶低其對立面。隨著這個概念在「令人恐懼厭惡」這一本源意義上持續延伸，其背後侵略性的意義讓人們以變化的角度重新審視世界，其中也包括審視「醜陋」事物，從多方面解讀並辨清各種因素的存在與偶然，這些因素包括讓我們感到恐懼的事物、我們本身害怕的事物以及本來無需恐懼的事物。

早在十一世紀，教科書中會出現怪物的圖片，配有片段性的描述文字，如此設計旨在讓人於練習過程中形成認知規律。這些「怪物」練習題需要將不完整的圖片和分開的文字重新組合，才可以得到邏輯正確的答案，在這個過程中人們可以用全新的眼光審視熟悉的事物。這些殘缺不全的形象在當時那個盛行描述雜交物種的時代可能會被貼上「醜陋」的標籤。中世

紀科學理論提出，不同的觀察方式可以在記憶和想像之間運作，這種關於怪物的練習「作為一種思考的前奏會引發焦慮」。[8]

醜陋不斷把觀察者牽引至不同文本或不同片段的聯繫中，在吸引力和排斥感的同時作用下對讀者提出挑戰。當主體將客體定義為「醜陋」時，不管是無理取鬧還是無意為之，都意味著物體的外形可能過於浮誇或缺乏亮點。醜陋以物質世界為基礎，同時又保持既模糊又可塑的概念性，幾乎可以修飾任何事物：醜陋的歌曲、醜陋的建築、醜陋的想法、醜陋的女人。醜陋具有關聯性。因此，本書也將重點放在這些聯繫上：走近「醜陋」個人，而後轉向「醜陋」群體，再到「醜陋」感官，以突破它們自身與他者之間的界限。如歷史所現，那些在文化中受到「恐懼厭惡」的事物隨時間地點的改變而發生變化，與此同時，一些值得注意的模式也隨之浮現。

有關怪物的練習以及錯位的文字提出了一個極有吸引力的問題，我希望以此作為本書的總結：寫作可以是醜陋的嗎？除了粗俗的詞語甚至是怪異的字體，醜陋文本是以怎樣的內容和形式出現的？在思考醜陋的文化史時，我在想這本書會不會也是規範文辭包裹下的醜陋怪物。很多讀者會覺得這本書在某些方面是醜陋的。他們可能會因為一些醜陋話題沒有得到足夠重視而感到失望。為什麼沒有提到「醜陋的恐怖主義」、「醜陋的性感」或狄奧多．阿多諾（Theodor Adorno）的「政治醜陋」？[9] 也許讀者想看到更多「醜陋」人物，比如匈奴人阿提拉（Attila the Hun）或鐘樓怪人（Hunchback of Notre Dame），還想看到像伊曼努爾．康德（Immanuel Kant）、大衛．休謨（David Hume）或是弗里德里希．尼采（Friedrich Nietzsche）這樣的哲學家以及從事與「醜陋」相關的創作的藝術家和作家，例如馬蒂亞斯．格呂內瓦爾德（Mathias Grünewald）、愛德格．愛倫．坡（Edgar Allan Poe）、盧西安．佛洛伊德（Lucian Freud）、戴安娜．阿勃斯（Diane Arbus）、J．G．巴拉德（J. G. Ballard）等等。

有些讀者可能還希望本書可以理論化地做出一個完整的醜陋譜系歷史，如果可能的話，要像我們談到的那樣變化多端。然而，本書的重點並不是用絕對化的術語來講述。莊子在描述醜陋時提倡「予嘗為女妄言之，女亦以妄聽之奚」。[10] 在思考「妄言」和「妄聽」的同時，我也在思索這本書寫作風格的「醜陋」，並希望以與「醜陋寫作」相關的解釋來作為結尾。

在任何批判性訓練中，蒐集整合材料這個過程會呈現許多不同的方法和觀點。這些觀點有些可以接受，有些卻因為背景環境和論證方式的原因而有失偏頗。喬治．歐威爾毫不客氣地指出：「愚蠢的思維導致語言失真，粗糙的語言又是愚蠢思維的罪魁禍首。」[11] 一些醜陋的失誤就像是「失序之物」，小至編輯疏忽（如馬虎粗心、拼寫錯誤、引用錯誤、標題丟失或內容不可信），大到文章核心結構問題（比如文題錯位、註解錯位或徹底跑題）。作者的決策錯誤或粗心大意可能給讀者帶來麻煩，讓他們在閱讀時不得不在頁邊加上問號、糾正和做筆記，甚至塗改一氣，思考另一種語言表述。

這種微不足道的醜陋錯誤可能會毀掉一部作品，但還有一些錯誤會造成更為棘手甚至是無可挽回的後果。蒙田曾說自己的作品是由「不同片段拼湊而成的怪異整體，完全隨機組合，沒有固定形式，沒有先後順序，也不成比例」。[12] 蒙田的《隨筆集》記錄日常瑣事（收錄一些引文語錄和平常事物），在早期現代化閱讀習慣的基礎上發展了此類體裁。隨著時

科內利斯·弗洛里斯二世（Cornelis Floris II）——〈荒誕〉（*Grotesque*），直紋紙雕刻，1557

間推移，約翰・大衛・羅茲（John David Rhodes）在〈醜陋話語〉（Talking Ugly）一文中指出，近代學術術語哪怕只是在蹩腳地談論新興事物（也許這正是原因所在），也不過是「一堆粗野的新詞堆砌」。[13] 積極和消極屬性之間的矛盾與早期對醜陋的藝術思考不謀而合，努力在變化的世界中超越靜止不變的概念，這個過程本身遠比最終結果重要。

一些理論家在語言中摸索出「醜陋」機制的大概輪廓。米哈伊爾・巴赫京論述過小說的「畸形」體裁，在這種體裁中，多語言環境讓語言保持開放流動的狀態，而非封閉的體系。[14] 安托・萬伯曼（Antoine Berman）概述過翻譯中的「畸變趨勢」。[15] 傑爾姆・麥根（Jerome McGann）和麗莎・撒母耳斯（Lisa Samuels）提倡「變形閱讀」，即對詩歌和文章進行專門誤讀（如從末尾行開始讀到第一行），多面向地解讀文章意義。

蘇珊・史懷克（Susan Schweik）在對十九世紀《醜陋法》（*Ugly Laws*）的思考中，將「畸形」定義為「矯正缺陷的排演」，其涵義有：「將『疾病、殘疾、傷殘及其他形式的畸形刻意地、強制性地在公共場合暴露』──即隨時可能被改造。」在此，「醜陋」一詞在文化上被賦予貶損的涵義。[16] 類似編輯文字、修整詩歌、分解精美的文集或將文章東拼西湊這些寫作方式以及其中的限制讓人們看到更多語言中的醜陋。

隨著語言跨越物質和電子兩個領域，其他類型的醜陋浮現出來，如與「失焦美學」有關的「網路醜陋」（Internet Ugly）。[17]當文章故意以錯亂的順序呈現時，人們會將其視為「難以理解」或「胡言亂語」。有時這可能是為形式和內容精心設計的相互關係。羅斯瑪麗．伍爾夫（Rosemary Woolf）在分析中世紀戲劇時發現一樁趣事：

將形式對稱的詩節打散成碎片，就可以看出惡魔的卑鄙和畸形，這些碎片就像惡魔在混沌的地獄中打鬥時，嘴裡嘶喊著零星喧鬧的話語。[18]

這些胡言亂語在書面和口頭表達中均有出現。最近的一些觀點將對文章的醜陋處理推入「無形」的領域，與藝術展十分接近。例如，在愛德．魯沙（Ed Ruscha）的作品《液體文字》（*Liquid Words*）中，詞在平面上如水流滴落或散開，以此作成一系列畫作，而在這些作品中，概念化的物質遠比內容重要。[19]

在設計領域，文字部分同時也帶有「視覺叛逆」，再次掀起一種「醜陋熱潮」。評論家斯蒂芬．海勒說：「圖像的層疊、方言的混合、低解析度的翻印以及不同形式和字母的失調混合，一下子給主流審美觀帶來挑戰，提出全然不同的範例，這種非傳統格局的出現既可以有目的地通過一系列非線性的方式引導人們的視覺觀察，也可能會造成誤導。」[20]

困惑與了然、清晰與模糊之間的界限最終是平行的，和人們對美醜分化的分歧極其相似，在分歧中有人將醜陋和無意義、庸俗、無趣、平庸及無關緊要等意義聯繫在一起。[21]

與其將這些涵義像一攤爛泥一樣攪在一起，我更傾向於將討論重點放在「醜陋」的各種聯繫問題上。像灰姑娘辛德瑞拉和白雪公主這樣的角色，真的需要繼母帶來的姐姐或是壞王后的醜惡來襯托她們的美麗嗎（反之亦然）？這種關係背後隱藏的是什麼？雖然一些歷史文體已經積累了許多有關醜陋的比喻用詞，但醜陋的多重涵義已經不僅僅是停留在「令人恐懼排斥」這個層面上，也不拘泥於美麗、和善以及其他眾多涵義，而是在世界發生改變時，在那些看似是對立的灰色地帶中浮現。

在寫這本書時，我的主題就像埃米．斯爾曼那幅畫中的「醜陋大山」，或是保羅．克利（Paul Klee）筆下的天使所見證的歷史殘骸一樣在腳邊越堆越高。[22]同時，我也親眼見到了作曲家查理斯．休伯特．H．帕里描述之反覆出現的富有生命力的特徵，如果沒有醜陋，他寫道，「社會與審美的各個方面都不會有任何進步，我們會被壓在重重陳腐舊例的五指山下」。[23]醜陋的主體無窮無盡，它可以修飾任何事物，在不斷與關於它的觀點上反覆周旋。

十九世紀的浪漫主義對考古遺跡和廢墟的關注為現代和後現代實踐奠定了基礎，例如拼貼藝術、隨機拼裝、臨摹、混搭、重組以及其他組合過程，甚至還有一些令人迷惑的藝術風格。儘管混亂的語言有時可能因為「醜陋」而遭到禁絕，但審美的超載還是會引發一些文化問題。當作家想要打破語法和體裁限制時，會有許多與修辭解構有關的文化思考浮現出來。芭芭拉．約翰遜（Barbara Johnson）在〈詩化語言的破壞〉（Disfiguring Poetic Language）一文中質疑道：

> 如果曲解詞義是一種修辭手段，修辭也像歪曲詞義那樣，那麼修辭學研究就不再是一項次要瑣碎的事務……，修辭法難道不就是抹去主體和客體、相同與對立之間的差異，讓文章具有能解釋我們的怪異能力嗎？[24]

約翰遜雖然沒有用到「醜陋」這一詞，卻引出了這一涵義。醜陋反抗一成不變的修辭比喻，不斷改進客體和主體之間的空間，暗示在醜陋面前語言的使用和濫用可能會導致「失序之物」，同時對我們在這混雜情境中的立場保持懷疑。

在詞源學層面，研究物件從醜陋的修辭提升至話語中的醜陋修辭。身體安裝義肢可能引發「醜陋」聯想（正如一家公司聲稱：「我們想證明義肢不一定都很難看」），但是「假肢」（prosthesis）一詞同時還指一種語法結構，本意為「在詞彙前添加音節」。[25]阿拉伯語中，用來指「獨眼」或「單隻眼盲」的詞彙「a'war」與「'awa- r」（瑕疵）和「'awra」（生殖器、女人或女聲）這兩個詞的詞根相同，都帶有羞恥和缺陷的涵義。[26]古希臘的「咒罵儀式」（aischrologia）會讓女人們說出羞恥淫穢的「醜陋言語」，且古代醫學理論認為女人有兩張嘴，一張用來說話，一張是生殖器，「kakophony」（刺耳的音調）這一詞的本意便是「兩張嘴同時說話」。[27]

由於語言帶有文化背景的痕跡，醜陋和文化群體之間的聯繫會通過語言層面滲透入我們日常使用的詞彙當中。我在本書中使用了很多翻譯材料，但是翻譯會導致涵義的丟失，因為轉換過程中衍生涵義或替代涵義會脫離原意，甚至會導致錯誤解讀或交流誤導，這也可能是「醜陋」的一部分。

透過對醜陋的解析和這些混合體裁，許多新的聯繫出現了。在文化歷史角度中，多語言文本尋求一種多體裁的創新評論，為人們帶來一種混合或融雜的體驗。韓國作家車學敬（Theresa Hak Kyung Cha）的小說《聽之任之》（*Dicteé*，一九八二）以及格洛麗亞·安札杜爾的《邊疆》（*Borderlands/La Frontera*，一九八七）是兩個典型的例子。

多樣性也是後現代運動的標誌，人們開始質疑歷史敘述，好像那些毫無關聯的因素會在打亂順序和拼貼組合之後被重新定位。有些讀者拒絕接受這些變形的語言形式。有人認為二十世紀中期的「潛在文學創作實驗工廠式」（Oulipo）寫作手法是「文學錯亂的怪物」，是「文學瘋癲」和「離經叛道」的產物，應該被消除。而喬治・佩雷克（George Perec）提出抗議，將自己在圈子內部創作的「被限制的」文章與弗朗索瓦・拉伯雷以及勞倫斯・斯特恩（Laurence Sterne）的作品進行比較。他的小說《消失》（*La Disparition*，一九六九）中通篇沒有「e」這個字母，這種創造性的限定規則在其英譯版《一個空白》（*A Void*）中也有所體現。佩雷克認為，作家必須「打破對稱，將一些錯誤帶入這個系統當中，因為這裡同時應該存在對限制的反抗……應該在這方面發揮作用，讓體系稍微運轉不靈，就像伊比鳩魯原子理論（Epicurean atomic theory）所說的：『世界之所以能運轉，是因為外界存在不平衡。』」[28]形式上的不對稱或失衡可以透過多種方式在文字中表現出來。

詩歌方面，查爾斯・伯恩斯坦（Charles Bernstein）在思考創新時，尊崇的是「引導文本結構的是失誤而不是功能性」這一實用說法。[29]這種觀點在許多領域都有反響。生物學中，路易斯・湯馬斯（Lewis Thomas）認為「失誤是我們物種的基石」。[30]

對於醜陋寫作來說，所有這些過程都歸結於一個問題，那便是文字如何自我支撐或挑戰那些帶有文化偏見的文化形式？大衛．米切爾（David Mitchell）和莎倫．斯奈德（Sharon Synder）認為，敘述的問題可一直追溯至古代的「敘述中的假體」，根據當時的描述，「所有敘述的目的都來自於人們補償不足或限制過度行為」。[31]如果敘述的根基被拖進「醜陋」的這篇後記只是簡要分析了地域，該如何看待本書以及其他著作的醜陋呢？

文化偏見影響至深，但差別微妙的文字醜陋可以通過類似「美妙的醜陋」（jolielaide）這樣的影射表現出來。「美妙的醜陋」這個誕生於法國的概念可以追溯至十八世紀，通常用來形容人的身體。根據作家黛芬妮．梅金（Daphne Merkin）的說法，這個詞語本意為「不規則的詩意」，目的在於「接納視覺失衡的審美愉悅，跳出本能的觀察評估習慣」。[32]這點與古希臘和中世紀阿拉伯的醜化美麗以及美化醜陋的做法有所區別。

「美妙的醜陋」不需要通過人為改造來展現魅力。如前文所述，日本的「侘寂」概念追求的是自然缺陷和短暫易逝所帶來的美感。日本的陶器、納瓦荷的毛毯、伊斯蘭的字體、艾美許（Amish）的被子圖案以及土耳其的造船技術等不同傳統，據說都帶有「有意的殘缺」或「節制的意外」，看似是錯誤或失誤，但卻有不同潛在目的：出於審美目的的不對稱；凸顯藝術家的整體技能；預留提升空間，讓人們的感情隨著圖案浮動；展現謙恭的態度，不與神聖的完美較量；或是具有個人風格的鮮明特色。上文提到的例子也許不完美，但學術研究在某種程度上恰恰需要這種不規則的詩意，甚至還需要失序之物，因為醜陋會激勵讀者對是否合適或不足進行反覆思考，同時利用已經建立好的方法來驗證不斷出現的內容和形式。

這篇後記只是簡要分析了「醜陋寫作」的冰山一角——這一結論在表面上對本書單一視角的敘述提出挑戰。《醜陋史：神話、畸形、怪胎秀，我們為何這樣定義美醜、製造異類？》表面上淺顯易讀，但旨在引出更混亂的內容，這樣讀者在挖掘自己對醜陋的看法以探索眼前呈現的內容時，可能也會有「骯髒」的體會。這裡我還是要再次引用《愛麗絲夢遊仙境》中獅鷲提出的問題：「從沒聽說過醜術？……你大概知道美術是什麼意思吧？」[33] 越過「美醜」這兩個受到同種引力牽制的二元概念，本書試圖在不同的文化背景中對醜陋進行探索。

另一方面，這本書也許因為摒棄了評論以及融雜了其他體裁甚至其他媒介，會被認為是醜陋的，它強調物質和數位化的探索，解構人們對「醜陋」及其變化環境的預期，將深受「醜陋」傳統解讀影響的讀者裹挾而入。正如馬歇爾·麥克魯漢（Marshall McLuhan）的著名觀點所說，如果媒介也是一種資訊，那麼一本關於醜陋的書就不僅僅是一次智力活動。[34] 我希望在總結時提出關於「醜陋」文本的簡單假設可以讓人們不單只是關注眼前所見的內容，同時也要注意到本書中無法覆蓋的知識。

「未完成的作品」也被視作另一種醜陋。[35]通過對醜陋的文化意義進行再三思考，我們可以超越「醜陋」個人、群體和感官特徵來追溯醜陋的概念化形態，從其他方面繼續追尋這種形態，且在塑造文化意義的過程中找到自己的角色。深入了解醜陋可以讓被冷落的知識被人重視，（重新）擺脫那些限制，（重新）定義醜陋，為（解構）建構傳統習俗提供全新方式。小說家維克多·雨果認為：「從最簡單的角度看，美麗不過是一個形式；醜陋則是我們難以察覺的巨大整體的細節，它不附和人類，而是與所有的創造達成和諧。因此，它呈現在我們面前的總是全新而不完整的一面。」[36]至此，結束似乎更像一個開始，我無從知曉醜陋是什麼樣的一種文化探索，但我相信，醜陋所提出的問題有巨大的研究空間，醜陋改變我們的同時，我們也正在改變著醜陋。

The quotation on p. 2 is from John R. Clark, Looking at Laughter: Humor, Power, and Transgression in Roman Visual Culture, 100 bc–ad 250 (Berkeley and Los Angeles, ca, 2007), p. 65.

Introduction: Pretty Ugly: A Question of Culture

1 | Sarah Kershaw, 'Move Over, My Pretty, Ugly Is Here', www.nytimes.com, 29 October 2008.

2 | See 'ugly', www.oed.com, accessed 25 April 2011.

3 | Kathleen Marie Higgins, 'What Happened to Beauty? A Response to Danto', in Beauty: Documents of Contemporary Art, ed. Dave Beech (Cambridge, ma, 2009), p. 34.

4 | See Mark Cousins, 'The Ugly', in Beauty, ed. Beech, p. 145; and John Hendrix, Platonic Architectonics: Platonic Philosophies and the Visual Arts (New York, 2004), p. 139.

5 | See 'ugly', www.oed.com, accessed 25 April 2011.

6 | Lewis Carroll, Alice's Adventures in Wonderland and Through the Looking Glass (New York, 1960), p. 91.

7 | Voltaire, 'Beauty', Philosophical Dictionary (1764), quoted in Ruth Lorand, Aesthetic Order: A Philosophy of Order, Beauty and Art (London, 2000), p. 228.

8 | Umberto Eco, 'On the History of Ugliness', www.videolectures.net, 14 December 2007.

9 | Crispin Sartwell, Six Names of Beauty (New York, 2004), p. 114.

10 | Mark Cousins, 'The Ugly: Part 1', aa Files, i (1994), p. 63.

11 | Dave Hickey, The Invisible Dragon: Four Essays on Beauty (Los Angeles, ca, 1993), p. 6.

12 | See Caroline O'Donnell, 'Fugly', Log, xxii (2011), p. 101.

13 | Plato quoted in Andrei Pop and MechtildWidrich, eds, Ugliness: The Non-beautiful in Art and Theory (London, 2014), pp. 3, 9.

14 | Mark Cousins, 'The Ugly: Part iii', aa Files, xxx (1995), pp. 65–8. See also O'Donnell, 'Fugly', p. 97; and Mary Douglas, Purity and Danger: An Analysis of the Concepts of Pollution and Taboo (London, 1966), p. 36.

15 | For background on 'ugly feelings' see Sianne Ngai, Ugly Feelings (Cambridge, ma, 2004).

16 | See Gretchen E. Henderson, 'The Ugly Face Club: A Case Study in the Tangled Politics and Aesthetics of Deformity', in Ugliness, ed. Pop and Widrich, pp. 17–33.

17 Aristotle quoted in Rosemarie Garland-Thomson, Extraordinary Bodies: Figuring Physical Disability in American Culture and Literature (New York, 1997), p. 20.

18 Samuel Johnson, A Dictionary of the English Language (London, 1785). See Roger Lund, 'Laughing at Cripples: Ridicule, Deformity and the Argument from Design', Eighteenth-century Studies, xxxix/1 (2005), pp. 91–114.

19 See Bridget Telfer, Emma Shepley and Carole Reeves, eds, Re-framing Disability: Portraits from the Royal College of Physicians (London, 2011), pp. 20, 25.

20 Susan M. Schweik, The Ugly Laws: Disability in Public (New York, 2009).

21 Jorn quoted in O'Donnell, 'Fugly', p. 100.

22 Quoted in Ian Dunlop, The Shock of the New (London, 1972), p. 189.

23 Dunlop, The Shock of the New , p. 246.

24 Isadora Duncan, 'The Dancer of the Future', in The Twentieth-century Performance Reader, ed. Teresa Brayshaw and Noel Witts (New York, 2014), p. 165.

25 Kenneth B. Clark and Mamie P. Clark, 'Racial Identification and Preference in Negro Children', in Readings in Social Psychology, ed. Eleanor E. Maccoby, Theodore M. Newcomb and Eugene L. Hartley (New York, 1958), p. 611.

26 David Horvath and Sun-Min Kim, Ugly Guide to the Uglyverse (New York, 2008).

27 See Kershaw, 'Move Over, My Pretty'; and Ann Oldenburg, 'The Fight for Female Self-esteem Gets Pretty Ugly', www.usatoday.com, 21 December 2006.

28 See Katharine A. Phillips, 'Body Dysmorphic Disorder: The Distress of Imagined Ugliness', American Journal of Psychiatry, cxlviii/9 (1991), pp. 1138–49; Linda S. Kau man, 'Cutups in Beauty School – and Postscripts', in Interfaces: Women, Autobiography, Image, Performance, ed. Sidonie Smith and Julia Watson (Ann Arbor, mi, 2002), p. 107; and Charles Hall, 'Surgery as Satire', British Medical Journal, cccxiv/7041 (1996), p. 1308.

29 Anthony Synnott, 'The Beauty Mystique', Facial Plastic Surgery, xxii/3 (2006), pp. 171–2.

30 See John R. Clark, Looking at Laughter: Humor, Power, and Transgression in Roman Visual Culture, 100 bc–ad 250 (Berkeley, ca, 2007), p. 64.

31 Jonathan D. Spence, The Memory Palace of Matteo Ricci (New York, 1984), pp. 5–6.

32 GiambattistaVico, Principles of a New Science (1759), quoted in Rem Koolhaas, Delirious New York: A Retroactive Manifesto for Manhattan (New York, 1994), p. 9.

33 Charles Hubert H. Parry, 'The Meaning of Ugliness', Musical Times, lii (1911), p. 508.

34 | Roger Fry, A Roger Fry Reader, ed. Christopher Reed (Chicago, il, 1996), p. 65.

1 Ugly Ones: Uncomfortable Anomalies

1 | 'Dumb Docs Shouldn't Monkey Around', Weekly World News, 8 November 1988, p. 23.

2 | The caricature of Darwin appeared in The Hornet, 22 March 1871. Ennius quoted in Raymond H. A. Corbey, The Metaphysics of Apes: Negotiating the Animal-human Boundary (Cambridge, 2005), p. 8.

3 | See Bridget Telfer, Emma Shepley and Carole Reeves, eds, Re-framing Disability: Portraits from the Royal College of Physicians (London, 2011), pp. 20, 42–3.

4 | Naomi Baker, Plain Ugly: The Unattractive Body in Early Modern Culture (Manchester, 2010), p. 7.

5 | Rebecca Stern, 'Our Bear Women, Ourselves: Affiliating with Julia Pastrana', in Victorian Freaks: The Social Context of Freakery in Britain , ed. Marlene Tromp (Columbus, oh, 2008), p. 203. See also Lennard Davis, 'Nude Venuses, Medusa's Body, and Phantom Limbs: Disability and Visuality', in The Body and Physical Di erence: Discourses of Disability, ed. David T. Mitchell and Sharon L. Snyder (Ann Arbor, mi, 1997), pp. 51–70.

6 | See 'ugly', www.oed.com, accessed 25 April 2011; and Claus Bossen,'Ugliness', in The Oxford Companion to the Body, ed. Colin Blakemoreand Sheila Jennett (Oxford, 2001), p. 699.

7 | Robert Garland, The Eye of the Beholder: Deformity and Disability in theGraeco-Roman World (London, 2010), p. 4.

8 | Martha Rose, The Sta of Oedipus: Transforming Disability in AncientGreece (Ann Arbor, mi, 2003), p. 12. See also Garland, The Eye of theBeholder, p. 76.

9 | Garland, The Eye of the Beholder, p. 88. See also InekeSluiter and RalphM. Rosen, eds, Kakos: Badness and Anti-Value in Classical Antiquity(Leiden, 2008).

10 | Garland, The Eye of the Beholder, p. 5.

11 | Johann J. Winckelmann, Winckelmann: Writings on Art, ed. David G.Irwin (London, 1972), pp. 62–3.

12 | Richard Sullivan, 'Deformity: A Modern Western Prejudice with AncientOrigins', Proceedings of the Royal College of Physicians of Edinburgh, xxxi/3(2001), p. 262.

13 | Garland, The Eye of the Beholder, p. 42.

14 | Tzetzes quoted ibid., pp. 23–4.

15 | Edward Howell, ed., Ye Ugly Face Clubb, Leverpoole, 1743–1753(Liverpool, 1912), p. 25.

16 | See Lisa Trentin, 'Deformity in the Roman Imperial Court', Greece andRome, lviii/2 (2011), pp. 202–3; and Roger Lund,

'Laughing atCripples: Ridicule, Deformity and the Argument from Design',Eighteenth-century Studies, xxxix/1 (2005), pp. 94–5.

17 Homer, The Iliad and The Odyssey of Homer, trans. Richard A. Lattimore(Chicago, il, 1990), pp. 384–95. Excerpts come from Book ix, lines292–3. See also Irene J. F. De Jong, A Narratological Commentary in theOdyssey (Cambridge, 2001), pp. 221–49.

18 Homer, The Odyssey , 9.289.

19 Ibid., 9.187–91, 215, 230, 235, 257, 272, 287, 295, 351, 368, 423, 428,490, 494.

20 Ibid., 9.408.

21 Euripides quoted in David Creese, 'Erogenous Organs: TheMetamorphosis of Polyphemus Syrinx in Ovid, Metamorphoses 13.784',Classical Quarterly, lix/2 (2009), p. 565. See also Garland, The Eye of theBeholder, pp. 91–6.

22 Martial quoted in Garland, The Eye of the Beholder, p. 46.

23 Rosemarie Garland-Thomson, 'The Beauty and the Freak', in Points ofContact: Disability, Art, and Culture, ed. Susan Crutchfield and MarcyJoy Epstein (Ann Arbor, mi, 2006), p. 183.

24 See Kathryn Chew, 'Erichtonius' and 'Hephaestus', in Gods, Goddesses, andMythology, ed. Scott Littleton (Tarrytown, ny, 2005), pp. 486–7, 6 45–9.

25 Aristotle quoted in Marie-Helene Huet, Monstrous Imagination(Cambridge, ma, 1993), pp. 3–4.

26 Benjamin H. Isaac, The Invention of Racism in Classical Antiquity(Princeton, nj, 2004), pp. 200–201.

27 Lavater quoted in Ronald Paulson, Rowlandson: A New Interpretation(New York, 1972), p. 66.

28 Henri-Jacques Striker, 'Western Antiquity: The Fear of the Gods', in A History of Disability, trans. William Sayers (Ann Arbor, mi, 1999), p. 40.

29 Sullivan, 'Deformity', p. 262.

30 Dorothea Arnold, The Royal Women of Amarna: Images of Beauty fromAncient Egypt (New York, 1996), p. 19. See also Serge Fisette, 'On thePraise of Ugliness?',Espace, lxxix (2007), p. 13.

31 David D. Gilmore, Monsters: Evil Beings, Mythical Beasts, and All Manner of Imaginary Terrors (Philadelphia, pa, 2005), p. 4.

32 Stanley Diamond, 'The Beautiful and the Ugly Are One Thing, theSublime Another: A Reflection on Culture', Cultural Anthropology, ii/2(1987), p. 269.

33 Horace, Horace: Satires, Epistles, and ArsPoetica, trans. H. RushtonFairclough (Cambridge, ma, 1966), p. 451.

34 | See Margaret Schaus, ed., Women and Gender in Medieval Europe (NewYork, 2006), p. 38.

35 | Soranus quoted in Garland, The Eye of the Beholder, p. 151.

36 | Katherine Angell, 'Joseph Merrick and the Concept of Monstrosity inNineteenth Century Medical Thought', in Hosting the Monster, ed.Holly Lynn Baumgartner and Roger Davis (Amsterdam, 2008), p. 144.

37 | Robert G. Calkins, Monuments of Medieval Art (Ithaca, ny, 1985), p. xix.

38 | Marina Warner, Fantastic Metamorphoses, Other Worlds: Ways of Tellingthe Self (Oxford, 2002), pp. 17–18.

39 | Caroline Walker Bynum, Metamorphosis and Identity (New York, 2001),p. 84.

40 | St Bernard of Clairvaux quoted in Gregorio Comanini, The Figino, orOn the Purpose of Painting: Art Theory in the Late Renaissance, ed. AnnDoyle-Anderson and Giancarlo Maiorino (Toronto, 2001), p. 67.

41 | Augustine quoted in John Kleiner, Mismapping the Underworld: Daringand Error in Dante's 'Comedy' (Stanford, ca, 1994), p. 126.

42 | Thomas Hahn, ed., The Wedding of Sir Gawain and Dame Ragnell, in SirGawain: Eleven Romances and Tales (Kalamazoo, mi, 1995), pp. 41–80.Excerpts include lines 228–9, 699, 710.

43 | Ibid., lines 231–42, 449, 310, 316.

44 | Ibid., lines 245, 249, 556.

45 | Ibid., lines 91, 423.

46 | Ibid., line 644.

47 | Mary Leech, 'Why Dame Ragnell Had to Die', in The English 'LoathlyLady' Tales: Boundaries, Traditions, Motifs, ed. S. Elizabeth Passmore andSusan Carter (Kalamazoo, mi, 2007), pp. 213–34.

48 | See Wendy Doniger, TheBedtrick: Tales of Sex and Masquerade (Chicago,il, 2000), p. 146.

49 | Doniger, TheBedtrick, pp. 141–2. See also Ananda K. Coomaraswamy,'On the Loathly Bride', Speculum, xx/4 (1945), pp. 391–404.

50 | See Lorraine Kochanske Stock, 'The Hag of Castle Hautdesert: TheCeltic Sheela-na-gig and the Auncian in Sir Gawain and the GreenKnight', in On Arthurian Women: Essays in Memory of Maureen Fries, ed. Bonnie Wheeler and Fiona Tolhurst (Dallas, tx, 2001), pp. 121–48.

51 | Anonymous, A Certaine Relation of the Hog-faced Gentlewoman CalledMistrisTannakinSkinker (London, 1640), www.proquest.com, accessed3 August 2012.

52 | Betsy Hearne, ed., Beauties and Beasts (Phoenix, az, 1993), pp. 131–8.

53 | Lori Baker-Sperry and Liz Grauerholz, 'The Pervasiveness andPersistence of the Feminine Beauty Ideal in Children's Fairy Tales',Gender and Society, xvii/5 (2003), pp. 711–26.

54 | Mark Thornton Burnett, Constructing 'Monsters' in Shakespearean Dramaand Early Modern Culture (New York, 2002), p. 3.

55 | Susan Stewart, On Longing: Narratives of the Miniature, the Gigantic, theSouvenir, the Collection (Durham, nc, 1993), p. 109.

56 | Selina Hastings, illustrated by Juan Wijngaard, Sir Gawain and theLoathly Lady (New York, 1987).

57 | James Hillman quoted by Gloria Anzaldúa in 'Encountering theMedusa', in Gloria Anzaldúa Reader, ed. AnaLouise Keating (Durham,nc, 2009), p. 101.

58 | Stephen Pattison, Shame: Theory, Therapy, Theology (Cambridge, 2000), p. 182.

59 | Elizabeth Mansfield, Too Beautiful to Picture: Zeuxis, Myth, and Mimesis(Minneapolis, mn, 2007), pp. 7, 155, 158.

60 | See Sander Gilman, Making the Body Beautiful: A Cultural History ofAesthetic Surgery (Princeton, nj, 1999), p. xviii; and Rosemarie Garland-Thomson, Staring: How We Look (Oxford, 2009), p. 97.

61 | See Shearer West, Portraiture (Oxford, 2004).

62 | 'Sell Ugliest Portrait', New York Times, 24 January 1920, p. 11.

63 | Durër quoted in Jan Bialostocki, 'Opus QuinqueDierum: Durër's Christamong the Doctors and Its Sources', Journal of the Warburg and CourtauldInstitutes, xxii (1959), p. 32. Leonardo da Vinci, A Treatise on Painting,trans. John Francis Rigaud (London, 1877), p. 48.

64 | Jan Dequeker, 'Paget's Disease in a Painting by Quinten Metsys(Massys)', British Medical Journal, ccxcix/6710 (1989), p. 1579. FrankCottrell Boyce, Framed (New York, 2005), p. 150.

65 | Lorne Campbell, 'Quinten Massys, "An Old Woman"', in RenaissanceFaces: Van Eyck to Titian, exh. cat., National Gallery (London, 2008), pp. 228–31.

66 | See Christopher Cook, 'The Identity of the Old Woman: The UglyDuchess?', British Medical Journal, www.bmj.com, 24 July 2009.

67 | Erasmus quoted in Christa Grössinger, Picturing Women in LateMedieval and Renaissance Art (Manchester, 1997), pp. 99–100.

68 | Geoffrey Galt Harpham, On the Grotesque: Strategies of Contradiction inArt and Literature (Princeton, nj, 1982), p. 9.

69 | Dequeker, 'Paget's Disease in a Painting', p. 1580.

70 | Jan Ziolkowski, 'Avatars of Ugliness in Medieval Literature', ModernLanguage Review, lxxix/1 (1984), pp. 7–8.

71 Naomi Baker, '"To Make Love to a Deformity": Praising Ugliness inEarly Modern England', Renaissance Studies, xxii/1 (2008), pp. 87, 105.

72 See Kristina L. Richardson, Difference and Disability in the MedievalIslamic World: Blighted Bodies (Edinburgh, 2012), as discussed in thenext chapter.

73 William Shakespeare, 'Sonnet 130', in The Norton Anthology of Poetry, ed.Margaret Ferguson, Mary Jo Salter and Jon Stallworthy (New York, 1996),p. 240, lines 3, 13–14. See also Ziolkowski, 'Avatars of Ugliness', p. 19.

74 Christopher Cook, 'A Grotesque Old Woman', British Medical Journal,cccxxxviii/7725 (25 July 2009), p. 243.

75 Patrick Sawer, 'Art Mystery Solved: The Ugly Duchess Had Paget'sDisease', www.telegraph.co.uk, 11 October 2008.

76 Garland, The Eye of the Beholder, p. 5.

77 See Andrew S. Levitas and Cheryl S. Reid, 'An Angel with DownSyndrome in a Sixteenth Century Flemish Nativity Painting', AmericanJournal of Medical Genetics, cxvi/4 (2003), pp. 399–405.

78 See Philip K. Wilson, 'Eighteenth-century "Monsters" and Nineteenth-century "Freaks": Reading the Maternally Marked Child', Literature andMedicine, xxi/1 (2002), p. 7.

79 Stephen Pender, '"No Monsters at the Resurrection": Inside SomeConjoined Twins', in Monster Theory: Reading Culture, ed. Jeffrey JeromeCohen (Minneapolis, mn, 1996), p. 146.

80 Lewis Carroll, Martin Gardner and John Tenniel, The Annotated Alice:The Definitive Edition (New York, 2000), p. 60.

81 Cottrell Boyce, Framed, pp. 151–2.

82 Edith Pearlman, 'The Ugly Duchess: She Was Everything a WomanWasn't Supposed to Be', iv/1 (1995), www.ontheissuesmagazine.com,accessed 20 July 2012.

83 William Hogarth, The Analysis of Beauty, ed. Ronald Paulson (New Haven, ct, 1997), p. 98.

84 See Sarah Scott, Agreeable Ugliness: Or, The triumph of the graces.Exemplified in the real life and fortunes of a young lady of distinction(London, 1754), itself a translation of Pierre Antoine de la Place,Laideuraimable et les dangers de la beauté (Paris, 1752).

85 Samuel Johnson, 'Deformity' and 'Ugliness', A Dictionary of the EnglishLanguage (London, 1785).

86 William Hay, Deformity: An Essay, ed. Kathleen V. James-Cavan(Victoria, bc, 2004), p. 32. See also Kathleen V. James-Cavan, '"[a]ll inme is nature": The Values of Deformity in William Hay's Deformity:An Essay', Prose Studies, xxxvii (2005), pp. 27–38.

87 Hay, Deformity, p. 33.

88 | Ibid., p. 35.
89 | Ibid., p. 33.
90 | Ibid., p. 29.
91 | Ibid., p. 46.
92 | Ibid., p. 28.
93 | Ibid., pp. 47, 41.
94 | Ibid., pp. 37, 34, 26; see also Erica Fudge, Perceiving Animals: Humansand Beasts in Early Modern English Culture (Urbana, il, 2002), pp. 12–13.
95 | Hay, Deformity, p. 25. See also Helen Deutsch, Resemblance and Disgrace: Alexander Pope and the Deformation of Culture(Cambridge, ma, 1996), pp. 14, 17–18, 24.
96 | Hay, Deformity, p. 27.
97 | See 'Members' Names and Qualifications', in Howell, Ye Ugly FaceClubb, pp. 32–46. See also Gretchen E. Henderson, 'The Ugly FaceClub: A Case Study in the Tangled Politics and Aesthetics ofDeformity', in Ugliness: The Non-beautiful in Art and Theory, ed. Andrei Pop and MechtildWidrich (London, 2014), pp. 17–33.
98 | Howell, Ye Ugly Face Clubb, p. 11.
99 | Ibid., pp. 33, 41, 43, 44. See also Marcia Pointon, Hanging the Head:Portraiture and Social Formation in Eighteenth-century England(New Haven, ct, 1993), p. 63; and John and Sheryllynne Haggerty,'Visual Analytics of an Eighteenth-century Business Network',Enterprise and Society, xi/1 (2010), pp. 1–25.
100 | Howell, Ye Ugly Face Clubb, pp. 26–7.
101 | Hay, Deformity, p. 27. See also Charlotte M. Wright, Plain and UglyJanes (Iowa City, ia, 2006).
102 | Hay, Deformity, p. 41.
103 | Carole Reeves, Julie Anderson and Bridget Telfer, 'Historical Printsand Disabled People at the Royal College of Physicians', in Re-framingDisability, ed. Telfer, Shepley and Reeves, p. 47.
104 | Hay, Deformity, p. 34.
105 | James Clifton, Leslie Scattone and Andrew Weislogel, A Portrait of theArtist, 1525–1825: Prints From the Collection of the Sarah CampbellBlaffer Foundation (Houston, tx, 2005), p. 62.
106 | Hogarth, The Analysis of Beauty, p. xliii.
107 | Lavater quoted in Paulson, Rowlandson, p. 66.

108 | Garland, The Eye of the Beholder, p. 54.

109 | See Umberto Eco, Art and Beauty in the Middle Ages (New Haven, ct,2002), p. 14.

110 | Rosamond Purcell, Special Cases: Natural Anomalies and HistoricalMonsters (San Francisco, ca, 1997), pp. 26, 28.

111 | 'Royal College of Surgeons Rejects Call to Bury Skeleton of "IrishGiant"', www.guardian.co.uk, 22 December 2011. See also Garland, The Eye of the Beholder, p. 54; and 'Jackson Loses New Bid for ElephantMan Bones', www.latimes.com, 17 June 1987.

112 | See Julie Anderson, 'Public Bodies: Disability on Display', in Re-framingDisability, ed. Telfer, Shepley and Reeves, pp. 20, 25.

113 | Samuel Johnson, 'Freak', A Dictionary of the English Language (London, 1760).

114 | Garland, The Eye of the Beholder, p. 47.

115 | Plutarch quoted in Garland, The Eye of the Beholder, p. 47.

116 | For background about Pastrana, see Stern, 'Our Bear Women,Ourselves: Affiliating with Julia Pastrana', pp. 200–233; RosemarieGarland-Thomson, 'Narratives of Deviance and Delight: Staring at JuliaPastrana, the "Extraordinary Lady"', in Beyond the Binary: ReconstructingCultural Identity in a Multicultural Context, ed. Tim Powell (NewBrunswick, nj, 1990), pp. 81–104.

117 | Norwegian National Committee for the Evaluation of Research onHuman Remains, 'Statement Concerning the Remains of JuliaPastrana', www.etikkom.no, 4 June 2012.

118 | Pamphlets quoted in Garland-Thomson, 'Narratives of Deviance andDelight', pp. 91–2, 101.

119 | Arthur Munby, 'Pastrana', Relicta (London, 1909), pp. 5–13.

120 | Charles Darwin, The Variation of Animals and Plants under Domestication(London, 1915), p. 311.

121 | See Garland-Thomson, 'Narratives of Deviance and Delight', p. 90.

122 | Quoted in Stern, 'Our Bear Women, Ourselves', p. 213.

123 | See Garland-Thomson, 'Narratives of Deviance and Delight', pp. 100–101.

124 | Lawrence Price, 'A Monstrous Shape or a Shapeless Monster' (London,1639), pictured in TassieGniady, 'Do You Take This Hog-faced Womanto Be Your Wedded Wife?', in Ballads and Broadsides in Britain, 1500–1800, ed. Patricia Fumerton, Anita Guerrini and Kris McAbee(Burlington, vt, 2010), p. 94.

125 | Otto Hermann quoted in Garland-Thomson, 'Narratives of Devianceand Delight', pp. 100–101.

126 | Marc Hartzman, American Sideshows: An Encyclopedia of History's MostWondrous and Curiously Strange Performers (New

York, 2006), pp. 188–9.

127 Hartzman, American Sideshows, p. 188. See also Leslie A. Fiedler,Freaks: Myths and Images of the Secret Self (New York, 1978), p. 170; and Rachel Adams, Sideshow usa: Freaks and the American CulturalImagination (Chicago, il, 2001), p. 204.

128 See Stern, 'Our Bear Women, Ourselves', pp. 219–22.

129 H. B. McD. Farrell, 'The Two-toed Wadoma: Familial Ectrodactyly in Zimbabwe', South African Medical Journal, lxv (1984), pp. 531–3.

130 Norwegian National Committee, 'Statement Concerning the Remainsof Julia Pastrana'.

131 'The Eye of the Beholder', The Twilight Zone, episode 42 (11 November1960). Other science-fiction adaptations of ugly ones include IsaacAsimov, 'The Ugly Little Boy', in Nine Tomorrows: Tales of the NearUniverse (New York, 1959), pp. 191–233, and Joe Orlando, 'The UglyOne', Weird Science, 21 (1953).

132 C. Jill O'Bryan, Carnal Art: Orlan'sRefacing (Minneapolis, mn, 2005),p.88.

133 Quoted in Linda S. Kauffman, 'Cutups in Beauty School – andPostscripts', in Interfaces: Women, Autobiography, Image, Performance, ed. Sidonie Smith and Julia Watson (Ann Arbor, mi, 2002), p. 107; andCharles Hall, 'Surgery as Satire', British Medical Journal, cccxiv/7041(1996), p. 1308.

134 orlan quoted in O'Bryan, Carnal Art, p. 19.

135 Deborah Root quoted in Leonard Folgarait, 'Orlan's Body of Art?', La Abolición del Arte, ed. Alberto Dallal (Mexico City, 1998), p. 97.

136 Linda S. Kauffman, 'Cutups in Beauty School', p. 125.

137 See the artist's website: www.orlan.net.

138 Erin Blackwell quoted in Folgarait, 'Orlan's Body of Art?', p. 102;orlan quoted in Linda S. Kauffman, 'Cutups in Beauty School', p. 112.

139 orlan quoted in Cathy MacGregor, 'Bodies on the Boundaries:Subjectification and Objectification in Contemporary Performance', inCultural Work: Understanding the Cultural Industries, ed. Andrew Beck(London, 2003), p. 65.

140 Folgarait, 'Orlan's Body of Art?', p. 91.

141 Kauffman, 'Cutups in Beauty School', pp. 115, 122.

142 Donna Haraway quoted in Joanna Zylinska, 'Of Swans and UglyDucklings', in Bioethics in the Age of New Media (Cambridge, ma, 2009),p. 113.

143 | Kathy Davis, '"My Body Is My Art": Cosmetic Surgery as FeministUtopia?', in Embodied Practices: Feminist Perspectives on the Body, ed.Kathy Davis (London, 1997), p. 464.

144 | Quoted in John Miksic, Borobudur: Golden Tales of the Buddhas(Boston, 1990), p. 67.

145 | NandanaChutiwongs, 'The Poor, the Lowly Born and the Ugly', masterpieces.asemus.museum/borobudur, accessed 19 August 2013.

146 | Miksic, Borobudur, p. 67.

2 Ugly Groups: Resisting Classification

1 | Adolf Katzenellenbogen, 'The Central Tympanum at Vézelay: Its Encyclopedic Meaning and Its Relation to the First Crusade', Art Bulletin, xxvi/3 (1944), pp. 141–51.

2 | MargritShildrick, Embodying the Monster: Encounters with theVulnerable Self (London, 2002), p. 15.

3 | John Block Friedman, The Monstrous Races in Medieval Art and Thought(Cambridge, ma, 1981), pp. 9–22, 77–81.

4 | Karl Steel, 'Centaurs, Satyrs, and Cynocephali: Medieval ScholarlyTeratology and the Question of the Human', in TheAshgate ResearchCompanion to Monsters and the Monstrous, ed. Asa Simon Mittman andPeter J. Dendle (Farnham, Surrey, 2012), p. 259.

5 | Friedman, The Monstrous Races, p. 24.

6 | Tobin Siebers, Mirror of Medusa (Berkeley, ca, 1983), p. 34.

7 | Robert Garland, The Eye of the Beholder: Deformity and Disability in theGraeco-Roman World (London, 2010), p. xxii.

8 | Mikhail Bakhtin, Speech Genres, ed. Carol Emerson and MichaelHolquist, trans. Vern McGee (Austin, tx, 1986), p. 2.

9 | Karin Myhre, 'Monsters Lift the Veil: Chinese Animal Hybrids andProcesses of Transformation', in TheAshgate Research Companion toMonsters and the Monstrous, ed. Mittman and Dendle, p. 218. See alsoThomas E. A. Dale, 'The Monstrous', in A Companion to Medieval Art:Romanesque and Gothic in Northern Europe, ed. Conrad Rudolph(Malden, ma, 2006), p. 259.

10 | Friedman, The Monstrous Races, pp. 77–9. See also ParthaMitter, MuchMaligned Monsters: A History of European Reactions to Indian Art(Chicago, il, 1992), p. 8.

11 | Krystyna Weinstein, The Art of Medieval Manuscripts (San Diego, ca,1997), p. 66; and Friedman, The Monstrous Races, p. 24.

12 | See Abigail Lee Six and Hannah Thompson, 'From Hideous toHedonist: The Changing Face of the Nineteenth-century

Monster', in The Ashgate Research Companion to Monsters and the Monstrous, ed.Mittman and Dendle, p. 237.
13 | See Gregory Velazco y Trianosky, 'Savages, Wild Men, MonstrousRaces: The Social Construction of Race in the Early Modern Era', in Beauty Unlimited, ed. Peg Zeglin Brand (Bloomington, in, 2012), p. 51.
14 | Lisa Trentin, 'Deformity in the Roman Imperial Court', Greece andRome, lviii/2 (2011), p. 196. See also Martha L. Rose, The Staff of Oedipus: Transforming Disability in Ancient Greece (Ann Arbor, mi, 2003).
15 | Garland, The Eye of the Beholder, p. 47.
16 | Trentin, 'Deformity in the Roman Imperial Court', pp. 201, 207.
17 | Isidore de Seville quoted in Friedman, The Monstrous Races, p. 116.
18 | Friedman, The Monstrous Races, pp. 8, 13–15.
19 | Pope Urban ii quoted in TomažMastnak, Crusading Peace: Christendom,the Muslim World, and Western Political Order (Berkeley, ca, 2002), pp. 127–8.
20 | Mitter, Much Maligned Monsters, pp. 2, 5, 9.
21 | Ibid., pp. 16–19, 26–7, 32.
22 | J. H. van Linschoten quoted ibid., p. 21.
23 | William Finch quoted ibid., pp. 20–21.
24 | Jean-Baptiste Tavernier quoted ibid., pp. 24–5, 3, 5.
25 | Ibid., pp. 25, 29.
26 | Ibid., pp. 30–31.
27 | Friedman, The Monstrous Races, p. 4.
28 | Jeffrey Jerome Cohen, 'Monster Culture (Seven Theses)', in MonsterTheory: Reading Culture (Minneapolis, mn, 1996), p. 4.
29 | See Philip K. Wilson, 'Eighteenth-century "Monsters" and Nineteenth-century "Freaks": Reading the Maternally Marked Child', Literature andMedicine, xxi/1 (2002), p. 7.
30 | See Frances S. Connelly, 'Grotesque', in Encyclopedia of Aesthetics,www.oxfordartonline.com, September 2008.
31 | Sianne Ngai, Our Aesthetic Categories: Zany, Cute, Interesting(Cambridge, ma, 2012), p. 85.
32 | As one example, see Ian Barnes, 'Monstrous Nature or Technology?Cinematic Resolutions of the "Frankenstein Problem"', in Science asCulture, ix (London, 1990), pp. 7–48.
33 | See Kristina L. Richardson, Difference and Disability in the MedievalIslamic World: Blighted Bodies (Edinburgh, 2012), pp. 5–7, 36.34 Ibid., pp. 4–5, 36, 130.

35 | Ibid., pp. 15, 72–3, 80–83. Dates listed are in the Gregorian calendar.For corresponding dates in the Islamic calendar, see Richardson,Difference and Disability.

36 | Quoted in Richardson, Difference and Disability, pp. 80–83.

37 | Ibid., p. 82.

38 | Quoted in Geert Jan van Gelder, 'Beautifying the Ugly and Uglifyingthe Beautiful: The Paradox in Classical Arabic Literature', Journal ofSemitic Studies, xlviii/2 (2003), p. 325. See also Richardson, Differenceand Disability, p. 56.

39 | Van Gelder, 'Beautifying the Ugly and Uglifying the Beautiful', p. 336.See also Richardson, Difference and Disability, p. 56.

40 | Van Gelder, 'Beautifying the Ugly and Uglifying the Beautiful', p. 344.See also Richardson, Difference and Disability, p. 56. Richardson spells thisArabic term taghayyur, and van Gelder spells this Arabic term as taghāyur.I have tried to be faithful to diacritical marks quoted in these sources.

41 | Van Gelder, 'Beautifying the Ugly and Uglifying the Beautiful', p. 325,339. See also Richardson, Difference and Disability, p. 6.

42 | Richardson, Difference and Disability, pp. 15, 56.

43 | Quoted ibid., p. 27.

44 | Ibid., pp. 91, 15–16, 120–23.

45 | Ibid., pp. 9, 30, 26, 32.

46 | See Eva Baer, 'The Human Figure in Early Islamic Art: Some PreliminaryRemarks', Muqarnas, xvi (1999), pp. 32–41.

47 | Francesca Leoni, 'Picturing Evil: Images of Divs and the Reception ofthe Shahnama', in Shahnama Studies ii: The Reception of Firdausi'sShahnama, ed. C. P. Melville and Gabrielle Rachel Van den Berg(Leiden, 2012), pp. 102–4.

48 | Ibid., pp. 104, 107, 115, 116, 105–6.

49 | Sa'dī, 'A Darvish Becomes Vizier and Is Vilified by His Predecessor',Morals Pointed and Tales Adorned: The Būstan of Sa'dī, trans. G. M. Wickens(Toronto, 1974), p. 26.

50 | Quoted in David Freedberg, The Power of Images: Studies in the Historyand Theory of Response (Chicago, il, 1989), p. 307.

51 | See Jeffrey F. Hamburger, 'To Make Women Weep: Ugly Art as"Feminine" and the Origins of Modern Aesthetics', Anthropology andAesthetics, xxxi (1997), pp. 10, 18–19; and Richard Sullivan, 'Deformity:A Modern Western Prejudice with Ancient Origins', Proceedings of theRoyal College of Physicians of Edinburgh, xxxi/3 (2001), p. 264.

52 | St Augustine quoted in Hamburger, 'To Make Women Weep', p. 22.

53 | St Bernard of Clairvaux quoted ibid., pp. 18, 23.
54 | Ibid., p. 24.
55 | Ruth Melinkoff, Outcasts: Signs of Otherness in Northern European Art ofthe Late Middle Ages, vol. i (Berkeley, ca, 1993), pp. li–ii. See also IrinaMetzler, Disability in Medieval Europe: Thinking about Physical Impairmentduring the High Middle Ages, c. 1100–1400 (New York, 2006). See alsoJanet Wolff, The Social Production of Art (New York, 1981), p. 49.
56 | Melinkoff, Outcasts, pp. 129, 212, 229.
57 | Andrew S. Levitas and Cheryl S. Reid, 'An Angel with DownSyndrome in a Sixteenth Century Flemish Painting', American Journalof Medical Genetics, cxvi/4 (2003), pp. 399–405.
58 | Melinkoff, Outcasts, p. 208.
59 | Ibid., pp. 45–6, 129.
60 | Tobin Siebers, The Mirror of Medusa (Berkeley, ca, 1983), p. 21.
61 | Gotthold Ephraim Lessing, Laocoön: An Essay on the Limits of Paintingand Poetry, trans. Edward Allen McCormick (Baltimore, md, 1984), p. 17.
62 | Ibid., pp. 13–14.
63 | Daniel Albright, 'Laocoön Revisited', in Untwisting the Serpent: Modernismin Music, Literature, and Other Arts (Chicago, il, 2000), p. 11.
64 | Ibid., p. 7.
65 | Lessing, Laocoön, pp. 132–3.
66 | See Encyclopedia of African Peoples (New York, 2000), p. 98.
67 | Tony C. Brown, The Primitive, The Aesthetic, and the Savage: AnEnlightenment Problematic (Minneapolis, mn, 2012), pp. 56–61. See alsoFriedman, The Monstrous Races, pp. 1–2.
68 | Quoted in Sander L. Gilman, 'The Jewish Nose: Are Jews White? Or,The History of the Nose Job', in Encountering the Other(s): Studies inLiterature, History, and Culture, ed. Gisela Brinker-Gabler (Albany, ny,1995), p. 152.
69 | Wilhelm von Humboldt quoted in Michael Chaouli, 'Laocoön and theHottentots', in The German Invention of Race, ed. Sara Eigen and MarkLarrimore (Albany, ny, 2006), p. 29.
70 | Edmund Burke, A Philosophical Enquiry into the Sublime and Beautiful,ed. James T. Boulton (London, 2008), p. 142.
71 | Ibid., p. 118.
72 | Chaouli, 'Laocoön and the Hottentots', pp. 24, 26.

73 Lola Young, 'Racializing Femininity', in Women's Bodies: Discipline andTransgression, ed. Jane Arthurs and Jean Grimshaw (London, 1999), p. 72. See also Sander L. Gilman, Difference and Pathology: Stereotypes of Sexuality, Race and Madness (Ithaca, ny, 1985).

74 Georges Cuvier quoted in Jane Arthurs and Jean Grimshaw, Women'sBodies: Cultural Representations and Identity (London, 1999), p. 68.

75 Stephen Jay Gould, 'The Hottentot Venus', in The Flamingo's Smile:Reflections on Natural History (New York, 1985), p. 292.

76 Naomi Baker, Plain Ugly: The Unattractive Body in Early Modern Culture(Manchester, 2010), pp. 2–4.

77 Ann Millett-Gallant, The Disabled Body in Contemporary Art (New York,2010), p. 21. See also Michel de Montaigne, The Complete Essays ofMontaigne, trans. Donald Frame (Stanford, ca, 1976), p. 791; and RobertaBallestriero, 'Anatomic Models and Wax Venuses: Art Masterpieces orScientific Craft Works?', www.nlm.nih.gov, 25 November 2009.

78 'Les Curieuxenextase, ou les cordons de souliers', www.britishmuseum.org, accessed 10 December 2013.

79 Chaouli, 'Laocoön and the Hottentots', p. 29.

80 J. J. Winckelmann, History of the Art of Antiquity, trans. Harry FrancisMallgrave (Los Angeles, ca, 2006), p. 195.

81 See Alex Potts, 'Colors of Sculpture', in The Color of Life: Polychromy inSculpture from Antiquity to the Present, ed. Roberta Panzanelli, Eike D.Schmidt and Kenneth Lapatin (Los Angeles, ca, 2008), p. 84.

82 Goethe quoted in Max Hollein, 'Foreward', in VinzenzBrinkmann,Oliver Primavesi and Max Hollein, eds, Circumlitio: The Polychromy ofAntique and Mediaeval Sculpture (Frankfurt, 2010), p. 7.

83 Alex Potts, 'Colors of Sculpture', p. 84.

84 VinzenzBrinkmann, 'Statues in Colour: Aesthetics, Research andPerspectives', in Circumlitio, pp. 12–13.

85 Navarrete and Hernández quoted in Julia Guernsey, Sculpture and SocialDynamics in Preclassic Mesoamerica (Cambridge, 2012), p. 100.

86 John Stevens quoted in Naomi Baker, Plain Ugly, p. 16.

87 William Hogarth, The Analysis of Beauty (Oxford, 1955), p. 189.

88 David Hume quoted in Brown, The Primitive, The Aesthetic, and theSavage, p. 61.

89 MiekeBal, 'Telling, Showing, Showing off ', Critical Inquiry, xix (1992),pp. 583–4. See also Sarah Nuttall, ed., Beautiful/Ugly: African andDiaspora Aesthetics (Durham, nc, 2007).

90 Roy Sieber, 'Fierce or Ugly?', in Art as a Means of Communication in Pre-literate Societies: The Proceedings of the Wright

International Symposium onPrimitive and Precolumbian Art, Jerusalem,1985, ed. Dan Eban, ErikCohen and Brenda Danet (Jerusalem, 1990), p. 341.

91 | See Bill Brown, A Sense of Things: The Object Matter of AmericanLiterature (Chicago, il, 2003), pp. 90, 146.

92 | Sally Price, Paris Primitive: Jacque Chirac's Museum on the Quai Branly(Chicago, il, 2007), p. 103.

93 | Elisabeth L. Cameron, Secrets d'Ivoire, L'art des Legad'Afriquecentrale,exh.cat., Musée du quaiBranly, Paris (2013), p. 15. For a discussion ofanti-aesthetics in Yoruba objects, see David T. Doris, Vigilant Things: OnThieves, Yoruba Anti-aesthetics, and the Strange Fates of Ordinary Objectsin Nigeria (Seattle, wa, 2011).

94 | Daniel Biebuyck, The Arts of Zaire, ii: The Ritual and Artistic Context ofVoluntary Associations (Berkeley, ca, 1986), p. 64.

95 | Ursula Le Guin, The Left Hand of Darkness (New York, 2000), p. 70.

96 | Sieber, 'Fierce or Ugly?', pp. 341–3, 5.

97 | Elisabeth L. Cameron, Art of the Lega (Los Angeles, ca, 2001), pp. 50–53, 62–7.

98 | Ibid., p. 67.

99 | Cathy A. Rakowski, 'The Ugly Scholar: Neocolonialism and EthicalIssues in International Research', American Sociologist, xxiv/3–4 (1993),pp. 69–86.

100 | Sander L. Gilman, On Blackness without Blacks: Essays on the Image of theBlack in Germany (Boston, ma, 1982), pp. 27–9.

101 | Susan Sontag, Regarding the Pain of Others (New York, 2003), p. 7.

102 | M. M. Bakhtin, Rabelais and His World, trans. Helene Iswolsky(Bloomington, in, 1984), p. 317.

103 | Millett-Gallant, The Disabled Body in Contemporary Art, pp. 26–7. Seealso Petra Kuppers, Disability and Contemporary Performance: Bodies onthe Edge (New York, 2003), p. 52.

104 | Ibid., pp. 33–4.

105 | See Nicola Cotton and Mark Hutchinson, Nausea: Encounters withUgliness, exh. cat., Djanogly Art Gallery, Nottingham (2002), p. 11.

106 | See Johannes Diesner, 'Otto Dix', in 'Degenerate Art': The Fate of the Avant-garde in Nazi Germany,ed. Stephanie Barron (New York, 1991), pp. 224–5.

107 | Sarah Symmons, Goya (London, 1998), pp. 238–45.

108 | Ibid., pp. 244–5.

109 | Beatriz Pichel, 'Broken Faces: Reconstructive Surgery During andAfter the Great War', Endeavour, xxxiv/1 (2010), p. 25.

See also MartinMonestier, Jean Miné and Xavier Tabbagh, Les Gueulescassées: LesMédecins de L'impossible1914–18 (Paris, 2009); and Gueulescassées,www.gueules-cassees.asso.fr, accessed 11 December 2013.

110 'Excessive Ugliness in Soldiers', www.nytimes.com, 10 August 1890.

111 Caroline Alexander, 'Faces of War', Smithsonian, xxxvii/11 (2007), pp. 74, 76.

112 Harold Gillies quoted in Alexander, 'Faces of War', p. 76.

113 Alexander, 'Faces of War', p. 79.

114 Pichel, 'Broken Faces', pp. 25–6.

115 Fred Albee quoted in Alexander, 'Faces of War', p. 79.

116 Robert W. Service, 'Fleurette (The Wounded Canadian Speaks)', in A Treasury of War Poetry: British and American Poems of the World War: 1914–1917, ed. George Herbert Clarke (Boston, ma, 1917), p. 215.

117 Pichel, 'Broken Faces', pp. 26–7. See also Amy Lyford, 'The Aestheticsof Dismemberment: Surrealism and the Musée du Val-de-Grâce in1917', Cultural Critique, xlvi (2000), p. 46.

118 Yves-Emile Picot quoted in Pichel, 'Broken Faces', p. 28.

119 Patrice Higonnet, 'Nightmare in Vichy', www.nytimes.com, 31December 1989.

120 Lyford, 'The Aesthetics of Dismemberment', p. 52.

121 Pichel, 'Broken Faces', pp. 27, 29.

122 André Breton quoted in Lyford, 'The Aesthetics of Dismemberment',pp. 53–4.

123 Lyford, 'The Aesthetics of Dismemberment', p. 70.

124 Advertisement for the Desoutter All-metal Artificial Limb, quoted inJoanna Bourke, Dismembering the Male: Men's Bodies, Britain and theGreat War (London, 1996), p. 47, italics mine.

125 Barron, Degenerate Art, p. 11. See also Brandon Taylor and Wilfried vander Will, eds, The Nazification of Art: Art, Design, Music, Architecture andFilm in the Third Reich (Winchester, Hampshire, 1990).

126 Kunstgesellschaft quoted in Barron, Degenerate Art, p. 11.

127 Alfred Rosenberg quoted ibid., pp. 11–12, italics mine.

128 Ibid., pp. 224–7.

129 Quoted in Ian Dunlop, The Shock of the New (London, 1972), p. 246.

130 Quoted in Diesner, 'Otto Dix', p. 226.

131 H. T. Wüst quoted in Diesner, 'Otto Dix', p. 226.

132 | Quoted in Barron, Degenerate Art, pp. 15, 226. See also Rape of Europa(Venice, ca, Menemsha Films, 2008).
133 | Garland, The Eye of the Beholder, p. 78.
134 | Holland Cutter, 'Words Unspoken Are Rendered on War's Faces',www.nytimes.com, 22 August 2007.
135 | See www.acidviolence.org, accessed 2 June 2015.
136 | EbbyElahi quoted in ShakthiJothianandan, 'Oscar-winning "Saving Face" Directors' Battle to End Horror of Acid Attacks',www.thedailybeast.com, 8 March 2012.
137 | Anthony Synnott, 'The Beauty Mystique', Facial Plastic Surgery, xx/3(2006), pp. 171–2.
138 | Wayne Pacelle quoted in Benoit Denizet-Lewis, 'Can the Bulldog BeSaved?', www.nytimes.com, 27 November 2011.
139 | The title is catalogued as Blind Woman, New York, 1916 in the Libraryof Congress but Blind at the Metropolitan Museum of Art andPhotograph – New York in the J. Paul Getty Museum.
140 | Simi Linton, 'Blind Blind People and Other Spurious Tales', www.similinton.com, 30 November 2007.
141 | Susannah Biernoff, 'The Face of War', in Ugliness: The Non-beautiful inArt and Theory , ed. Andrei Pop and MechtildWidrich (London, 2014),p. 45.
142 | Nicholas Mirzoeff, Bodyscape: Art, Modernity and the Ideal Figure(London, 1995), p. 53.
143 | Susan Schweik, The Ugly Laws: Disability in Public (New York, 2009),pp. 7–9.
144 | Chicago City Code quoted ibid., pp. 1–2.
145 | Walter Cropper quoted ibid., p. 6.
146 | Ibid., pp. 7–9.
147 | Ibid., p. 15. See also David T. Mitchell and Sharon Snyder, CulturalLocations of Disability (Chicago, il, 2006), p. 41.
148 | David Souter quoted in Schweik, Ugly Laws, pp. 19–20.
149 | Korematsu v. United States, 323 u.s. 214 (1944).
150 | Ibid.
151 | John W. Dower, War without Mercy: Race and Power in the Pacific War(New York, 1986), pp. 13–14.
152 | John Tateishi quoted in Bilal Qureshi, 'From Wrong to Right: A u.s.Apology for Japanese Internment', www.npr.org, 9 August 2013.
153 | 'Teaching with Documents: Documents and Photographs Related toJapanese Relocation during World War ii', www.archives.gov, accessed10 December 2013.
154 | Susan Rohwer, 'How to Talk to Your Children About Thanksgiving'sUgly History', www.latimes.com, 26 November 2013.

155 | ‘Dr Kenneth Clark Conducting the “Doll Test”’, www.loc.gov, accessed10 December 2013.

156 | Kenneth B. Clark and Mamie P. Clark, ‘Racial Identification andPreference in Negro Children’, in Readings in Social Psychology, ed.Eleanor E. Maccoby, Theodore M. Newcomb and Eugene L. Hartley(New York, 1958), p. 611.

157 | Kenneth B. Clark and Mamie P. Clark, ‘Emotional Factors in RacialIdentification and Preference in Negro Children’, Journal of NegroEducation, xix/3 (1950), pp. 348, 350.

158 | Quoted in Gordon J. Beggs, ‘Novel Expert Evidence in Federal CivilRights Litigation’, American University Law Review, xlv (1995), p. 13.

159 | Michael G. Proulx, ‘Professor Revisits Clark Doll Tests’, www.thecrimson.com, 1 December 2011.

160 | Toni Morrison, The Bluest Eye (New York, 2007), p. 39.

161 | Kiri Davis, dir., A Girl Like Me (2005).

162 | Garland, The Eye of the Beholder, p. 15. Leviticus 21:18, www.kingjames-bibleonline.org, accessed 10 December 2013.

163 | See Anthony Synnott, ‘Ugliness: Visibility and the Invisible Prejudice’,Glimpse, i/1 (2008), pp. 5–7; and Daniel S. Hamermesh, ‘Ugly? YouMay Have a Case’, www.nytimes.com, 27 August 2011.

164 | David Horvath and Sun-Min Kim, Ugly Guide to the Uglyverse(New York, 2008). See also www.uglydolls.com.

165 | Olivia Solon, ‘Am I Pretty or Ugly? Louise Orwin Explores ThisYouTube Phenomenon’, www.wired.co.uk, 11 October 2013.

166 | Lizette Alvarez, Lance Speere and Alan Blinder, ‘Girl’s Suicide Pointsto Rise in Apps Used by Cyberbullies’, www.nytimes.com, 14September 2013. Amy Graff, ‘“Mean” Moms Create Facebook GroupBashing “Ugly” Kids’, www.sfchronicle.com, 8 November 2013.

167 | Margaret Jackson, Wanda Cassidy and Karen N. Brown, ‘“You WereBorn Ugly and Youl Die Ugly Too”: Cyber-bullying as RelationalAggression’, In Education, xv/2 (2009), pp. 68–82.

168 | Schweik, Ugly Laws, pp. 285–6.

169 | Ibid., p. viii.

170 | Scott Westerfeld, Uglies (New York, 2005), p. 268.

171 | Ibid., p. 49.

172 | Ibid., pp. 181, 198.

173 | Ibid., pp. 276, 328.

174 | Ibid., p. 352.

175 | ‘Garbage Pail Kids’, www.wikipedia.org, accessed 31 October 2013.

176 | Carla Freccero, 'De-idealizing the Body: Hannah Wilke, 1940–1993',in Bodies in the Making: Transgressions and Transformations, ed. Nancy N. Chen and Helene Moglen (Santa Cruz, ca, 2006), p. 17.
177 | Helen Deutsch and Felicity Nussbaum, eds, 'Defects': Engendering theModern Body (Ann Arbor, mi, 2000), pp. 2–3.
178 | See Victor Hugo, The Man Who Laughs, trans. William Young (NewYork, 1869); and Gretchen E. Henderson, 'The Ugly Face Club: A CaseStudy in the Tangled Politics and Aesthetics of Deformity', in Ugliness, ed. Pop and Widrich, pp. 17–33.
179 | See Garland, The Eye of the Beholder, pp. 78–9; and Richardson,Difference and Disability, p. 6.
180 | See Bill Summers, 'What I Didn't Tell during 27 Years of Big LeagueUmpiring', Baseball Digest, xix/8 (1960), pp. 35–44. Marcia Tucker, A Short Life of Trouble: Forty Years in the New York Art World, ed. LizaLou (Berkeley, ca, 2008), p. 8. 181 Ibid., p. 8.
182 | Monika Mueller, 'The Less-than-beautiful Unite at the Ugly Club',www.npr.org, 3 April 2006.Rebecca Pike, 'Italy's Ugly Club DefiesConvention', www.bbc.com, 14 September 2003.
183 | Kevin Pilley, 'The Capital of Ugly', www.scmp.com, 17 February 2013.
184 | 'World Association of Ugly People', www.wikipedia.org, accessed 7 November 2013.
185 | Maura Judkis, 'Ugly Holiday Sweater Parties',www.washingtonpost.com, 29 November 2011.
186 | James C. Wilson and Cynthia Lewiecki-Wilson, Embodied Rhetorics:Disability in Language and Culture (Carbondale, il, 2001), p. 3.
187 | 'Winners of the 2011 Utne Independent Press Awards', www.utne.com,accessed 10 December 2013.
188 | Kathryn Pauly Morgan, 'Women and the Knife: Cosmetic Surgeryand the Colonization of Women's Bodies', Hypatia, vi/3 (1991), pp. 45–6.
189 | Sherry Colb quoted in Sarah Kershaw, 'Decoding the Subtle Injusticesof Ugliness', www.nytimes.com, 3 October 2008.
190 | Michele Norris, 'Beautiful Differences Made Ugly by Fear',www.npr.org, accessed 10 December 2013.

3 Ugly Senses: Transgressing Perceived Borders

1 | George Ferguson quoted in Gavin Stamp, Anti-Ugly: Excursions inEnglish Architecture and Design (London, 2013), p. 6.
2 | Stamp, Anti-Ugly, p. 8.
3 | Ibid., p. 9.
4 | Mark Cousins, 'The Ugly': Part iii, aa files, xxx (1995), pp. 65–8.
5 | Sianne Ngai, Ugly Feelings (Cambridge, ma, 2004).

6 | See Erving Goffman, Stigma: Notes on the Management of SpoiledIdentity (Englewood Cliffs, nj, 1963); Julia Kristeva, Powers of Horror:An Essay on Abjection (New York, 1982); Sigmund Freud, 'DasUnheimliche' (The Uncanny), Imago, v/5–6 (1919), pp. 297–324; Jean-Paul Sartre, Nausea (New York, 1964); and Daniel R. Kelly, Yuck! TheNature and Moral Significance of Disgust (Cambridge, ma, 2011).

7 | See Hideaki Kawabata and SemirZeki, 'Neural Correlates of Beauty',Journal of Neurophysiology, xci (2004), pp. 1699–1705; and HarryFrancis Mallgrave, The Architect's Brain: Neuroscience, Creativity andArchitecture (Malden, ma, 2010), p. 184.

8 | V. S. Ramachandran and William Hirstein, 'The Science of Art: ANeurological Theory of Aesthetic Experience', Journal of ConsciousnessStudies, vi (1999), pp. 15–51.

9 | Wilhelm Ostwald quoted in Philip Ball, 'Neuroaesthetics Is KillingYour Soul: Can Brain Scans Ever Tell Us Why We Like Art?',www.nature.com, 22 March 2013.

10 | Hitler quoted in Herschel B. Chipp, ed., Theories of Modern Art: A SourceBook by Artists and Critics (Berkeley, ca, 1968), p. 480.

11 | Heraclitus and Aristotle quoted in JuhaniPallasmaa, The Eyes of theSkin: Architecture and the Senses (Chichester, West Sussex, 2005), p. 15.

12 | Adalaide Morris, ed., Sound States: Innovative Poetics and AcousticalTechnologies (Chapel Hill, nc, 1997), p. 2. See also Martin Jay, DowncastEyes: The Denigration of Vision in Twentieth-century French Thought(Berkeley, ca, 1994).

13 | John R. Clark, Looking at Laughter: Humor, Power, and Transgression inRoman Visual Culture, 100 bc–ad 250 (Berkeley, ca, 2007), pp. 64–5.

14 | Ibid., p. 67. See also Ruth Melinkoff, Averting Demons: The ProtectivePower of Medieval Visual Motifs and Themes, i (Eugene, or, 2004), pp. 39–57.

15 | Kathleen Cohen, Metamorphosis of a Death Symbol: The Transi Tomb inthe Late Middle Ages and the Renaissance (Berkeley, ca, 1973).

16 | Jeffrey Hamburger, 'To Make Women Weep: Ugly Art as "Feminine"and the Origins of Modern Aesthetics', Anthropology and Aesthetics,xxxi (1997), p. 26.

17 | Nicholas Mirzoeff, The Right to Look: A Counterhistory to Visuality(Durham, nc, 2008), p. 8.

18 | Ibid., p. 8.

19 | Ibid., p. 95.

20 | Hassan Fattah quoted in Errol Morris, Believing Is Seeing (New York,2011), p. 95.

21 | Ibid., p. 104.

22 | Ibid., pp. 83–4.

23 | See Hugh Aldersey-Williams, Anatomies: A Cultural History of theHuman Body (New York, 2013), p. 54; and Rosemarie Garland-Thomson, Staring: How We Look (Oxford, 2009), p. 3.

24 | Harriet McBryde Johnson, 'Unspeakable Conversations',www.nytimes.com, 16 February 2003.

25 | Ulla Holm, The Danish Ugly Duckling and the Mohammed Cartoons(Copenhagen, 2006). See also David Freedberg, The Power of Images:Studies in the History and Theory of Response (Chicago, il, 1991).

26 | Michael Kimmelman, 'A Madonna's Many Meanings in the ArtWorld', www.nytimes.com, 5 October 1999. Giuliani quoted in'Sensation Sparks New York Storm', www.bbc.com, 23 September 1999.

27 | Chris Ofili quoted in Carol Vogel, 'Holding Fast to His Inspiration: An Artist Tries to Keep His Cool in the Face of Angry Criticism',www.nytimes.com, 28 September 1999. See also Gretchen E.Henderson, 'The Many Faces of Bea', Kenyon Review, xxxii/3 (2010),pp. 197–209.

28 | Nina Athanassoglou-Kallmyer, 'Ugliness', in Critical Terms for ArtHistory, ed. Robert S. Nelson and Richard Schiff (Chicago, il, 2003), p. 294.

29 | Karin Myhre, 'Monsters Lift the Veil: Chinese Animal Hybrids andProcesses of Transformation', in TheAshgate Research Companion toMonsters and the Monstrous, ed. Asa Simon Mittman and Peter J.Dendle (Farnham, Surrey, 2012), p. 236.

30 | Jonathan Hay, Shitao: Painting and Modernity in Early Qing China(New York, 2001), pp. 250–51.

31 | Inscription on Shitao's Ten Thousand Ugly Inkblots quoted ibid., p. 251.

32 | Robert E. Allison, Chuang-Tzu for Spiritual Transformation: An Analysisof the Inner Chapters (Albany, ny, 1989), pp. 59, 64, 67.

33 | Ibid., p. 55.

34 | See Simi Linton, 'Blind Blind People and Other Spurious Tales',www.similinton.com, 30 November 2007, as discussed in the previouschapter.

35 | Oscar Wilde, Essays and Lectures (London, 1908), p. 530.

36 | See Ludwig Wittgenstein, Philosophical Investigations, discussed inErrol Morris, Believing Is Seeing, p. 83.

37 | Crispin Sartwell, Six Names of Beauty (New York, 2004), p. 114.

38 | Ibid.

39 | Quoted in Rosamond Purcell, Special Cases: Natural Anomalies andHistorical Monsters (San Francisco, ca, 1997), pp. 10–11.

40 | See Peter S. Beagle, The Garden of Earthly Delights (New York, 1982), p. 53; John W. Cook, 'Ugly Beauty in Christian Art', in The Grotesque inArt and Literature: Theological Reflections , ed. James Luther Adams andWilson Yates (Cambridge, 1997), pp. 125–42; and Walter J. Ong,Orality and Literacy: The Technologizing of the World (London, 1991), p. 117.

41 | Aristotle, 'On Music', in On the Art of Poetry, ed. Milton C. Nahm,trans. S. H. Butcher (New York, 1956), p. 46.

42 | Ibid.

43 | Bruce W. Holsinger, Music, Body, and Desire in Medieval Culture(Stanford, ca, 2001), p. 299.

44 | See 'Diabolus in Musica', www.oxfordmusiconline.com, accessed 4 May 2011.

45 | See Umberto Eco, On Ugliness (New York, 2007), p. 422.

46 | Lara Maynard, 'Traditional Instrumental Music', Newfoundland andLabrador Heritage, www.heritage.nf.ca, 2001.

47 | Aldersey-Williams, Anatomies, p. 155.

48 | Lance Richardson, 'This Is What a 500-year-old "Butt Song from Hell"Sounds Like', www.slate.com, 13 February 2014.

49 | LuminitaFlorea, 'The Monstrous Musical Body: Mythology andSurgery in Late Medieval Music Theory', Philobiblon, xviii/1 (2013),pp. 132, 137–8.

50 | Richard Hudson and Meredith Ellis Little, 'Sarabande', www.oxford-musiconline.com, accessed 4 May 2011.

51 | Fritz Spiegl and Sara Cohen, 'Liverpool', www.oxfordmusiconline.com,accessed 19 July 2011.

52 | Anthony Tommasini, 'The Art of Setting the Senses on Edge: MusicalDissonance, from Schumann to Sondheim', www.nytimes.com, 30 May2014.

53 | F. T. Marinetti quoted in Eco, On Ugliness, p. 370.

54 | Erik Satie quoted ibid., p. 371.

55 | Leopold Stokowski quoted in James M. Doering, The Great Orchestrator:Arthur Judson and American Arts Management (Urbana, il, 2013), p. 46.

56 | Martin Anderson, 'Klevin, Arvid', www.oxfordmusiconline.com,accessed 4 May 2011.

57 | Stephanie Barron, ed., 'Degenerate Art': The Fate of the Avant-garde inNazi Germany (New York, 1991), p. 181.

58 | Quoted in Joseph Horowitz, Classical Music in America: A History of ItsRise and Fall (New York, 2005), pp. 461–2.

59 | Ibid.

60 | Frank Sinatra quoted by David Sanjek in American Popular Music: New Approaches to the Twentieth Century, ed. Rachel

Rubin and JeffreyMelnick (Boston, ma, 2001), pp. 17–18.
61 | Rolling Stone journalist quoted in Sara Marcus, Girls to the Front: The True Story of the Riot Grrrl Revolution (New York, 2010), p. 253.
62 | Sumi Hahn, 'Mendelssohn and Shostakovich at Chamber Music Fest',www.seattletimes.com, 23 July 2009.
63 | John Zorn quoted in Kevin McNeilly, 'Ugly Beauty: John Zorn and thePolitics of Postmodern Music', Postmodern Culture, v/2 (1995),www.muse.jhu.edu, accessed 23 September 2007.
64 | Charles Hubert H. Parry, 'The Meaning of Ugliness', Musical Times, lii(1911), p. 507.
65 | Ibid., p. 508.
66 | Ibid.
67 | Ibid.
68 | Clement Greenberg quoted in MechtildWidrich, 'The "Ugliness" of theAvant-garde', in Ugliness: The Non-beautiful in Art and Theory , ed.Andrei Pop and MechtildWidrich (London, 2014), p. 69.
69 | Roger Fry, A Roger Fry Reader, ed. Christopher Reed (Chicago, il,1996), p. 65.
70 | Parry, 'The Meaning of Ugliness', pp. 507–10.
71 | Clark, Looking at Laughter, p. 69.
72 | See Alan Licht, Sound Art: Beyond Music, Between Categories (New York,2007).
73 | Ainslie Darby and C. C. Hamilton, England, Ugliness and Noise(London, 1930), pp. 9, 54.
74 | Ibid., pp. 9, 52, 53, 55.
75 | Ibid., pp. 30, 54–5.
76 | Ibid., p. 30.
77 | See www.nrdc.org/wildlife/marine/sonar.asp, accessed 2 June 2015.
78 | Quoted in Kelly, Yuck! The Nature and Moral Significance of Disgust, p. 1.
79 | See William H. Walcott, Knowledge, Competence, and Communication:Chomsky, Freire, Searle, and Communicative Language Teaching(Montreal, 2007), p. 138; and John Baugh, 'Linguistic Profiling', inBlack Linguistics: Language, Society, and Politics in Africa and theAmericas, ed. SinfreeMakoni, Geneva Smitherman, Arnetha F. Ball and Arthur K. Spears (London, 2003), p. 158.
80 | See John David Rhodes, 'Talking Ugly', in World Picture (2008), p. 1;and Stephen Jay Gould, The Lying Stones of Marrakech: PenultimateReflections in Natural History (Cambridge, ma, 2011), p. 270.

81 | Turmeau de La Morandière quoted in Alain Corbin, The Foul and theFragrant: Odor and the French Social Imagination (Cambridge, ma,1996), p. 27.

82 | Roy Porter, 'Foreword' to Corbin, The Foul and the Fragrant, p. v.

83 | See Harvey Molotch and Laura Norén, Toilet: Public Restrooms and thePolitics of Sharing (New York, 2010), p. 9; Alan Soble, SexualInvestigations (New York, 1996), p. 200; and Corbin, The Foul and theFragrant, p. 7.

84 | Corbin, The Foul and the Fragrant, pp. 7, 37.

85 | Ibid., p. 40. See also Luke Demaitre, Medieval Medicine: The Art ofHealing, from Head to Toe (Santa Barbara, ca, 2013).

86 | Demaitre, Medieval Medicine, p. 63.

87 | Corbin, The Foul and the Fragrant, p. 27.

88 | Ibid., pp. 15–16, 25.

89 | David Downie, Paris, Paris: Journey into the City of Light (New York,2011), p. 28.

90 | Corbin, The Foul and the Fragrant, p. 69.

91 | Ibid., p. 90.

92 | Simon Chu and John J. Downes, 'Odour-evoked AutobiographicalMemories: Psychological Investigations of Proustian Phenomena',Chemical Senses, xxv/1 (2000), pp. 111–16.

93 | Cheryl Leah Krueger, 'FlâneurSmellscapes in Le Spleen de Paris', Dix-neuf, xvi/2 (2012), p. 186.

94 | Jean Genet, The Thief 's Journal (New York, 1964), p. 9. The first sentenceis italicized in the original.

95 | Georges Bataille, Visions of Excess: Selected Writings,1927–1935, ed.Allan Stoekl (Minneapolis, mn, 1985), p. 13.

96 | Charles Baudelaire, The Flowers of Evil, trans. Richard Howard (Boston,ma, 1982), p. 36.

97 | Charles Baudelaire, Intimate Journals, trans. Christopher Isherwood(Hollywood, ca, 1947), pp. 118, 121.

98 | Krueger, 'FlâneurSmellscapes', p. 188.

99 | Jonah Samson, 'The Devil's Grin: Revealing Our Relationship with theImperfect Body through the Art of Joel-Peter Witkin', Proceedings of the 10th Annual History of Medicine Days (2001), pp. 187–8.

100 | Keith Seward quoted in Cintra Wilson, 'Joel-Peter Witkin',www.salon.com, 9 May 2000.

101 | Jimmy Stamp, 'The First Major Exhibit to Focus on Smell',www.smithsonian.com, 16 January 2013.

102 | EviPapadopoulou,'The Olfactory Dimension of Contemporary Art',www.interactive.org, September 2009.

193 | LuminitaFlorea, 'A Feast of Senses: Grinding Spices and Mixing"Consonances" in Jacques of Liège's Theoretical Works', Philobiblon,xvii/1 (2012), p. 45.

104 | Ibid., p. 24.

105 | Ibid., p. 37.

106 | Roy Porter, preface to PieroCamporesi, Bread of Dreams: Food and
Fantasy in Early Modern Europe (Chicago, il, 1989), pp. 5, 25.

107 | Veronica Gross, 'The Synesthesia Project', www.nlm.nih.gov, accessed 2 April 2014.

108 | Gordon M. Shepherd, 'The Human Sense of Smell: Are We BetterThan We Think?',PLoS Biology, ii/5 (2004), p. e146.

109 | Oliver Sacks, 'The Dog beneath the Skin', in The Man Who Mistook HisWife for a Hat (New York, 1998), p. 156.

110 | Corbin, The Foul and the Fragrant, p. 21.

111 | George Orwell, The Road to Wigan Pier (New York, 1958), p. 112.

112 | Klaus Pichler quoted in Ted Burnham, 'Revealing the Revolting Beautyof Food Waste', www.npr.org, 14 April 2012.

113 | See Lola Young, 'Racializing Femininity', in Women's Bodies: Disciplineand Transgression, ed. Jane Arthurs and Jean Grimshaw (London, 1999),p. 71.

114 | See Yung-Hee Kim, Songs to Make the Dust Dance: The RyōjinHishō ofTwelfth-century Japan (Berkeley, ca, 1994), p. 31; and Bernard Faure,Visions of Power: Imagining Medieval Japanese Buddhism (Princeton, nj,1996), p. 175.

115 | Jean Anthelme Brillat-Savarin quoted in Aldersey-Williams, Anatomies,p. 183.

116 | 'The Ugly Consumer Spectacle of Black Friday', www.greenmarketoracle.com, 24 November 2012.

117 | Arti Patel, 'Ugly Foods That Taste Amazing', www.huffngtonpost.ca, 5 September 2009.LetiziaMorino, 'Ugly But Tasty', www.slowfood.com,20 August 2014.

118 | Barbara J. King, 'Coming Soon: A Summer of Ugly Fruits andVegetables', www.npr.org, 29 May 2014.

119 | Kate Punshon, 'Vegemite: A Cultural Identifier', www.rootsrecipesandreasons.com, 7 November 2013.

120 | See Dana Goodyear, Anything That Moves: Renegade Chefs, FearlessEaters, and the Making of a New American Food (New York, 2013).

121 | Melissa Leon, '"Fear Factor" Donkey Semen, More Gross Things SeenEaten on tv', www.thedailybeast.com, 3 February 2012.

122 | Lisa Trentin, 'Deformity in the Roman Imperial Court', Greece andRome, lviii/2 (2011), pp. 195–208.

123 | Ibid., pp. 203–7.

124 | Aldersey-Williams, Anatomies, p. 185. See also M. M. Bakhtin, Rabelaisand His World, trans. Hélène Iswolsky (Bloomington, in, 1984); and RogerKimball, 'Art without Beauty', Public Interest, xxxiii (Spring 1997), p. 51.

125 | Anus Magillicutty, 'Vegan', Urban Dictionary, 13 January 2006.

126 | See Eugenie Brinkema, 'Laura Dern's Vomit, or, Kant and Derrida in Oz', Film-philosophy, xv/2 (2011), pp. 51–69.

127 | FrédériqueDesbuissons, 'The Studio and the Kitchen: CulinaryUgliness as Pictorial Stigmatisation in Nineteenth-century France', in Ugliness, ed. Pop and Widrich, pp. 104–21.

128 | Ibid., pp. 104–5.

129 | Ibid., pp. 115, 104.

130 | Ibid., pp. 110, 116–17.

131 | Deborah Davis, Strapless: John Singer Sargent and the Fall of Madame X(New York, 2003), pp. 75–6.

132 | Quoted in Desbuissons, 'The Studio and the Kitchen', p. 118.

133 | Ross King, 'The Apostle of Ugliness', in The Revolutionary Decade ThatGave the World Impressionism (New York, 2006), pp. 151–8.

134 | Quoted in Kassandra Nakas, 'Putrified, Deliquescent, Amorphous: The "Liquefying" Rhetoric of Ugliness', in Ugliness, ed. Pop and Widrich,p. 183.

135 | Carl Justi quoted in Kassandra Nakas, 'Putrified, Deliquescent,Amorphous', p. 186.

136 | Ibid., p. 187.

137 | Wassily Kandinsky quoted in Roger Kimball, 'Art without Beauty', p. 52.

138 | Jamer Hunt, 'All That Is Solid Melts into Sauce: Futurists, Surrealists,and Molded Food', in Histories of the Future, ed. Daniel Rosenberg andSusan Harding (Durham, nc, 2005), p. 163.

139 | Ezra Pound quoted in Lesley Higgins, The Modernist Cult of Ugliness:Aesthetic and Gender Politics (New York, 2002), p. 122.

140 | Steven Heller, 'Cult of the Ugly', www.typotheque.com, originally published in Eye Magazine, ix/3 (1993). See also Alan Rapp, 'When"Ugly" Reared Its Head', www.designersandbooks.com, 28 August 2013.

141 | Camporesi, Bread of Dreams, pp. 52, 123.

142 | Aldersey-Williams, Anatomies, pp. 178–9, 181.

143 | Rose Eveleth, 'Zoo Illogical: Ugly Animals Need Protection fromExtinction, Too', www.scientificamerican.com, 8 December 2010. Seealso 'Beauty of Ugly', www.pbs.org, 17 November 2007.

144 | Jennifer L. Geddes and Elaine Scarry, 'On Evil, Pain, and Beauty: A Conversation with Elaine Scarry', Hedgehog Review, ii/2 (2000), p. 86.

145 | The Wilderness Society, 'Fracking Dangers: 7 Ugly Reasons WhyWilderness Lovers Should Be Worried', www.wilderness.org, 25February 2013.
146 | 'Oscar Dresses That Were Downright Ugly', www.windsorstar.com,31 May 2014.
147 | Valerie Steele, Fashion and Eroticism: Ideals of Feminine Beauty from theVictorian Era to the Jazz Age (Oxford, 1985), p. 75.
148 | Matt Schiavenza, 'The Peculiar History of Foot Binding in China',www.theatlantic.com, 16 September 2013.
149 | See Angus Trumble, A Brief History of the Smile (New York, 2004), p. 64.
150 | Susan Dunning Power, The Ugly-girl Papers; or, Hints for the Toilet(New York, 1874), p. 17.
151 | Trumble, A Brief History of the Smile, p. 65. See also Sindya N. Bhanoo,'Ancient Egypt's Toxic Makeup Fought Infection, Researchers Say',www.nytimes.com, 18 January 2010.
152 | William Henry Flower, Fashion in Deformity: As Illustrated in theCustoms of Barbarous and Civilised Races (London, 1881), p. 1.
153 | Flower, Fashion in Deformity, pp. 84–5.
154 | Victoria Pitts, In the Flesh: The Cultural Politics of Body Modification(New York, 2003), pp. 145–8.
155 | Ibid., p. 148. The last quote is italicized in the original.
156 | Pitts, drawing on scholarship by Chandra Mohanty and JacquiAlexander, In the Flesh, pp. 145, 148.
157 | Pitts, In the Flesh, p. 147.
158 | Isadora Duncan, 'The Dancer of the Future', in The Twentieth-centuryPerformance Reader, ed. Teresa Brayshaw and Noel Witts (New York,2014), p. 165.
159 | 'Getty Museum Exhibition Spotlights Changing Practices inAntiquities Conservation – The Hope Hygieia: Restoring a Statue'sHistory', www.getty.com, 1 April 2008. See also John Rickman, 'On theNature of Ugliness and the Creative Impulse', International Journal ofPsycho-analysis, xxi (1940), p. 297.
160 | WaldemarJanuszczak, 'Save These Men for the Nation', www.thesundaytimes.co.uk, 15 December 2013.
161 | Phyllis Rose, The Shelf: From leq to les (New York, 2014).
162 | Kimball, 'Art without Beauty', p. 51.
163 | Elizabeth Jensen, 'New Exhibition Elevates Controversy to Art Form',www.latimes.com, 1 October 1999.
164 | See 'Man Defaces Controversial Painting of Black Madonna', www.baltimoresun.com, 17 December 1999.
165 | Kimball, 'Art without Beauty', p. 50. See also Arthur C. Danto, The Abuseof Beauty: Aesthetics and the Concept of Art

(Chicago, il, 2003), pp. 49–52.

166 | Jonathan Jones, 'I'm Done with Damien Hirst's Art', www.theguardian.com, 14 January 2010.

167 | Heller, 'Cult of the Ugly'.

168 | Botero quoted in Roberta Smith, 'Botero Restores the Dignity ofPrisoners at Abu Ghraib', www.nytimes.com, 15 November 2006.

169 | Paul Gauguin quoted by Jodi Hauptman, Beyond the Visible: The Art ofOdilon Redon (New York, 2005), p. 63.

170 | Ian Dunlop, The Shock of the New (London, 1972), p. 189.

171 | See www.museumofbadart.org.

172 | Quoted in Desbuissons, 'Culinary Ugliness', p. 118.

173 | Sarah Symmons, Goya (London, 1998), p. 169.

174 | Elisabeth L. Cameron, Art of the Lega (Los Angeles, ca, 2001), pp. 50–53, 62–7, as discussed in the last chapter.

175 | 'A Durga Puja Procession', Wellcome Collection, www.wellcomecollection.org, accessed 12 March 2014.

176 | Dan Moore, 'Donggang, Taiwan: Why We Travel', New York Times, 3 November 2013, p. 11.

177 | Kimball, 'Art without Beauty', p. 59.

178 | See WaldemarJanuszczak, dir., 'Ugly Beauty', www.bbc.co.uk (2009).

179 | Mary Shelley, Frankenstein, ed. Johanna M. Smith (New York, 2000), p. 186.

180 | Pallasmaa, The Eyes of the Skin , p. 10.

181 | See John M. Henshaw, 'How Many Senses Do We Have?', www.jhupressblog.com, 1 February 2012; Jessica Cerretani, 'Extra SensoryPerceptions', lxxxiii/1, www.hms.harvard.edu, Spring 2010; and EdwardJ. Thomas, The History of Buddhist Thought (New York, 1996), p. 63.

182 | Clark, Looking at Laughter, p. 67.

183 | Matthew Battles, Library: An Unquiet History (New York, 2003), p. 14.

184 | Susan Sontag, 'Notes on "Camp"', in Against Interpretation (New York,1966), p. 286.

185 | See George Dodds and Robert Tavernor, eds, Body and Building: Essayson the Changing Relation of Body and Architecture (Cambridge, ma,2002), p. 79.

186 | See I. C. McManus, 'Symmetry and Asymmetry in Aesthetics and theArts', European Review, xiii/2 (2005), p. 174.

187 | Vesalius quoted in Marri Lynn, 'Vesalius and the Body Metaphor',www.publicdomainreview.org, 18 April 2013.

188 | Maria Rika Maniates, Mannerism in Italian Music and Culture, 1530–1630 (Manchester, 1979), p. 52.

189 | See William Hogarth, The Analysis of Beauty, ed. Ronald Paulson (New Haven, ct, 1997); and James Clifton, Leslie Scattone and AndrewWeislogel, A Portrait of the Artist, 1525–1825: Prints from the Collectionof the Sarah Campbell Blaffer Foundation (Houston, tx, 2005), p. 62.

190 | John Ruskin, The Stones of Venice (London, 1960), p. 235.

191 | Higgins, The Modernist Cult of Ugliness, p. 122. See also MargarettaSalinger, Masterpieces of American Painting in the Metropolitan Museumof Art (New York, 1986), p. 8.

192 | ReynerBanham, The New Brutalism (New York, 1966), p. 41. See alsoCaroline O'Donnell, 'Fugly', Log, xxii (2011), p. 98.

193 | Alison Smithson and Peter Smithson, 'The "As Found" and the"Found"', in As Found: The Discovery of the Ordinary , ed. ClaudeLichtenstein and Thomas Schregenberger (Baden, 2001), p. 40. See alsoHal Foster, 'Savage Minds (A Note on Brutalist Bricolage)', October,cxxxvi (2011), p. 183.

194 | Robin Boyd, The Australian Ugliness (Melbourne, 1960); Robert Venturi,Denise Scott Brown and Steven Izenour, Learning from Las Vegas: TheForgotten Symbolism of Architectural Form (Cambridge, ma, 1977).

195 | See O'Donnell, 'Fugly', pp. 95–100; Mack Scogin and Merrill Elam,'Carniful the Uglyful', Portico, xxii–iii/1 (2013), p. 19; Peter Kuiten -brouwer, 'Architecture's Good, Bad and "Pugly"', www.nationalpost.com, 2 May 2007.

196 | Donald Keene, The Pleasures of Japanese Literature (New York, 1988), pp. 6–22.

197 | Kenkō quoted ibid., pp. 13–14.

198 | Clark, Looking at Laughter, p. 64.

199 | Jorn quoted by O'Donnell, 'Fugly', p. 100.

200 | See Steven Weinberg, 'Beautiful Theories', in Dreams of a Final Theory(New York, 1992), pp. 132–65; Christopher Shea, 'Is Scientific TruthAlways Beautiful?', www.chronicle.com, 28 January 2013; RoaldHoffmann, 'Molecular Beauty', in Roald Hoffmann on the Philosophy,Art, and Science of Chemistry, ed. Jeffrey Kovac and Michael Weisberg(Oxford, 2012), pp. 272–92.

Epilogue: Ugly Us: A Cultural Quest?

1 | Helen Molesworth quoted in Leah Triplett, 'Amy Sillman: One Lumpor Two', www.bigredandshiny.com, 3 October 2013.

2 | Triplett, 'Amy Sillman'.

3 | Quoted in Crispin Sartwell, Obscenity, Anarchy, Reality (Albany, ny, 1996),p. 72.

4 | Quoted by Dirge, 'Ugly Tree: The Species of Flora From Which UglyPeople Come', www.urbandictionary.com, 28 May

2004.

5 | Sartwell, Obscenity, Anarchy, Reality, pp. 72–3.

6 | Charles Baudelaire, Intimate Journals, trans. Christopher Isherwood(Hollywood, ca, 1947), pp. 118–21.

7 | Advertisement for exhibition at Red Gate Gallery, London, titled 'HowBeautiful Ugliness Is!' (apparently taken from the cover of UmbertoEco's On Ugliness), www.allinlondon.co.uk, 28 May 2010.

8 | Thomas E. A. Dale, 'The Monstrous', in A Companion to Medieval Art:Romanesque and Gothic in Northern Europe, ed. Conrad Rudolph(Oxford, 2006), p. 266. See also Mary Carruthers, The Craft of Thought:Meditation, Rhetoric, and the Making of Images, 400–1200 (Cambridge,1998), pp. 140–41.

9 | For starters see Pamela Leach, 'On Adorno's Aesthetics of the Ugly', inAdorno and the Need in Thinking , ed. Donald Burke, Colin J. Campbell,Kathy Kiloh, Michael K. Palamarek and Jonathan Short (Toronto,2007), pp. 263–77.

10 | Chuang Tzu, The Complete Works of Chuang Tzu , ed. Burton Watson(New York, 1968), p. 47.

11 | George Orwell, 'Politics of the English Language', in PrincetonReadings in Political Thought, ed. Mitchell Cohen and Nicole Fermon(Princeton, nj, 1996), p. 591.

12 | Montaigne quoted in Janet Kramer, 'Me, Myself, and I', New Yorker, 7 September 2009, p. 41.

13 | John David Rhodes, 'Talking Ugly', World Picture, i (Spring 2008), p. 1.

14 | See M. M. Bakhtin, 'Discourse in the Novel', in The Norton Anthology of Theory and Criticism , ed. Vincent B. Leitch, et al. (New York, 2001), pp. 1186–220; and Gretchen E. Henderson, 'Generating "DeformedGenres"', in On Marvellous Things Seen and Heard, Dissertation (2009), pp. 29–42.

15 | See Antoine Berman, 'Translation and the Trials of the Foreign', inThe Translation Studies Reader, ed. Lawrence Venuti (London, 2000),pp. 284–97.

16 | See Lisa Samuels and Jerome McGann, 'Deformance and Interpretation',New Literary History, xxx/1 (1999), pp. 25–56; and Susan M. Schweik,The Ugly Laws: Disability in Public (New York, 2009), p. 47.

17 | See Rose Eveleth, 'Internet Ugly and the Aesthetic of Failing onPurpose', www.atlantic.com, 23 December 2014; and Nick Douglas, 'It's Supposed to Look Like Shit: The Internet Ugly Aesthetic', Journal of Visual Culture, xiii (2014), pp. 314–39.

18 | Rosemary Woolf, The English Mystery Plays (Berkeley, ca, 1980), p. 111.

19 | Yves-Alain Bois and Rosalind E. Krauss, Formless: A User's Guide(New York, 1997), pp. 9, 124–9.

20 | Steven Heller, 'Cult of the Ugly', www.typotheque.com, originally published in Eye Magazine, ix/3 (1993). See also TwoPoints.Net, ed.,Pretty Ugly: Visual Rebellion in Design (Berlin, 2012).

21 See Ruth Lorand, 'Beauty and Its Opposites', Journal of Aesthetic andArt Criticism, lii/4 (1994), pp. 399–406.
22 See Walter Benjamin, Illuminations: Essays and Reflections, trans. HarryZohn (New York, 1968), p. 257.
23 Charles Hubert H. Parry, 'The Meaning of Ugliness', Musical Times, lii(1911), p. 508.
24 Barbara Johnson, 'Disfiguring Poetic Language', A World of Difference(Baltimore, md, 1987), p. 115.
25 Lizzie Parry, 'The Fingers and Thumbs You'd Never Know AreProsthetics', www.dailymail.co.uk, 16 July 2014. Joanna Zylinska, '"The Future . . . Is Monstrous": Prosthetics as Ethics', in The CyborgExperiments: The Extensions of the Body in the Media Age, ed. JoannaZylinska (London, 2002), p. 214.
26 See Kristina L. Richardson, Difference and Disability in the MedievalIslamic World: Blighted Bodies (Edinburgh, 2012), p. 25.
27 Anne Carson, 'The Gender of Sound', in Glass, Irony, and God(New York, 1995), pp. 131–5.
28 Perec quoted in Warren F. Motte, ed. and trans., Oulipo: A Primer ofPotential Literature (Normal, il, 1998), pp. 5, 19–20.
29 Charles Bernstein, Attack of the Diffcult Poems: Essays and Inventions(Chicago, il, 2011), p. 35.
30 Lewis Thomas, 'The Wonderful Mistake', in Being Human, ed. LeonKass (New York, 2004), p. 32. See also Mark S. Blumberg, Freaks ofNature: What Anomalies Tell Us About Evolution (Oxford, 2009), p. 11.
31 David T. Mitchell, 'Narrative Prosthesis and the Materiality ofMetaphor', in Disability Studies: Enabling the Humanities, ed. Sharon L.Snyder, Brenda Jo Brueggemann and Rosemarie Garland-Thomson(New York, 2002), p. 20.
32 Daphne Merkin, 'The Unfairest of Them All', www.nytimes.com, 16 October 2005.
33 Lewis Carroll, Alice's Adventures in Wonderland and Through the LookingGlass (New York, 1960), p. 91.
34 Marshall McLuhan and Quentin Fiore, The Medium Is the Massage: An Inventory of Effects (London, 1967).
35 John Rickman, 'On the Nature of Ugliness and the Creative Impulse',International Journal of Psycho-analysis, xxi (1940), p. 294.
36 Victor Hugo, 'On Cromwell', Prefaces and Prologues to Famous Books, ed. Charles W. Eliot (Danbury, ct, 1980), p. 351.

醜陋史

神話、畸形、怪胎秀， 我們為何這樣定義美醜、製造異類？

Ugliness: A Cultural History

作　　者　格雷琴・亨德森 Gretchen E. Henderson
譯　　者　白鴿
責任編輯　陳姿穎
內頁設計　江麗姿
封面設計　兒日設計

行銷專員　辛政遠、楊惠潔
總 編 輯　姚蜀芸
副 社 長　黃錫鉉

總 經 理　吳濱伶
發 行 人　何飛鵬
出　　版　創意市集

發　　行　城邦文化事業股份有限公司
歡迎光臨城邦讀書花園
網址：www.cite.com.tw

香港發行所　城邦（香港）出版集團有限公司
香港灣仔駱克道 193 號東超商業中心 1 樓
電話：(852) 25086231
傳真：(852) 25789337
E-mail：hkcite@biznetvigator.com

馬新發行所　城邦（馬新）出版集團
Cite (M) Sdn Bhd 41, Jalan Radin Anum,
Bandar Baru Sri Petaling,
57000 Kuala Lumpur, Malaysia.
電話：(603) 90578822
傳真：(603) 90576622
E-mail：cite@cite.com.my

展售門市　台北市民生東路二段 141 號 7 樓
製版印刷　凱林彩印股份有限公司
初版一刷　2020 年 1 月
I S B N　978-957-9199-80-3
定　　價　360 元

若書籍外觀有破損、缺頁、裝訂錯誤等不完整現象，想要換書、退書，或您有大量購書的需求服務，都請與客服中心聯繫。

客戶服務中心
地址：10483 台北市中山區民生東路二段 141 號 B1
服務電話：（02）2500-7718、（02）2500-7719
服務時間：周一至周五 9：30 ～ 18：00
24 小時傳真專線：（02）2500-1990 ～ 3
E-mail：service@readingclub.com.tw

國家圖書館出版品預行編目 (CIP) 資料

醜陋史：神話、畸形、怪胎秀， 我們為何這樣定義美醜、製造異類？ / 格雷琴 . 亨德森 (Gretchen E. Henderson) 著 ; 白鴿譯 . -- 初版 . -- 臺北市 : 創意市集出版 : 家庭傳媒城邦分公司發行 , 2020.01
面 ;　公分

譯自 : Ugliness : a cultural history
ISBN 978-957-9199-80-3(平裝)
1. 文化史

713　　108021127